개정증보판

韓國固有漢字硏究

개정증보판

韓國固有漢字研究

金鍾塤

改訂 增補版을 내면서

뒤늦게 『韓國固有漢字硏究』(집문당, 1983) 改訂版을 상재하게 되었다. 初版을 발행한 지 어언 30년이 되었다. 活版 인쇄가 사라지고, 소위 '대지 바리'라 하여 打字 인쇄가 새롭게 시작된 直後이어서, 固有漢字의 僻字로 인하여 출판의 어려움을 겪었던 기억이 새삼 떠오른다. 僻字의 어려움은 지금도 마찬가지지만, 斯界 諸位의 능숙한 造字術로 인하여, 그다지 어려움은 없는 듯하여 幸甚으로 여기는 바이다.

固有漢字에 대한 연구는 일찍이 지석영의 『字典釋要』(1909)에서 시작되었고, 그 후 최남선의 『新字典』(1915)과 鮎貝房之進의 『俗字攷』(1931) 등에서 기초 연구가 시작되었으며, 졸저 『韓國固有漢字硏究』(1983)는 명실공히 고유한자에 대한 첫 硏究書라 하겠다. 단국대 東洋學硏究所에서는 固有漢字와 固有漢字語를 중심으로 한 『韓國漢字語辭典』(1997)을 간행한 바 있다.

그러나 근자에 들어 奎章閣 제공의 「新出 漢字一覽」을 비롯하여, 後學들의 많은 연구도 뒤따르고 있다. 河永三(1999)의 「한국 고유한자의 비교적 연구」, 朴盛鍾(2005)의 「한국한자의 일고찰」, 신상현(2005)의 「한국 고유한자의 조사연구 -인명용 고유한자를 중심으로」, 이건식(2009)의 「한국 고유한자의 발달」과 「한국 고유한자 字形 構成方法 二題」, 진류(2012)의 『韓國漢字語研究』, 류하송(2013)의 『한국 한자어 사전』(2009)에 수록된 한국고유한자의 주석 내용에 대한 오류 검토 연구」 등이 그것이다.

固有漢字를 일찍이 『자전석요 · 신자전 · 속자고』에서는 '朝鮮俗字'라 하였는데, '속자'라 하면 일반 한자에 있어서의 '속자' 개념과 혼동하기 쉽고, '韓國漢字'는 柳在泳(1976) 교수가 「이름표기의 한 연구」(원광대)에서 처음 사용하였다. 필자는 1972년 이래 필자의 연구 논문에서 '固有漢字'라 하여 이를 '國字 · 國音字 · 國義字'로 분류 고찰한 바 있다. 고유한자는 최범훈(1976) 교수, 도수희(1984) 교수, 남풍현(1989) 교수에서도 찾아볼 수 있다.

따라서 『한국한자어사전』(단국대)에서는 '韓國漢字'라 하여 201자의 '국자'를 집계하였고, 하영삼은 213자, 박성종은 179자를 집계하였다. 이미 河永三(1999) · 朴盛鍾(2005) · 류화송(2013) 교수 등이 심도있게 지적한 바 있지만, 상기와 같이 '國字'의 집계상의 차이는 무엇보다도 '國字' 규정의 개념 차이라 하겠다. 이미 졸저 『韓國固有漢字研究』(1983)에서 밝힌 바 있지만, 첫째 口訣에서 사용한 略體字와 둘째, 일반 漢字에서 사용하는 俗略字는 固有漢字(國字)로 인정할 수 없으며, 셋째 吏讀表記에서 주로 형태부 표기에 사용된 借用表記 漢字도 國字로 인정할 수 없다 하겠다.

著者는 『韓國固有漢字研究』(1983) 간행 이후, 「북한의 『새옥편』에 나타난 固有漢字攷」(1994)와 「固有漢字研究 餘滴」(1994),

「數三의 固有漢字」(2009)를 비롯하여, 僻字 사정과 미처 정리가 안 되어 발표하지 못했던 固有漢字(固有漢字語) 등을 정리한 내용이 본 改訂 增補版의 내용이다. 즉, 『韓國固有漢字研究』(1983)에서 소개한 305字(國字 142, 國音字 45, 國義字 118, 固有漢字語 1000餘 語)와는 달리 본 改訂 增補版에서는 모두 340字(國字 170, 國音字 50, 國義字 120, 固有漢字語 1100餘 語)를 집계하였다. 그동안 固有漢字의 재검토와 총괄에 대한 주위 先後學 교수님의 권고와 지도편달에 대하여 이 자리를 빌어 감사의 말씀을 드린다.

끝으로 본 改訂 增補版에서는 初版과는 달리, 어려운 漢字와 僻字투성이, '대지 바리'식 難澁한 인쇄 등의 어려운 문제 등이 해소되었다. 아울러 본서의 출판을 맡아주신 보고사 金興國 사장과 편집부 직원 제위께 심심한 사의를 표하는 바이다.

2014년 8월 15일

著者 씀

自序

固有漢字란 우리나라에서 만들어져서 오직 우리나라에서만이 사용되는 漢字를 가리킨다.

통일신라 이후 본격화된 漢字·漢文의 사용이 고려·조선의 누백년을 거치는 동안 고유한자·고유한자어라는 오직 우리 생활에만 필요한 한자·한자어를 생성하게 된 것이다.

필자가 固有漢字에 대하여 처음 발표한 것은 1972년 한글학회 제13차 언어학발표대회였다. 그러니까 지금으로부터 만 10년 전의 일이다. 그동안 「固有漢字(國字)攷 1」(國語國文學 55-57, 1972), 「固有漢字(國字)攷 2」(중앙대 논문집 19집, 1973), 「固有漢字(國字)攷 3」(語文硏究 3집, 1975), 「六堂의 <新字典>攷」(아카데미논총 3집, 1975), 「固有漢字語의 語彙論的 考察」(省谷論叢 10집, 1979), 「鮎貝房之進의 <俗字攷>에 대한 분석고찰」(南廣祐博士 華甲論叢, 1980), 「軍都目에 관한 일고찰」(국어국문학 83호, 1980), 「吏讀表記에 나타난 固有漢字攷」(황희영 박사 송수기념논총, 1982), 「人名表記에 나타난 고유한자 '乭·釗'攷」(국어교육 44·45호, 1983), 「地名表記에 나타난 固有漢字攷」(연구논집 2집, 1983) 등을 발표, 주로 문헌적 예증을 통하여 固有漢字 與否를 밝혔으며, 이를 종합적

으로 분석 연구한 것이 『韓國固有漢字硏究』(집문당, 1983)이다. 좀 더 많은 자료와 정밀한 考究가 아쉽다 하겠다.

금년은 희비가 엇갈린 다사다난의 한 해이었다. 무엇보다도 1월 3일 90순의 慈親께서 작고하신 일이다. 이는 학위논문 종심 5일을 앞둔 일이었다. 不孝스럽게도 삼우제에 참석하지 못했다. 따라서 당숙·당숙모께서도 돌아가셨다. 그러나 장남 相旭의 의과대학 진학과 10년 만에 갈현동에서 상도동으로 이사를 했다.

본 논문을 위하여 처음부터 협조와 지도를 아끼지 않은 都守熙 박사를 비롯하여 黃希榮·兪昌均·姜信沆·金次均 박사께 감사를 드린다. 또한 僻字 투성이의 본 논문의 인쇄를 맡아주신 중앙출판인쇄소 崔泰圭 사장과 어려운 출판을 맡아주신 집문당 林京煥 사장, 그리고 처음부터 끝까지 교정을 맡아 보아온 金泰琨 교수에게도 사의를 표한다.

1983년 6월

著者 씀

目次

一. 序論

1. 研究目的

한자·한문이 전래된 확실한 시기는 알 수 없다. 그러나 신라가 三國을 통일한 7세기경부터는 그 보급이 활발하였을 것으로 본다. 그것은 이미 지증왕 4년(503 A.D.)에 국호·왕호가 한자어로 개정되고 또한 법흥왕 1년(514 A.D.)에 연호·시호가 사용하기 시작하여 한자어 생성의 端初가 열렸는가 하면, 통일신라에 와서는 정치·제도·학술 등 여러 분야에서 미증유의 발달을 보였고 특히, 불교의 성행은 이에 박차를 가했던 것이다. 더욱이 경덕왕의 二字制 지명개정과 문무 관직명의 개정은, 한자 보급과 한자어의 생성·발달을 助長하였던 것이다. 그리하여 6세기 초에 표면에 나타나기 시작한 한자어는 통일신라에 와서 본격적으로 증가되기 시작하였던 것이다.

고려시대에 들어와서는 이러한 한자어는 더욱 증가일로를 보여 국어생활의 내부에 급격히 침투하게 되었다. 따라서 이러한 한자어의 침투는 상대적으로 고유어의 조어력을 위축시키는 한편, 고유어의 廢用을 조장하였던 것이다. 그리하여 고려 이전의 한자어는 고유어와 구별되는 외래어였음에 반하여, 고려 이후의 한자어는 언중이 외래어라는 관념을 가질 수 없는 한자어의 국어화 즉, 歸化語의 성격을 띠는 것이며, 관념상 외래어라고는 할 수 없으며, 고유어와 거의 동일관념으로 사용된 것이라고 할 수 있다.[1)]

그러나 조선시대에 들어와서는 이러한 신라시대와는 달리 한자어의 激增은 물론, 우리의 고유어까지도 한자어로 바뀌게 된 것이다. 이는 중국 한민족과의 접촉이 잦아지고 또한 유교를 숭상하여 한문화에 도취된 데 그 원인이 있다고도 하겠다. 그리하여 한자어는 오늘날까지 증가일로에 있으며, 한국어의 어휘체계에서 절대 우세한 자리를 잡고 한국어 전체 어휘수의 半을 넘는 실정이 되었다.

그런데 외국문자인 한자가 처음 수입되었을 때, 당시의 사람들에게는 구문이 다르고 또한 음운체계가 다른 한문과 한자를 소화하여, 우리말을 표기하는 데는 많은 고충이 있었을 것이다. 이러한 고충을 해소하여 우리말을 적절히 표기하려는 한 노력이 한자의 音訓借用表記였다는 것은 주지의 사실이다. 말하자면 誓記式表記·吏讀式表記·鄕札式表記·口訣 등이 그것이다.

그러나 한자가 수입된 초기 과정은 音讀으로 익힌 한문을 그대로 사용하였고, 한자를 이용하여 한국어를 표기하려는 지속적인 노력으로 고유명사의 音借表記가 실현된 것이다. 이는 중국에서의 외래어 표기와 같은 借字上의 고충이었으나 모국어 표기의 첫

---

1) 박병채(1968), 「국어에서 차지하는 漢語의 위치에 대하여」, 『고대문화 제9집』, 고려대학교.

시도가 된 것이다.[2] 그러나 이러한 音借表記는 무슨 발음의 어떠한 표음인지 아직도 완전히 규명되지 않은 것이 허다하다. 그러므로 앞으로 국어학의 분야에서 고대국어의 再構 및 古代漢字音硏究의 성과를 기다려서 보다 분명한 것이 해명될 것이다.

이러한 한자사용은 또한 한자의 訓借表記를 형성하였으니, 이는 한문 訓讀에 따라 한문을 우리 語順으로 적은 사실이다. 이를 誓記式表記라 한다.

> 壬申年六月十六日 二人幷誓記 天前誓 今自三年以後 忠道執持 過失无誓 若此事失 天大罪得誓 若國不安大亂世 可容行誓之 又別先辛未年 七月廿二日 大誓 詩尙書禮傳倫得誓三年

이는 6세기 중엽에 나타난 壬申誓記石에서 명명된 것이므로, 앞으로 같은 시기 또는 그 이전에 다른 금석문이나 이와 비슷한 표기체가 나타날 경우에는 '誓記式'이란 술어의 사용은 어려울 것이며, 이는 어디까지나 잠정적인 것이 될 것이다. 또한 文中에 조사나 어미가 전혀 나타나 있지 않아 그 표기가 불안정하다 하겠다. 그러나 推定 연대가 분명하다 할 때 吏讀에 대한 연대 추정을 할 수 있으며, 나아가선 한국어의 語順에 맞게 표기한 데서 한국

---

2) 崔範勳(1977), 『漢字借用表記體系硏究』에서는 '고유명사를 표기하던 초기단계는 표음주의였음을 보이는데, 이러한 방식의 발상은 불교 전래와 더불어 수입된 불교용어에서 암시를 얻은 듯하다. 범어를 音譯한 불교용어에서 고유명사를 音借表記할 수 있는 가능성을 암시받은 듯하다' 하였다. 따라서 '차용자는 빈도가 높고 자획이 비교적 간략한 일상 한자를 사용하였고, 혼란을 막기 위하여 동음절은 同一字를 차용하여 어느 정도 정연한 체계를 완성하고 있었던 듯하다' 하였다.

어에 대한 자각을 엿볼 수 있으며, 특히 吏讀式表記로 발전한 초기과정 형태라는 데에 그 의의가 있다 하겠다.

吏讀式表記에 대한 연구는 그동안 장족의 발전을 했다. 吏讀의 제작설올 위시하여 발생연대·표기법·吏讀資料의 개발 등에서 그러하다. 가령 최초의 吏讀文은 慶州南山新城碑(591 A.D.)라고 보기 쉽지만, 平壤城城壁石刻(446, 449 A.D.)과 경주 瑞鳳塚銀合杅(451 A.D.) 등 앞선 것이 있다. 따라서 이러한 고구려의 城壁石刻은 그 당시의 대세로 보아 吏讀도 고구려에서 신라로 전파되었을 가능성을 시사한다 하였다.[3] 또한 설총의 吏讀 創作說은 그동안 몇몇 고문헌의[4] 뒷받침이 있었으나, 현존 南山新城碑에 실어있는 吏讀만 보더라도 그보다 1세기나 앞서 있어, 이젠 이두가 어느 한 사람의 훌륭한 학자의 창안이라기보다 일반 언중의 공통된 필요성에 의하여 창안된 것임은 재언할 나위가 없다. 따라서 이두는 삼국시대·고려시대 뿐만 아니라 고유문자가 창제된 이후에도 통용되었으니, 吏讀는 數代에 걸쳐서 이룩된 민족의 소산인 것이다. 그러므로 특히 이두를 중심으로 한 漢字借用表記는 앞으로 분석·종합 연구되어야 할 것이다.[5]

---

3) 金敏洙(1980), 「奈麻 薛聰의 吏讀文에 대하여」, 『延岩玄平孝博士 回甲記念論叢』, p.109.
都守熙(1975), 「吏讀史研究」, 『논문집』 제II권 제6호, 충남대 인문과학연구소.
金根洙(1961), 「吏讀研究」. 『아세아연구』 통권7권, 고려대 아세아문제연구소.

4) 이에 관한 후대의 기록은 李承休 『帝王韻紀』(1295경), 『大明律直解』(1395), 『세종실록』, 『훈민정음』 鄭麟趾序(1446), 李義鳳 『고금석림』(1789), 朴容大 등 『증보문헌비고』(1908) 등이 허다하다.

5) 李喆洙(1980), 「양잠경험촬요의 漢借文의 譯語構造」는 '漢借文의 표기체계

鄕札式表記는 한자의 音訓으로 국어를 완전히 표기한 차자법이며, 25수의 향가가 이에 속한다는 것은 주지의 사실이다. 이는 고유명사 표기에서 얻은 경험과 吏讀式表記의 토대 위에서 이루어진 전면적인 國語表記法이지만, 많은 한자의 借音·借訓을 통하여 차용체계를 세우는 일이라든가, 언어 구조가 다른 점이라든가 또는 당시의 일익 팽창해 가는 한문화의 압력 등으로 인하여 이는 결국 잠정적인 표기법이 되고 말았다. 그리하여 鄕札式表記 방법의 일부는 그대로 吏讀式表記 방법으로 이양되어 간 것이다.

鄕札에 대한 초기 연구는 주로 해독이었으니, 그 개개의 借字에 대한 용법을 구명하는 데 크게 관심을 가졌었다. 그러나 梁柱東(1942)에 와서 鄕歌表記法의 윤곽이 드러났고, 李崇寧(1955)·李基文(1972)·金完鎭(1980) 등에 이르러 체계화되었으며, 南豊鉉(1981)이 이를 구체화하였다고 할 수 있다.[6)]

한자 차용의 마지막 단계로서 口訣을 들 수 있다. 이는 한문

는 하루 속히 종합 정리되어야 한다. 시가표기인 향찰의 표기체계에 관한 연구는 상당한 수준에까지 이르렀으나 산문 표기체계에 관한 연구는 아직도 미완의 단계여서 불모의 경지가 많다. 9세기 이전의 한자차용 산문표기(이후 漢借文 표기라 함)와 10세기에서 14세기(고려시대)의 漢借文 표기 등의 3기로 크게 나누어, 각기의 漢借文 표기체계가 단계적으로 분석·종합 연구되어야 한다"라 하였다.

6) 南豊鉉(1981), 『차자표기법연구』는 향찰을 중심으로 한 차자표기법의 연구영역을 도표로 다음과 같이 설명하였다.

- 차자표기법
  - 차자체계 – 대표어형·대표음의 수립(一字一音의 원리)
  - 차자의운용
    - 차자의 연결규칙
    - 소운용규칙
      - 대표어형·대표음의 변이규칙
      - 생략표기

音讀에 吏讀式을 가미한 것으로 한문에 토를 달아 읽는 우리나라의 특이한 문체인 것이다. 口訣은 한문이 토착화한 즉, 한학이 본격화된 경덕왕대(742~765 A.D.)의 薛聰 이후에 형성되었으니, 그것은 <삼국사기>의 '聰性明銳 生知道待以方言讀九經 訓導後生至今學者宗之'(卷四十六·列傳第九·薛聰條)에 나타난 '以方言讀九經'으로써 추정할 수 있다.[7] 그러나 口訣과 이두를 동일시하는 견해나[8] 또는 근래에 발견된 舊譯仁王經의 구결로 인하여 종래의 구결개념과는 다른 이설이 제기되고 있는 실정이다. 특히 구결표기에 차용된 한자 수는 종래의 諸見解와는 달리 총 124자의 한자수가 밝혀졌다.[9] 따라서 구결의 본질적인 실용성은 略體의 발달에 있다 하겠다. 이는 舊譯仁王經에서 그 실증을 보였고, 종래 吏吐·懸吐 정도로 경시당해 왔던 구결은 이제 학계의 새로운 관심거리가 되었으며, 漢字借用表記體系硏究에 새로운 의의를 부여하게 된 것이다.

이상 대체적으로 漢字借用表記에 대하여 살펴보았다. 그런데 이러한 漢字借用表記에 필자는 '固有漢字表記'를 추가하고 싶은 것이다. 고유한자란 결국 이러한 漢字借用表記에서 형성된 것이

---

7) 李潤魯(1981), 「口訣借字에 관한 연구」는 '향찰·이두·구결에 있어서 공통적인借字16종(可去昆叱尼隱等於叱沙隱乙矣是齊爲)을 열거하고 口訣의 발생 혹은 그 기원은 한자가 수입되어 우리말 표기에 차용되었을 그 당시로 추정하는 이론의 성립이 가능하다" 하였다.

8) 安秉禧(1977), 『중세국어 구결의 연구』, 일지사 p.12.

9) 李潤魯(전게논문, p.100)는 종래의 구결 차자수에 대한 설은 80~90字(朴喜淑 : 예기 구결고), 98자(崔範勳 : 구결연구), 105자, (安秉禧 : 중세국어 구결연구) 등의 제설이 있다 하였다.

지만, 중국이나 일본에서는 전혀 사용하지 않는, 오직 우리나라에서만이 사용하는 한자로서 고유한 우리의 인명·지명·관직명·고유한자어의 표기에 사용된 것이다. 그러나 이러한 고유한자를 사용하기 시작한 확실한 시기는 알 수 없으나, 古文獻에 나타나 있는 점으로 비추어 보아 한자가 수입된 초기부터 사용하였을 가능성은 많다 하겠다. 역시 삼국시대 문헌의 영성으로 많은 자료를 수집하지 못했지만, 삼국시대의 인명·지명·관직명·고유한자어 등에서 그런대로 허다한 고유한자를 찾아볼 수 있다는 것은 훈민정음 이전의 漢字借用表記時代에 있어서 고유명사 표기를 위하여는 가장 적절한, 또는 주체적 표기 수단이었는지도 모른다. 이와 같이 훈민정음 이전은 말할 것도 없고, 그 이후에도 고유한자 표기는 계속되었던 것이다. 특히 吏讀式表記에 있어서 국어의 終聲表記 한자를 이용하여 허다한 고유한자를 造字하였고 또한 口訣의 略書體를 이용하기도 하였다. 그러나 이는 借字하여 표기할 만한 대상의 한자가 없을 경우에 造字하여 표기하였던 것이다. 조선시대에 있어서의 고유한자를 살펴보면, 이러한 造字보다도 國義字가 절대 다수이었으니 이는 固有漢字語에서 형성된 것이라 하겠다. 固有漢字語란 우리나라에서 만들어져서 오직 우리나라에서만이 사용되는 것이다.[10] 沈在箕(1982)는[11] 한자어의 기원

10) 졸고(1979), 「固有漢字語의 어휘론적 고찰」, 『성곡논총』 제10집, 省谷學術財團.

11) 沈在箕(1982)는 『국어어휘론』(집문당)에서, 한자어의 기원적 계보를 ① 중국 고전에 연유하는 것 ② 중국을 경유한 불교 경전에서 나온 것 ③ 중국의 구어, 즉 백화문에 연유하는 것 ④ 일본에서 만든 것 ⑤ 한국에서 독자적으로 만든

적 계보를 다섯 가지로 설정했다. 그 중 '한국에서 독자적으로 만든 것'이 바로 이에 해당하는 것이다.

필자가 고유한자에 대하여 처음 발표한 것은 <固有漢字(國字)攷>란 논제로 1972년 6月 한글학회 주최 제13차 언어학발표대회였다. 그때 필자가 수집한 고유한자는 모두 500여자였다. 그리하여 그동안 이를 여기저기 단편적으로 발표, 주로 문헌적 예증을 통하여 고유한자 여부를 밝혔다.[12] 그러므로 본 연구에 있어서는 이러한 固有漢字를 國字·國音字 國義字로 분류, 먼저 그 字類上의 특징을 고찰하여 그 자음과 자의 및 형성과정을 살펴보고자 한다. 따라서 고유한자 인명과 지명의 특징으로서 그 분포와 빈도, 人名語彙와 地名語彙의 특성, 인명표기와 지명표기를 비교하여 국어표기법의 一端을 살펴보고자 한다. 또한 국음자를 이두표기와 지명표기의 두 관점에서 분석 고구하여, 국음자 형성과정을 밝히는 한편, 漢字借用表記에 있어서의 고유한자의 위치를 想定하여 보고자 한다. 특히 국어의 종성표기를 위하여 'ㄱ, ㄴ, ㄹ,

---

것으로 분류하였다.

12) 졸고(1972), 「固有漢字攷(1)」, 『국어국문학』 55~58, 국어국문학회.
____(1973), 「고유한자고(2)」, 『논문집』 제18집, 중앙대.
____(1975), 「고유한자고(3)」, 『어문연구』 9호, 한국어문교육연구회.
____(1975), 「六堂의 『新字典』에 관한 연구」, 『아카데미논총』 제3집, 세계평화교수 아카데미.
____(1979), 「鮎貝房之進의 『<俗字攷』에 대한 분석고찰」, 『논문집』 제23집, 중앙대.
____(1980), 「鮎貝房之進의 『俗字攷』에 대한 분석고찰」, 『난정 남광우박사 화갑기념논총』, 일조각.
____(1981), 「鮎貝房之進의 『俗字攷』에 대한 분석고찰」, 『어문논집』 제15집, 중앙대 국어국문학과.

ㅁ, ㅂ, ㅅ, ㅇ'의 7終聲의 국자를 造字表記하였다는 것은 고유어의 표기를 위하여 의의있는 일이 아닌가 생각된다. 끝으로 固有漢字語를 國字語彙·國音字語彙·國義字語彙로 분류하여 그 어휘의 형성내용과 어휘내용상의 특징을 밝혀, 국어어휘론에 있어서 특히 한자어의 생성·발달과정을 살펴보고자 한다.

2. 研究方法

<삼국사기>, <삼국유사>를 비롯하여 주로 實學派 학자들의 저술인 <五洲衍文長箋散稿>, <雅言覺非>, <芝峯類說>, <磻溪隨錄>, <大東韻府群玉>, <星湖僿說>, <青莊館全書>, <晝永篇>, <旬五志>, <吏讀便覽> 등에 '字書所無之字…', '字不見韻書…' 등의 표현으로 固有漢字가 산재하고 있다. 그러나 고유한자를 맨 처음 주석 수록한 것은 池錫永의 <字典釋要>(1909)부터라 하겠다. 물론 이는 音과 訓을 우리말로 함께 적은 명실상부한 漢字字典이지만, 여기에는 모두 57자의 고유한자가 수록되어 있으며, 그 凡例에

> 俗字之不載於字典者書于原畫之末而匡註鮮華音則依諧聲法而定之如畓岾條錛辻鰯之類字載於字典而原註外別有俗義之慣行者尾行匡註如頉倴俵之類

라 하였다.

六堂의 <新字典>(1915)에서는 <자전석요>와는 달리 모두 106자(<자전석요>에 있는 37자 포함)의 고유한자가 수록되어 있으며, 특히 권말에 '朝鮮及日本新製字之慣用於文牒記注者亦應用上不可廢者也別附字類于下'라 하여 응용상 不可廢者의 자류만을 수록한 듯하다.

그런데 鮎貝房之進의 <속자고>에는 모두 213자(<자전석요> 57자, <신자전> 106자 포함)의 고유한자가 수록되어 있다. 주지의 사실이지만, <속자고>는 1931년에 출판된 『雜攷』 제3집에 수록된 것이다. 書頭에 俗字(國字)에 대한 간단한 개념과 형성내용을 밝혔으며, 또한 俗字(國字)를 俗字(國字)·俗音字(國音字)·俗訓字(國義字)로 분류 이를 각각 문헌적 예증을 통하여 고유한자 여부를 밝혔다.

현행 자전에서는 주로 상기 <자전석요>, <신자전>, <속자고>에 수록된 고유한자를 수록하고 있으며, 자전 편저자에 따라 새 고유한자를 몇 자씩 소개하고 있다. 그러나 그 典據가 분명치 않은 것이 허다하다. 비단 현행 자전뿐만 아니라 <자전석요>·<신자전> 등에도 이러한 字類가 있다. 단순히 주석만으로 그쳐서는 안 될 줄 믿는다.

고유한자에 대한 최근의 개인 발표에는 成元慶(1968)[13]·柳在泳(1976)[14]·崔範勳(1977)[15]·都守熙(1981)[16] 등 제씨가 있는데

---

13) 成元慶(1968), 「中韓日三國漢俗字攷」, 『總統蔣公八帙晋二華誕嵩壽特輯』, 臺灣 국립대만사범대학국문연구소.

14) 柳在泳(1976), 「한국한자」, 『국어국문학』 30, 원광대 국어국문학과.

주로 固有漢字의 소개와 주석으로서 이미 소개한 <자전석요>, <신자전>, <속자고> 등에 소개된 것이 대부분이며 새 고유한자의 소개는 稀少하다. 그러나 成元慶은 <說文> 등에 '出樂浪……出渤海……出朝鮮……'으로 주석한 고유한자들이며, 柳在泳은 주로 실학파 문헌에 소개된 고유한자들을 낙수 소개한 것이며, 崔範勳은 주로 고유 인명에 쓰인 국어의 終聲表記에 사용된 고유한자를 소개한 바 있다.

이미 앞에서 밝힌 바 있지만, 필자는 그동안 수집한 고유한자를 여기저기 주석 발표하면서 현행 자전뿐만 아니라 <자전석요>를 비롯하여 <신자전>·<속자고> 등에 수록된 것 가운데에서 고유한자로서 인정할 수 없는 字類들을 지적한 바 있다.

먼저 <字典釋要>에 대하여 살펴보면[17] <자전석요>에는 모두 57字의 固有漢字가 수록되어 있다. 이를 國字·國音字·國義字로 분류하여 살펴보고자 한다.

國字(造字): 迲 㤕 㑖 㑕 畓 垈 㐸 㺼 囕 糢 旀 㲇 闖 䥨 迲 稤
　　　　　筽 櫒 欌 砵 岾 榲

國音字: 乶 串 刺 牌 卜 上 岾 杻 套 頙

國義字: 結 棍 鑵 轎 級 娚 乭 面 木 武 栍 蘇 腎 䐱 租 鷩

柳在泳(1979), 「이름 표기의 한 고찰」, 『논문집』 10집, 원광대.

15) 崔範勳(1977), 『漢字音訓借用表記體系硏究』, 동국대 한국학연구소, pp.141~143.

16) 都守熙(1981), 『백제지명연구』, 충남대 인문과학연구소.

17) 졸고(1975), 「고유한자고(3)」, 『어문연구』 9호, 한국어문교육연구회.
졸고(1982), 「고유한자고(4)」, 『논문집』 제25집, 중앙대.

貼 銃 秤 宕 錫 太 把 袍 胖

<字典釋要>에 수록된 國字(造字) 중 '糢'(模의 속자)와 '鬂'(鬢의 속자)의 2자는 단순한 한자의 속자에 지나지 않다. 한자의 속자에 대해서는 '고유한자의 개념'에서 밝힌 바 있다. '旀'(句讀接尾辭 하며며)는 이미 밝힌 바 있지만[18] '旀'는 '彌'의 略體로 옛 지명 등에서 '彌'(미)가 '旀'(며)로 轉音借된 국음자인 것이다. 이미 梁柱東(1956)과 李基文(1972)이 밝힌 바 있는데, 이는 <자전석요>를 비롯하여 <신자전>·<속자고>와 현행 자전 등에 國字(造字) '하며며'로 주석되어 있다. 그런데 이두표기 '侤音'에서 완성된 '侤'(다짐할고)는 <신자전>·<속자고>에는 수록되지 않았으며, 현행 자전에서도 <새자전>(金敏洙) <송정옥편> 등 한두 자전에만 수록되어 있다.

國音字는 10字가 모두 <신자전>, <속자고> 나아가선 현행 자전에 그대로 수록되어 있는데, 國義字 '結·棍·鑵·轎·級·面武·蘇. 胥 牒 租 銃 秤 宕 袍' 등은 <신자전>·<속자고>에 수록되어 있지 않고, 현행 자전에서는 <새자전>, <송정옥편> 등에 '結·鑵 級·秤'만을 국의자로 주석하였다. 그러나 필자의 견해로는 '棍(棍杖)·轎(步轎)·蘇(蘇魚)·胥(胥氣)·宕(宕巾)·袍(道袍)' 등을 비롯하여 '面 武 租' 등도 국의자로 인정할 수 있을 듯하다. 그리고

---

18) 졸고(1975), 「六堂의 『신자전』에 대한 분석고찰」, 『아카데미논총』 제3집, 세계평화교수아카데미.
梁柱東(1956), 『고가연구』, 박문사.
李基文(1972), 『국어사개설』, 민중서관.

'牒·銃'은 재고되어야 하겠다.

<신자전>[19]에는 모두 106字의 固有漢字가 수록되어 있다. 이를 國字(造字)·國音字·國義字로 분류하면, 다음과 같다. 전술 <자전석요>와 같이 고유한자를 구체적으로 분류하지 않고 '조선속자'라 하였다.

國字(造字): 亇 乶 乫 乬 乭 夻 巪 垈 岾 怾 迲 乼 乽 㔶 巭
旀 畓 迲 乻 乷 莻 椧 硳 㪳 樴 稤 篔 艍 廰 獤 縇
橵 榲 閪 螓 䭏 襸 鐥 𣟂 䭲 欌 欕 蕯 鑾

國音字: 卜 亍 干 夕 印 召 禾 串 岾 杻 柧 洑 套 員 釗 厝
這 喩 喙 媤 鐵 鞁 槊 鞊 鵟 頉

國義字: 刀 太 木 把 咊 垌 栖 栍 炟 苫 娚 症 曶 揚 棵 彙
椺 梖 腩 落 撈 磤 穗 閬 擂 橞 縛 槰 輾 闒 獷 藿
糯 鐗 臁 鑌 鰱

먼저 國字(造字)에 대하여 살펴보면, '旀'는 國字(造字)가 아니라 國音字라는 것은 전술하였다. '蕯'을 <신자전>에서 '살箭也활살見雞林類事'라 주석하였는데, <계림유사>(古今圖書集成本)에 '箭曰蕯字典不載亦曰矢'로 되어 있다. 그러나 저자인 孫穆이 國字를 사용하지 않았을 것이며, 이는 '雞林類事曰方言 箭曰薩音撒<古今釋林 卷之二十七>'과 같이 '蕯'은 '薩'의 誤字가 아닌가 생각된다. 그런데 현행 제자전에 '蕯'(화살살)을 고유한자로 인정 수록하고 있는 것이다.

---

19) 졸고(1975), 「전게논문」.

또한 '𥱣'을 <대한한사전>(張三植)에서는 '𥲤'로 표기하였다. 주지하는 바와 같이 '𥱣'의 '卩'은 구결에서 '隱'의 약체인데, 이를 '巳'로 표기한 것이다. 또한 오자로 생각되지만, <대한한사전>(張三植)에는 '橵'를 '樤'(땅이름추)로 표기하였다.

'鐢'은 <신자전>에 '거鐢보습見農書'라 하였는데, <行用吏文>에는 類似字로 '鐢'(加乃)가 있으며, 최근 육당전집편찬위원회에서 간행한 <新字典> 영인본에는 '鑾'으로 표기하였다. 따라서 <새자전>(金敏洙)·<대한한사전>(張三植)에는 '鑾'을 '보습란(犁)'으로 주석하였으나, 고유한자로는 인정하지 않았다. 그리고 현행 자전에는 '鐢'·'鐢'은 전혀 찾아볼 수 없고, 오직 <신자전>에만 나타나 있다.

<新字典>에 수록되어 있는 총 106의 固有漢字 중 國音字에 해당하는 것은, 모두 26字이다. 그 중 주로 吏讀表記에 관용되었던 '夕·卜·喙'[20]에 대하여 살펴보기로 한다. 현행 자전에서는 이를 모두 국음자로 인정하였는데, 이두표기에서 형성된 국음자라 하겠다.

夕 : <신자전>에 '夕 사穀一勺한움큼見公私文簿'라 하였는데, 이는 <지봉유설>에 '勺字之誤'라 하였고, <이두편람>에는 '勺之訛夕可知'라 하였다.

卜 : <신자전>에 '卜 짐馬駄之稱짐바리見公私文簿'라 하여 '卜'

20) 『새자전』(김민수)에서는 '卜'을, 『대한한사전』(장삼식)에서는 '喙'를 國音字로 인정하지 않았다. 현행 자전은 이와 같이 견해가 엇갈린 것이 허다하다.

을 국음자라 하였다. '卜'은 다음의 예증으로 보아 '負'의 약체이며, '디 · 딘 · 짐'으로 이두표기에서 훈차 되었다.

> 卜本負之ㄅ點…卜馬卜駄皆從本音非音 <이두편람>
> 公事乙負定令是去乙拒逆不順爲旀 <大明律 卷廿 · 七>
> 其矣負役乙闕立不冬令是在乙良 <大明律 卷十四 · 十一>

喙 : <신자전>에 『喙 달鷄口부리○고달見鷄林類事一作喙亦音달』이라 하였는데, 이는 <계림유사>의 '鷄曰喙音達査字典無此字乃朝鮮土語'에서 기인한 것이다.

<신자전>에 수록되어 있는 총 106자의 속자 중 국의자에 해당하는 것은 모두 37자이다.

주지의 사실이지만, 한자는 원래 다의적이어서 한 문자가 여러 가지 의미로 쓰인다. 이는 의미의 전용인 轉注 현상에서 비롯한 것으로 국의자도 결국 이러한 轉注 현상이라 하겠다. 그러므로 국의자로서의 인정 여부나 검토는 신중을 기해야만이 될 줄 믿는다. <신자전>에 수록된 국의자로서 시정되어야 할 '棄 · 症 · 刀'21) 에 대하여 살펴보면, 다음과 같다.

棄 : <신자전>에 '棄 휘入十五斗斛也휘見俗書'라 하여 '棄'를 국의자라 하였다. 그러나 '棄'는 다음의 예증과 같이 이두표기에서 단순히 '斛'의 훈차로 사용되었음을 알 수 있다. 그러므로 국의

21) 『새자전』(김민수)에서는 '棄 · 刀'를, 『대한한사전』(장삼식)에서는 '棄'만을 국의자로 인정하였다.

자로 인정할 수 없는 것이다.

말과 휘를 다 됴히 되게 ᄒᆞ라 ; 斗斛都要量足 <新朴通解一·十四>
斛고곡十斗爲斛 <훈몽중 十一>
㪷;音두○斗合而成斛李睟光曰我國以穀未滿石者爲㪷○俗稱量餘者爲무치是也 <이두편람>

症 : <신자전>에 '症 증病之徵驗증세古皆作證'이라 국의자로 인정하였는데, 이는 다음의 예증으로 보아 국의자가 아니라, '證'의 속자임을 알 수 있다.

證 俗字 病之徵驗也 古皆作證 <辭源>
證 증험증 <유합하 十一>

刀 : <신자전>에 '刀도升也되見雞林類事及公私文簿'라 하여 국의자라 하였다. 그러나 '刀'는 <계림유사>의 '升曰刀'에서 연유한 것으로, 이는 누차 논급한 바와 같이 송나라 孫穆이 자신의 宋音을 기사한 것이므로, 단순한 음차에 지나지 않은 것이다.

이상 <신자전>에 수록된 고유한자로 시정되어야 할 자류를 열거하였다. 더욱이 이러한 자류가 현행 제자전에 그대로 무단 전재되어 있다. 전술한 바 있지만, 固有漢字는 단순한 戱書가 아니라, 우리의 언어·文字史上 그 가치와 의의가 지대한 것이다. 그러므로 그 하나하나에 대한 학적 구명이 이루어짐은 물론, 그 주석에 있어서 보다 정곡을 기해야만이 될 것이다.

다음은 <속자고>(鮎貝房之進)에 수록된 154자의 俗字(國字)에 대하여 살펴보기로 한다. 수록된 俗字를 鮎貝房之進은 會意造字·諧聲造字 등으로 國字(俗字)의 형성내용을 밝혔다. 그러나 여기에는 國字(俗字)·國音字(俗音字)·國義字(俗訓字) 등이 뒤섞여 나타나 있다. 몇 가지 소개하면 다음과 같다.

첫째 國字라기보다 단순한 한자의 略書体라고 할 수 있는 글자들이 있다. 이는 <宋元以來俗字譜>나 <中國簡化字表>에 나타나 있고 또한, 그러한 가능성이 있는 글자들이다. 즉 '帟(幕)·夛(夢)·岁(歲)·仸(佛)·下(富)·合(暮)·尘(塵)·边(動)·企(壹)·礼(福)·远(遠)·狂(獄)·坍(壇)·仠(擊)·仗(儒)·狆(猫)·秽(穢)·覄(覆)·𦔻(聖)들이다. 그 몇 가지만 간단히 살펴보기로 한다.[22]

帟

東坡守汝陰作擇勝亭叺帷帟爲之 <事文類聚抄>(방점 필자)

酒店 酒帟 <才物譜>(방점 필자)

<속자고>에서 상기와 같은 문헌적 예증을 들어 '帟'을 국자라 하였다. 그런데 <書永篇下>에서는 다음과 같이 이를 '率意省筆者'라 하여, 國字로 인정하지 않았다.

22) 졸고(1979), 「鮎貝房之進의 『속자고』에 대한 분석고찰」, 『논문집』 제23집, 중앙대. ( )안은 正字를 가리킨다.

下吏之選字作遷歲字作步幕暮等作帘合湖南人之風字作迚皆鄕曲人率意省筆者此則不足以俗字言也 <書永篇下>(방점 필자)

如反之夛翱翔百幸<日用集>

瞢[23]一作夛楚人謂草中曰瞢<才物譜>

상기와 같은 문헌적 예증을 들어 '夛'을 국자라 하였으나, 이도 '帘'과 같이 漢字體의 단순한 속자가 아닌가 생각된다. 그런데 <宋元以來俗字譜>나 <中國略字表>에는 '夢'이 '梦'으로 나타나 있다. '梦'은 '夢'의 속자인데, 이러한 속자를 약서한 것이 '夛'인 것 같다.

岁

自兌宮起十岁大數越計小數 每計順數而以師年數計之也 <日用集>

埣音岁不黏土 <才物譜>

상기와 같은 문헌적 예증을 들어 '岁'를 약서로 이루어진 국자라 하였으나, 이도 또한 '帘·夛' 등과 같이 漢字體의 단순한 속자라 하겠다. 그것은 이미 소개한 바 있는 다음의 예증으로 보아

23) 瞢與夢同 <集韻>.

알 수 있다.

> 下吏之選字作𨗨歲字作岁幕暮等作佘合湖南人之風字作迚皆鄉曲人率意省筆者此則不足以俗字言也 <書永篇下>

따라서 <中國略字表>에는 '岁'로 나타나 있고, <宋元以來俗字譜>에는 '𢦏·岽·峕' 등으로 나타나 있다.

仸

仸前進供 <日用集>

說華叩時表一仸乘也 <日用集>

상기와 같은 문헌적 예증을 들어 '仸'은 '佛'을 뜻하는 佛家의 관용 造字라 하였다. 그러나 이는 <宋元以來俗字譜>에 '佛'의 속자로 나타나 있는 점으로 비추어 보아 國字가 아니라, 단순한 漢字體의 약서체라 하겠다.

卞

初五長侖卞貴 <日用集>

상기와 같은 문헌적 예증을 통하여 "卞"를 '富'의 國字라 하였다. 그러나 '福'의 속자를 '补'으로 사용하는 점으로 보아 '富·福'의

‘畐’을 ‘卜’으로 약체화하여 사용한 단순한 漢字體의 속자라 하겠다. 특히 노비문서인 고문서 등에서 허다히 쓰인 ‘命’의 속자인 ‘⿱亼内’이 쓰인 점으로 보아 더욱 분명하다. ‘卜’의 약체를 사용한 한자는 또한 ‘僕’을 찾아볼 수 있다. 이는 <宋元以來俗字譜>에는 ‘仆’으로 사용하고 있다. 이는 音借로 이루어진 약서체라 하겠다.

⿱亼日

自次准提功德聚乃至稽首四方六如常⿱亼日誦從旦寅斷直至⿱亼日 <日用集>

‘⿱亼日’는 ‘⿱亼巾·夛’과 동류의 字類로 ‘暮’의 약서라 하겠다. 이미 밝힌 바 있지만, <晝永篇>에 ‘下吏之選字作遷歲字作步幕暮等作⿱亼巾⿱亼日湖南人之風字作迚皆鄉曲人率意省筆者此則不足以俗字言也’를 참고해야 될 줄 믿는다.

尘

一慶華叩云一塵中有難思刹 <日用集>

‘尘’을 ‘塵’의 會意俗字라 하였는데, 이는 한자 ‘塵’의 古文 ‘塵’를 잘못 표기한 것일 줄 믿는다. <中國簡化字表>에도 ‘尘’을 ‘塵’의 약자라 한 점으로 비추어 보아 ‘尘’은 ‘塵’의 국자가 아니라,

‘塵’의 古文인 ‘尘’의 오기가 분명하다 하겠다.

边

远行不边 <日用集>

三十三天太虛震边 <日用集>

상기와 같은 문헌적 예증을 통하여 ‘边’을 ‘動’의 會意 造字한 국자라 하였다. 그런데 ‘边’은 일찍부터 ‘動’의 약자로도 쓰였을 뿐만 아니라, <中國簡化字表>에도 약자로 나타나 있다. 이러한 점에서 ‘边’을 國字로 인정할 수 없고 이미 밝힌 바 있지만 選(遷)·步(歲)·合(暮)·迚(風) 등과 같은 자류가 아닌가 생각된다. 그러한 자류는 서리들의 공사문서에서 허다히 찾아볼 수 있다.

礻卜

이미 ‘下’(富)의 條에서 밝힌 바와 같이 ‘福’의 ‘畐’을 ‘卜’으로 略書化한 것이라 하겠다. 이는 <日用集>의 ‘疾病消除增礻卜壽’뿐만 아니라, 고문서에서 허다히 찾아볼 수 있다. 이는 특히 ‘远(遠)·狂(獄)·動(边)’ 등과 造字 방법이 같은 자류라 하겠다.

远

樓閣 聚远樓 <事文類聚抄>

自然远離三灾 星中圓月徧照远近无有障碍 <日用集>

상기와 같은 문헌적 예증을 들어 '远'을 諧聲 조자한 국자라 하였는데, 이는 <宋元以來俗字譜>와 <中國簡化字表>에 속자와 약자로 나타나 있다. 이런 점에서 '远'은 국자가 아니며, 礻卜(福)·边(動)·狂(獄)과 같은 자류로, 한자의 略書體라 하겠다.

狂

'狂'은 '獄'의 諧聲 조자로 국자라 하였으나, 이는 이미 밝힌 바와 같이 '礻卜(福)·远(遠)·还(還)·边(動)' 등과 같은 단순한 한자체의 약체가 아닌가 생각된다. '狂'은 공사문서에 허다히 나타나 있다.

坍

誦甘露呪時證明立坍前焚香卽以左手執水盂右手執楊枝以楊枝薰香烟醮於水盂三度上中坍無印法下坍二手轉腕向前二頭指大相捻餘三指散伸 <日用集>

상기례를 들어 '坍'을 '壇'의 代用 속자라 하였는데, 이는 '壇'의 약서체가 아닌가 생각된다. 그것은 이미 앞에서 예거한 바 있는 '远(遠)·狂(獄)·礻卜(福)·园(園)' 등과 같은 자류라 하겠다. 그런데 <훈몽하 十七>에는 '믈어딜단', <자전석요>에는 '믈이언덕칠담'

으로 나타나 있다.

仠

焚修仠金

僧統和尙出入時 仠大鐘式 <日用集 海印寺板 著者年代未詳>

상기례를 들어 '仠'은 '擊'의 字典不載의 會意 조자라 하였는데, 이도 또한 坍(壇)·远(遠)·狂(獄)·祄(福) 등과 같이 '仠'은 '擊'의 약서체가 아닌가 생각된다.

仗

平時儒生騎馬有禁故仗生穿履徒步穻有騎行云云 <芝峯類說 法禁>

상기례를 들어 '仗'는 '儒'의 會意 조자로 고문서에 허다히 쓰였다고 하였다. 그러나 '仗'는 '仸'(佛)과 같이 會意 조자가 아니라, 단순한 약서체라 하겠다.

疋

唯識論經一部疋百卷內十卷在唐 <日用集>

‘㱏’를 ‘壹’의 異體字로 공사문서에 허다히 쓰였다고 하나, 그 증거가 희박하다 하겠다. 더욱이 ‘正’의 古文 ‘㱏’의 變形으로 생각한다는 것은 三思를 요할 물제가 아닌가 생각된다. 문헌적 예증이 희박하여 국자로 인정하기에는 어려운 듯하다.

犸

毅宗二十二年庚辰移御興王寺甲申移御犸串江書齋丙戌還宮 <高麗史世家 卷第十八·毅宗>

酢漿草(鄕名犸升碍伊)擣取汁一大鐘空心服神效 <鄕藥集成方 卷 二十一>

酢漿草鄕名犸僧升 <同上卷 七十九>

酢漿草괴승아 <東醫寶鑑 草部>

斑犸 <物名考 昆蟲>

‘犸’는 ‘猫’의 약서체로 상기 제례는 모두가 ‘猫’의 訓借 ‘괴’를 이용한 표기라 하겠다. ‘廟’의 古文 ‘庿’의 속자 ‘庙’ 등에서 착안한 속자라 하였는데, 이는 다소 근거가 있다. 그러나 ‘犸 音有義未詳<海篇>’으로 보아 ‘犸’는 ‘猫’의 단순한 약서체에 지나지 않은 듯하다.

秽

若不用灰泥則觸水淋其手背灰垢穢尙存禮化伕經心得罪云云 瑕秽하예 <日用集>

'秽'는 '穢'의 단순한 약서체이다. <中國簡化字表>에는 '秽(穢)'로 나타나 있다.

覄

心開目明反覄數周曠然發曚 <事文類聚抄>

帝釋今俗齋米覄僧幘之神제셕 <才物譜>

覄盆子 <軍都目>

'覄'은 '覆'의 약서체이다. '覄'이 '覆'의 약서체임은 <宋元以來俗字譜>에 밝혀 있다. 이를 <俗字攷>에서 '조선속자'라 함은 잘못이며, 또한 '覈'과 같은 字로 인정한 것도 잘못이다.

𦊅

豈无凡𦊅之分乎 <日用集>

賢弥勒地藏菩薩誦十邊不退大乘果九千萬九十𦊅來護 <日用集>

'𦊅'을 字典不載의 '聖'의 속자라 하였는데, 이해가 잘 가지 않는다. '𦊅'이 '聶'의 약서체일 가능성은 크다. '聖'의 속자는 <宋元以來俗字譜>에는 '圣'으로 나타나 있으며, <中國簡化字表>에도 '圣'으로 기사되어 있다.

이러한 속약자에 대하여는 <균여전>의 普賢十願歌에 나타나 있는 体(體)·仏(佛)·礼(禮)·処(處) 등과 <五洲衍文長箋散稿 土

俗字辨證說>에 '凡字非正字而字書不載者 傳所謂鄙字卽今俗字 亦謂之土字'라 하고 상당수의 약자가 수록되어 있다. 또한 고문서 등에도 허다한 속약자가 나타나 있는데, 이들은 대부분 <宋元以來俗字譜>에 나타나 있는 속자류와 같은 것들이다. 몇 가지만 소개한다.

礻卜(福)·発(發)·还(還)·仪(儀)·癶(登)·夛(夢)·罗(羅)·双(雙)·珎(珍)·鉄(鐵)·礼(禮)……

지금까지 國字라기보다는 단순한 漢字의 略書体라고 볼 수 있는 字類들을 살펴보았다. 다음은 國音字에 대하여 살펴보기로 한다.

茸

走筆謝閔祇惠松茸

松山風露近中秋瓊液成形滑似流老病口饞猶不減尋僧直欲更高游 <牧隱集>

石茸 蕈茸 晩茸 松茸 <寧邊邑志 土産菌類>

松耳松林中所生味美숑이 <物名考草>

'茸'가 그 원음·원의와는 달리 音 '이', 訓 '버섯'을 가리키는 국음·국의자라 하겠다. '茸'의 원의가 '草生貌'를 뜻한다는 것은 주지의 사실이다.

茸 玉篇 草生也 廣韻 草生貌 蓋草初生之狀謂之茸 <句讀>

槊

弓槊木二百三箇高佐木四百八箇 <六典條例·兵典·軍器寺>

槊毛契 毛氈二百浮 <六典條例·兵典·司僕寺>

槊木三千七十二個 <華城城役軌範>

造瓦濫惡不如法者重論私窯則論罪後本瓦沒官槊木本曹篆烙着標 <經國大典·工典>

嶺南漕船三年改槊價米四十石 <六典條例·戶典·宣惠廳>

'槊'(소)는 <說文>의 '槊音朔矛也'로 보아 국음자로 상기 제례로 보아 네 가지의 뜻이 있다 하겠다. 제1의는 '弓槊'(弓胎), 제2의는 '槊毛', 제3의는 '橫木', 제4의는 '瑑槊'[24] 제5의는 '木栓'이 그것이다.

<신자전>에 '槊소俗以茵褥裝毛曰一뇨소 修補船版亦曰改一見官司文簿'라 하였다.

'槊'의 音이 '소'임은 '弓槊'(궁소)<譯語類解 軍器>, 槊毛(소모)<六典條例> 등에서 찾아볼 수 있다.

셋째 國義字를 國字(造字)로 처리한 것이 대부분이다. '太·枇·柞·柀·梓·莎·堗·楦·栔·蓇·鉒·稧·褓·蕙·糖·董·樌·鮇·樸·韞·鐦' 등이다. 이에 대한 구체적인 것은 後述하기로 한다.

---

24) 기와(瓦)를 만드는 木型.

넷째, 國字나 國音字·國義字 어느 것으로도 인정할 수 없는 것이 있다. '啺·椋·楸·栍' 등이다. 이에 대하여 간단히 살펴보기로 한다.

啺

<속자고>에서 '啺'과 '喙'는 동일자라 하였는데, 이는 유사로 인한 오자가 아닌가 생각된다. 그것은 <昌寧碑>·<삼국유사> 등 국내 문헌에는 모두 '喙'로 기록되어 있는 데 반하여, <日本書紀>에는 한결같이 '啺'으로 기록되어 있다는 점이다.

'喙'에 대해서는 이미 밝힌 바 있지만,[25] 이는 '梁·沙梁'을 '喙·沙喙'로 기록한 것이다.

> 等喙居七夫智一尺干喙□□智一尺干沙喙子力智□□干□ <昌寧碑>
>
> □□□□喙部非知沙干另人沙喙部尹知奈末 <黃草嶺碑>
>
> 沙梁部梁讀云道或作涿音爲道故今或作沙梁梁亦讀道 <遺事卷一·辰韓>

椋

椋本居脊而訓之爲柱方言云者東 <對六書策>

---

25) 졸고(1973), 「고유한자고(2)」, 『논문집』 제18집, 중앙대.

'楝'은 '기둥'(柱)의 뜻을 가진 諧聲 조자라 하였는데, '楝'이 諧聲 조자가 아님은 물론 또한, 다음의 예증으로 보아 국의자도 아닌 듯하다.

楝 동屋脊穩也동자기동 <신자전>

'동자기동'이란 '童子柱'를 뜻하는 말로 '동바리'를 가리킨다.

楸

楸가래汴實曰山核桃叉唐一子曰核桃 <훈몽상 十一>

楸木皮ᄀ래나모겁질○處處有之多生山中採無時木性堅硬可爲器用 <동의보감>

상기와 같은 문헌적 예증을 통하여 '楸'는 '가래'(가래나무)를 뜻하는 국의자라 하였는데, 이는 오류인 듯하다. 다음의 <아언각비>와 <물명고>가 이를 명시하고 있다.

> 楸葉大而皮皵樹有行列直聳可愛○東醫及詩解皆以秋爲가래我國之疎於物名類如是可慚也 <物名考木>
>
> 東俗忽以山核桃爲楸子方言加乃南于 <雅言覺非>

'楸'는 '梓'와 同字로 '노나무'(檟木 · 榎木)를 뜻한다 하였는데, '梓'도 또한 '가래'를 뜻하고 있음을 알 수 있다.

梓ㄱ래나모지膩理者一葺白者楸亦曰椅 <훈몽상 十一>
梓楸也가래나무 <신자전>
梓楸也以木宰省聲 <설문>

橸

'橸'는 싸리(萩)를 뜻하는 국의자라 하였는데, 이는 오류라 하겠다.

'橸'에 대해서는 이미 밝힌 바 있지만, 특히 <여지승람>의 '橸郡 橸城 橸俗作檣或作杻非'가 국의자 여부를 규명해 줄 것이다. 자세한 것은 졸고(1972), 「고유한자고(1)」를 참조하기 바란다.

<속자고>에 수록된 '俗音字'[26]에 대하여 살펴보면, 鮎貝房之進은 23자를 일괄 '俗音'이라 하였다. '俗音字' 23자를 분석하여 보면, 비단 속음자뿐만 아니라 비속음자는 물론, 2음 이상의 한자·국음자와 轉入된 중국 근대 한자음 등이 뒤섞여 있음을 알 수 있다. 먼저 국음자를 속음자로 처리한 것은 '只·帖·狀·金·刺·陜' 등이며, 2음 한자를 속음자로 처리한 것은 '丑·宅·辰' 등이며 중국 근대한자음의 전입에서 형성된 것은 '下·這·箚' 등이다. 이는 주로 이두표기에서 '햐·갓·차' 등으로 사용된 것들이다. 그리고 음운변이나 유추작용으로 인하여 형성된 한자음 즉 비속음자로 처리한 것은 '勺·分·合·板·刷·則·歛' 등인데, 특히

26) 졸고(1980), 「鮎貝房之進의 <俗音字>에 대한 분석고찰」, 『蘭汀 南廣祐博士華甲紀念論叢』, 일조각.

'分·合'을 '푼·홉'이라 한 것은 고유어의 단순한 한자표기에 지나지 않은 것이다. 그러나 '畓·逼·墓·懶' 등을 속음자로 처리한 것은 타당하다.

결론적으로 23자의 '俗音字' 중 國音字로 인정할 수 있는 것은 '只·帖·狀·金·刺·陜'과 '下·這·歙·箚'의 9자라 하겠다. 국음자로 인정할 수 없는 그 몇 가지만을 살펴보면 다음과 같다.

勺

'勺'(사)를 量稱의 속음자라 하였는데, 이것은 '夕'로 오기되어 사용되고 있음을 다음의 예증으로 보아 알 수 있다.

> 夕샤○李睟光曰十龠曰台十合曰升或云十勺爲合今俗以龠作夕似無理盖勺字之誤○接龠與勺通其夕則訓蒙字會芍釋以샤약작其一證高麗史升合之下叉有勺卽勺之訛夕可知 <이두편람>

'夕'(사)을 국음자로 인정한 것은 비단 <俗字攷>뿐만 아니라, 六堂의 <신자전>에서도 '夕 사穀物一勺한홉큼見公私文簿'라 하여 국음자로 인정하였다. '夕'에 대해서는 이미 밝힌 바 있으므로 재론을 피하거니와27) '勺'의 속음을 '사'라 한 것은 '夕'(사)와 통용자로 인정한 데서 온 잘못이라 하겠다.

---

27) 졸고(1972), 「固有漢字(國字)攷(2)」, 『논문집』 제18집, 중앙대.

丑

丑丒異字公孫丑曰츄 子丑曰축 <아언각비 권지一>

상기 례를 들어 '丑'의 정음은 '츄'(chiu)이며, 支名은 축(chiuk)이라 하였는데, 이는 2音字라 하겠다.

튜 宣孟 3:1 奎章全韻에는 츄 十二月支

그러나 <東新續三>에는 '튝', <倭解上五>, <신자전>에는 '츄'(축)으로 '丑時'를 '축시'라 하였으니, 오늘날의 관용음 '축'은 '튝>츅>축'으로 바뀌어 쓰였다 하겠다.

分

'分'을 正音 '분', 衡稱兩錢分厘의 단위로는 '푼'이라 하였는데, '푼'은 衡稱兩錢分厘를 지칭하는 '分'의 속음이 아니라, 이는 衡稱兩錢分厘를 지칭하는 고유어라 하겠다.

分 분十黍푼분 <자전석요>
分 분十黍한푼 <신자전>

고유어 '푼'을 '分'으로 한자표기하는 것은 잘못이며, 특히 몇몇 현행 사전 등에서 '푼리 · 푼전 · 푼침 · 푼칭' 등을 '分厘 · 分錢 · 分針 · 分秤' 등으로 표기하였는데, 이는 오류라 하겠다.

合

'合'을 正音 '합', 量稱升合을 가리킬 때는 '홉'이라 하였다. 그러나 量稱升合의 경우의 '홉'을 속음이라 한 것은 잘못이라 하겠다. '合'(홉)은 다음의 예증으로 보아 고유어 '홉'(十龠)의 단순한 한자 표기에 지나지 않은 듯하다.

> 合 갑呼也和也十龠 <전운옥편>
> 合 갑十龠홉갑 <자전석요>
> 合 갑呼也부를◯和也화할◯量名十龠 <신자전>

宅

'宅'의 正音은 '틱'(taik)이며, 대인 경칭에 쓰일 경우에는 '딕'(taik)이라 하였다. 그러나 '宅'은 2음자로서 <宣孟1:8>, <宣小6:32>, <훈몽중4 · 유합상23 · 石千23>에는 '틱', <初朴通事上58>에는 '딕'으로 나타나 있다.

'宅'은 동국정운식 한자음 '틱 · 떡'을 이은 것인데, '틱'은 漢字의 本音으로 굳어져 간 것이고, '딕'은 고유어처럼 국어화한 것이 아닌가 한다. 그리하여 일찍부터 관용음이 된 듯하다.

辰

'辰'을 '生辰 · 誕辰'의 경우에는 正音 '신'으로 讀音하고, 국명 ·

지명의 경우에는 '진'으로 읽힌다 하였다. 따라서 '진'은 '辰'의 고음이라 하였다. 그런데 <아언각비 권지一>에 '辰辰異音生辰曰신戊辰庚辰曰진以避申音'이라 소개되어 있고, <훈몽상 1>에는 '별신 叉미르진'으로, <유합상 2>에는 '별자리신'이라 하였고<石千1>에는 '별진'으로 前二者와는 다르다. 그러나 <三韻·奎章>에는 '신', <전운옥편>, <신자전>에는 '신'으로만 되어 있어 '辰'의 正音은 '신'으로 이는 동국정운식 한자음인 '씬'의 연결이라 하겠다.

<石千1>의 '별진'만이 다를 뿐 허다한 운서나 옥편류에 '신'으로 일관되어 있고 16세기 문헌 이래 대체적으로 '별'의 뜻으로는 '신', '龍'의 뜻으로는 '진'으로 구별 사용해 온 듯하다.[28] 그러나 현대어 사전에 의하면 '신'과 '진'의 엄격한 구별은 찾아보기 힘들다 하겠다.

그런데 <속자고>에서 '진'은 '辰'의 古音이라 하였다. 그러나 <훈몽상 1>에 '신·진' 2음이 나타나 있고, 우리 한자음을 고찰한 것은 아니지만, Kargren의 <한자고음사전>에도 '신·진' 2음이 나타나 있고, <辭海>에는 '辰 匙寅切音晨眞韻…⑦國名詳三韓條'라 하여 우리의 고대 국명인 '辰韓'이 나타나 있기는 하지만 '진'이 '辰'의 古音이란 것은 수긍하기 어렵다.

則

則則異音助辭曰 즉 法則曰측 <아언각비 권지一>

28) 남광우(1973), 『朝鮮(李朝)漢字音硏究』, 일조각, pp.55~56.

상기례를 들어 '則'의 正音은 '즉', '측'은 속음이라 하였다. 그런데 '則'이 <飜小8:3>, <宣大13>에 '즉', <三韻>에도 '法也'라 하여 '즉', <奎章>에도 '法也·助辭'라 하여 '즉'으로 되어 있는데, 이는 동국정운식 한자음을 이은 것이며 또한, <유합하 23>에는 '법측측 一音즉'이라 하였고, <石千11>, <宣中10>, <宣小5:51>에도 '측'으로만 되어 있어, 이를 관용음으로 볼 수 있을 것이다.[29]

'則'이 현실음으로 '곧'의 뜻으론 '즉', '法'의 뜻으론 '칙'으로 되어 있는데, 이는 'ㅅ·ㅈ·ㅊ' 자음하에서 'ㅡ' 모음이 'ㅣ' 모음화하는 일종의 구개음화 현상이다. 이러한 예는 허다한데, 참고로 몇 가지 들어본다.[30]

슬>실 瑟 슬 <訓蒙中32·類合上24·石千20·三韻·奎章·新字典>
습>십 什 습 <宣小6:28·宣孟5:9·三韻·奎章·新字典>
즐>질 叱 즐 <類合下26·宣小2:60·三韻·奎章·新字典>
즙>집 輯 즙 <類合下24·家禮8:4·三韻·奎章>집 <宣小書題2>
측>칙 則 측 <類合下23 石千11·宣小5:51·三韻·奎章·新字典>

固有語에 있어서 'ㅅ·ㄴ·ㅊ' 자음 아래에서 'ㅡ' 모음이 '이' 모음으로 구개음화한 예는 19세기 말 문헌에서 찾아볼 수 있다. <텬로력뎡>(天路歷程 1894년 序 1895년 刊)에 의하면

29) 남광우(1973), 『전게서』, p.54.
30) 남광우(1973), 『전게서』, pp.125~129.

진흙(←즌) 질거워(←즐) 실커든(←슬) 시려ᄒᆞ지(←스) 근심스러온(←스) <독닙신문>(1896년)에도 업실것(←슬) 차지러(←즈) 규칙(←츽 規則) 칙은히(←츽 惻) 등이 있다.

고유어에서뿐 아니라, 한자어에서도 '卽時·證人·規則·惻隱' 등이 '직시·징인·규칙·칙은'으로 쓰였다.

그리하여 1933년 제정 <한글맞춤법통일안> 제37항에 'ㅣ'음으로 굳어진 것은 'ㅣ'로 적는다'라 하여 '금실(琴瑟)·질책(叱責)·편집(編輯)·법칙(法則)·친의(襯衣)' 등으로 표기하는 원칙을 삼았다.

그러나 이러한 규정에도 불구하고 한자음에 있어서의 구개모음화는 더 진행되고 있는 듯하다.

관칙(←관측 觀測), 칙후소(←측후소 測候所), 칙량(←측량 測量), 징조(←증조 曾祖), 우칙(←우측 右側), 칙은(←측은 惻隱), 칙문(←측문 仄問), 평칙(←평측 平仄) 등이라 하겠다.

㕦

正音 '치', 俗音 '태'라 하였다. <集韻>의 '超之切'을 비롯하여 <三韻>, <奎章>, <全韻玉篇>, <字典釋要>, <新字典>에는 '치'로 나타나 있고 <訓蒙中十五>, <倭解上十五>를 비롯하여 현행 제자전에는 모두 '태'로 나타나 있다.

正音 '치'는 東國正韻式 한자음을 이은 것이며, 속음 '태'는

'台·怠·殆·苔·跆·迨·駘' 등이 '태'인 점으로 미루어 보아, 그 근거를 잡을 수 있을 듯하다.

逼

正音 '벽', 俗音 '핍'이라 하였다. 따라서 <雅言覺非 권지 一>에는 '逼本音䮹讀之如乏䮹音벽'이라 하였다.

正音 '벽'은 동국정운식 한자음을 이어받은 것으로, '堛·湢·楅·稫'이 모두 '벽'이요, '煏·偪·幅·逼'은 '벽俗핍'으로, <전운옥편>, <신자전>을 비롯하여 현행자전에 이어져 있다. 그런데 <자전석요>에는 '逼偪通'으로 되어 있어 '逼'과 '偪'은 통용자임을 알 수 있다. '偪'을 <類合下 十七>에서 '偪핍叉音벽'이라 한 점으로 미루어 보아 또한, '逼'의 변천과정을 알 수 있다 하겠다.

劄

正音 '잡', 俗音 '차'라 하였다. <아언각비 권지1>에는 '劄入聲咨揷切音以別音劄作䍤'라 하였다.

'劄'가 <訓蒙上 三十五>에는 '잡'이나 <類合>, <倭解> 등에도 나타나 있지 않고, <전운옥편>, <자전석요>, <신자전> 등에서, 한결같이 '잡俗차'라 하여 현행 자전에 이어져 있다. 그런데 '잡俗차'의 주석을 살펴보면, '차자차'로 되어 있다. '차자'는 '劄子'를 가리키는 것으로, 이는 그 역사가 오래라는 것은 주지의 사실이다. <俗

字攷>에서는 다음의 예증을 들어, '차'는 중국 한자음의 직접차용이라 하였다.

箚付자부○差帖 立箚리자○行移ᄒᆞᆫ本文 <역어유해 공식>

墓

正音은 '모', 俗音은 '묘'라 하였다. 正音 '모'는 <三韻·奎章>을 비롯하여 <전운옥편·자전석요·신자전> 등에 나타나는데, 이는 동국정운식 한자음의 연결이라 하겠다.

'묘' 음은 <六祖序 十七·訓蒙中 三十五·宣小 4:3·石千 二十四·瘟疫方 二> 등에 한결같이 '묘'로 되어 현대음에 이어졌다. 그런데 '模·謀·慕·摸'가 모두 '모'이며, 日漢音도 'ぼ'(bo)인데 '墓'만이 유독 '묘'인 것은 특이하다 하겠다.[31]

懶

'懶'의 正音은 '란', 속음은 '라'(나)라 하였다. '懶'(란)은 <類合下 42>를 비롯하여 <三韻·奎章>뿐만 아니라 <전운옥편·신자전>과 허다한 현행자전에 이어져 있는데, 남광우 박사는 이를 동국정운식 한자음의 연결이라 하였다.[32]

31) 남광우(1973), 『전게서』, p.34.
32) 남광우(1973), 『전게서』, p.30.

그런데 유독 <字典釋要>에서만이 '懶뢰嫌惡憎－미워하고 혐의할뢰'라 하여 그 음이 '뢰'로 나타나 있다. 이는 아마 '賴·瀨'가 '뢰'인데 유추작용으로 형성된 듯하다.

속음 '라'는 조선총독부 간행의 <조선어사전>의 '懶農·懶惰·懶怠' 등에서 '라' 음이 등장하는데, 이는 '癩'가 <宣小 4:31·倭解上 五十一> 이래 '라' 음으로 이어짐에서 그 근거를 찾을 수 있다고 하였다.

또한 <俗字攷>에는 36자의 '俗訓字'[33)]가 수록되어 있는데, 문헌적 예증을 통하여 국의자 여부를 재검토하였다. 그 중 '印·串'은 국음자로, '鞊·縛·輾' 등은 국의자로 <新字典>에 수록된 것이니, 다음의 19字만을 國義字로 인정하였다.

辛(苦味通用), 食(穀物), 栢(海松子), 嫂(弟妻通用), 妹(女兄通用), 叔(夫兄通用), 貰(傳貰·月貰), 稷(稗), 獺(너구리), 遷(벼ㄹ) 등과 杉·侄·峽·原·租·倅·砧·辱·趾 등이다.

그리고 다음의 12字는 국의자로 인정할 수 없는 것들이다. 이미 밝힌 바 있으므로, 참고로 그 몇 가지만 검토하기로 한다.

石·床·羔·捧·梯·湖·莪·檜·霞·薤·醯·欝

石

'石'이 漢語에서는 '量稱'의 뜻으로, 韓語에서는 '穀苞'의 뜻으

33) 졸고(1982), 「鮎貝房之進의 『俗字攷』에 대한 분석 고찰」, 『어문논집』 제15집, 중앙대 국어국문학과.

로 쓰인다 하여, 俗訓字(국의자)라 하였다. 그러나 '石'은 漢語·韓語 다같이 '量稱'의 뜻으로 쓰임은, 다음의 기록과 같이 그 역사가 오래이며, '石'을 '穀苞'로 본 것은 '石'의 訓 '셤'을 '苫'으로 음차 표기한 데서 온 잘못이라 하겠다.

> 苫者編草以履屋也 中國十斗曰斛 亦十斗曰石 吾東公穀十五斗爲一石私穀二斗爲一石叉以石爲苫 盖以東俗編草爲簣而納粟米 斯之謂苫於是粟米旣瀉 名之曰空石 豈不誣哉 … <雅言覺非 권지三>

<신자전>에서는 '島嶼'와 '穀苞'의 고유어 '셤'을 '苫'으로 음차 표기한 실증을 들어 이를, 다음과 같이 國音字로 인정하였다.

> 苫셤 盛穀蒿篇셤叉島嶼稱全州海中有菩薩苫

이미 밝힌 바 있지만,[34] '苫'(셤)은 국음자가 아니라, 단순한 '苫'의 本音에 지나지 않다 하겠다.

> 苫 詩廉切·舒瞻切 <집운>
> 苫셤 正졈 盖也編芽覆屋 <전운옥편>

그런데, 우리말에서 '셤'이 '量稱'의 뜻으로 쓰여온 것은, 그 역사가 오래라 하겠다.

---

34) 졸고(1974), 「고유한자고(2)」, 『논문집』 제18집, 중앙대.

長安에서 ᄡᆞᆯ ᄒᆞᆫ 셔메 萬錢을 받거ᄂᆞᆯ <杜初 二十四·三十五>
여듧 셤 너말이 <南明上 三十一>
몃 셤 ᄐᆞ실고(關機擔) <朴初上 十一>
셤단 擔 十斗爲一斛 一擔也 <訓蒙上 三十四>
셤곡 斛 <類合上 二十七>

床

'床'을 漢語에서는 '簀也', 韓語에서는 '几案'의 뜻이라 하여, '床'을 俗訓字(국의자)라 하였다. 그러나 '床'이 韓語에서 비단 '几案'(卓子)의 뜻뿐만 아니라, '평상'(臥榻床簀)의 뜻으로도 쓰이고 있음을 볼 때, 이는 속훈자(국의자)가 아님을 알 수 있다.

'床'을 漢語에서 '簀也'라 한 것은 <廣韻>의 '牀 簀也'라는 데에 근거가 있는 듯하나, '床'은 비단 '簀也'의 자의뿐만이 아니라, 원래 한자가 다의적이라는 것은 주지의 사실이지만, 다음과 같이 여러 가지 '상'(床)을 뜻한다 하겠다.

床 安身之几坐也 <說文>
人所坐臥曰牀 牀裝載也 <釋名·釋牀帳>
牀 凡安置器物者多名曰牀如筆牀琴牀茶牀印牀 <中華大字典>

羔

'羔'의 원래 字義는 다음의 諸例와 같이 '羊'(염소)·'小羊'을 뜻하는데, <音韻編彙>에 나타나 있는 '염소고'를 들어 '羔'(염소고)

를 국의자라 하였다. 그러나 현행 제자전에서도 밝혔지만, '羔'(염소고)를 國義字로 인정할 수 없다 하겠다.

> 羔 羊子也 <說文>
> 小曰羔 大曰羊 <博>
> 羔 小羊也 <注>
> 李雅亭名德懋對六書策云……羔羊子而冒羖羅方言云羇昭…… <아언각비 권지二>

<訓蒙上 十九>에는 '羔'를 '삿기고'라 하였는데, 이는 '삿기양고'의 잘못이라 하겠다. <훈몽자회>에는 잘못된 주석이 허다하다.

捧

吏讀에서 '捧上'을 '받자'라고 한다. '捧'의 자의는 '奉也'(받들)인데, 이것이 '捧上'의 경우에는 '受領'(받자)의 뜻으로 쓰인다 하여, 이를 국의자라 하였다. 그러나 주지의 사실이지만, 이두에서 쓰인 허다한 한자를 모두 국의자로 인정할 수 없을 줄 믿는다. 이러한 점에서 '捧'을 국의자로 인정할 수 없다 하겠다.

> 以捧爲受官所領受謂之捧上已載法典文集亦刊行 <雅言覺非 권지二>

<아언각비>에서도 '捧'의 자의를 '受領'으로, 이두에서 '捧上'으로 쓰이는 경우라 하였으며, 이는 사실상 옳지 않다 하였다.

梯

‘梯’의 자의는 ‘木階’(사닥다리 · 사ᄃᆞ리)인데, 그 원래 字義와는 달리 ‘橋’(ᄃᆞ리)의 뜻으로 쓰였다 하여 국의자라 하였다. 그러나 주지의 사실이지만, 古語에서 ‘ᄃᆞ리’는 ‘橋 · 梯 · 層階’의 세 가지 뜻으로 쓰인 점으로 보아, ‘梯’(ᄃᆞ리)를 국의자로 인정할 수 없다 하겠다.

ᄃᆞ리爲橋 <訓正解例 · 用字例>
ᄃᆞ리예 떠일 ᄆᆞ를 : 橋外隕馬 <龍歌 八十七장>
城 높고 ᄃᆞ리 업건마ᄅᆞᆫ : 城之高矣 雖無梯便 <龍歌 三十四장>
ᄃᆞ리뎨 : 梯 <訓蒙中 七>
어느 ᄃᆞ리로 네 方便으로 : 何階子方便 <杜解十六:一>
ᄃᆞ리계 : 階 <石千二十>

그러나 ‘梯’를 ‘木階’(사ᄃᆞ리)라 하여, 원래 字義 그대로 풀이한 경우도 있다.

사ᄃᆞ리 : 梯子 <譯語上十四>
외나모 사ᄃᆞ리 : 蜈蚣梯 <漢韓淸文鑑 十:三十八>
사ᄃᆞ리뎨 : 梯 <倭解上三十三>

이미 밝힌 바 있지만 ‘사닥다리’의 國字로 ‘㭒’가 있다. <속자고>에서 ‘梯’를 ‘ᄃᆞ리’로 釋訓한 것은, 당시에 ‘사닥다리 · 사ᄃᆞ리’란 말이 없기 때문이라 하였는데, 이는 상기와 같은 문헌조사를

缺한 데서 온 점이라 하겠다.

湖

'湖'의 字義는 '大陂'(큰못)의 뜻인데, 이것이 다음과 같이 'ᄀᆞᄅᆞᆷ'(江)의 뜻으로 쓰인다 하여, '湖'를 國義字라 하였다. 그러나 古語에 있어서의 'ᄀᆞᄅᆞᆷ'은 '江'과 '湖水'의 두 가지 뜻이 있어, 이를 국의자로 인정할 수 없다 하겠다.

> 湖ᄀᆞᄅᆞᆷ 호 大陂 <훈몽상 四>
> 江ᄀᆞᄅᆞᆷ 강 今俗謂川之大者皆曰一又水石 <훈몽상 四>
> 河ᄀᆞᄅᆞᆷ 하 水名黃河又北方流水通稱 <훈몽상 四>
> 婢爲湖外客看此戎馬亂 : ᄀᆞᄅᆞᆷ밧긔와나그내ᄃᆞ외야셔이戎馬ᄋᆡ亂보ᄆᆞᆯ붓그리노라 <杜解 25:3>

따라서 <아언각비>에서는 '湖'의 원래 자의와 같은 '灌漑用의 池水'를 지칭한다 하였다.

> 湖者大陂也水形如鳥獸之有胡䫇故曰湖也五測太湖洞庭湖青草湖皆大澤　曰湖特與江水相通相溢耳西湖鏡湖等皆如吾東之大堤蓄水以漑田非流水之名俗儒錯認以湖爲江……<아언각비 권지二>

이미 밝힌 바 있지만,35) 실학파 문헌을 중심으로 고문헌에 수록

---

35) 졸고(1982), 「固有漢字硏究(4)」, 『논문집』 第26집, 중앙대.

된 것과 현행 제자전에 수록된 것으로, 고유한자로 인정할 수 없는 것 가운데서, 필자가 아직 밝히지 못한 것만을 소개코자 한다.

糢

'糢'를 <아언각비>에서 다음과 같은 예증을 들어 국자로 인정하였다. 그러나 이는 '模'의 단순한 속자에 지나지 않음을 알 수 있다. 그것은 諸橋轍次의 <大漢和辭典>에 '模의 속자'라 밝혀 있다.

> 糢糊謊之爲糢糊字典無糢字熳漫僞之熳烟字典無熳字古文或有爛熳也 <아언각비 권지三>

또한 '熳'도 <아언각비>에서는 '字典無'라 하였으나, 이도 또한 그대로 인용한 것이라 하겠다.

伊

'伊'가 한자음훈차용표기에서 'ㅣ' 조사로 표기된 어례가 있다. 곧 <향약구급방>의 '兎絲子曰鳥伊麻(새삼)', '百合根曰太伊那里根(가이나리)', <고려사>의 '猫高伊(괴)' 등이 그것이다. 그러나 '伊'는 단순한 한자의 음차에 지나지 않으므로, 이를 국의자로 인정할 수 없는 것이다.

> 南克寬曰我國物名絡語必有伊字如漢語兒者高麗史云方言呼

猫高伊今猶然但聲稍疾合爲一字 <行用吏文>

帽

'帽'를 <자전석요>, <송정옥편> 등에서 '官服所着紗帽'라 하여, 이를 '사모(紗帽)'를 뜻하는 國義字라 하였다. 그러나 이는 다음의 제예증으로 보아 국의자로 인정할 수 없다 하겠다.

十一月十九一建安王休仁稱臣奉引上升西堂登御坐事出倉卒上失履跣猶著烏紗帽休仁呼主衣以白紗代之 <南史·宋明帝紀>

齊制宮內惟天子紗帽臣下皆戌帽特賜彥紗帽以寵之 <北齊書·平秦王歸彥傳>

檢乃著裙襦紗帽引客宴於別齊 <周書·長孫儉傳>

掉頭紗帽仄曝背竹書光 <杜甫·秋夜詩>

葛衣疎且單紗帽輕且寬 <白居易·夏日詩>

그런데 <東韓譯語>에 의하면, 중국의 '紗帽'와는 차이가 있음을 알 수 있다. 아마 '帽'를 <자전석요> 등에서 國義字로 인정한 것은, 여기에 근거가 있지 않나 생각된다.

芝峯曰今紗帽本唐巾之制舊爲軟脚垂下後乃附竹用鐵云 <東韓譯語·紗帽>

鑵

'鑵'을 <자전석요>·<새자전> 등에서, '차관관'이라 하여 국의자로 인정하였다. 그러나 이는 일반적으로 쓰이는 '茶鑵'의 '鑵'과 同字인 점으로 보아, 국의자로 인정할 수 없다 하겠다.

鑵罐沒器 <集韻>

際

'際'를 다음과 같은 문헌적 예증을 들어 국의자라 하였으나, 이는 '邊也·極也'(가, 끝)의 뜻에 지나지 않으므로, 국의자로 인정할 수 없다.

今俗官者 以土物相餽遺 列書物種 左方必書一際字 接以禮相接一際 莊子徐無鬼篇仁義之云貴際 <盎葉記>

進封單子列書物目後標以際字 猶中國漢空之例 今稱物際人序 <行用吏文>

鮂

'鮂'를 <盎葉記>에서 '秀魯'(숭어)를 뜻하는 국의자라 하였으나, 이는 국의자가 아니라 <새자전>의 '鮂 버들치수', <자전석요>의 '鮂 버들개지수'와 같이, '버들치'를 뜻하는 것이다.

鮂我國稱秀魚鮂與秀音相近也如鰵魚之鰵與民魚之民相近也 <盎葉記>

'魚' 부수의 漢字에는 상기 '鮙'와 같이 혼돈하기 쉬운 것이 허다하니, '鯊·鱅·鮎·鯉' 등이 그것이다.

銃

'銃'을 오직 <字典釋要>에서만이, '兵器 총총'이라 하여 국의자라 하였는데, 이는 다음의 예증과 같이 국의자로 인정할 수 없다.

> 銃 火銃 <字彙>
> 銃 凡火器之小者曰銃 <清會典>

'銃'에 대한 固有語는 없고, 한자어뿐인 점으로 보아서 '총'이란 어휘는 火藥이 개발된 근래부터 사용된 듯하다.

鬂

'鬂'을 <자전석요>에서 '鬢俗字'라 하여 '鬂'을 國字로 인정하였다. 그러나 '鬂'은 '鬢'의 俗字에 지나지 않음을 다음으로 보아 알 수 있다.

> 鬂鬢俗字 <中華大字典>
> 鬂頻髣귀밋털빈 鬢俗字 <신자전>
> 鬂鬢俗字 鬢구레나룻빈 <새자전>

이상 대체적으로, 고문헌과 <자전석요>, <신자전>, <속자고>

를 비롯하여, 현행 제자전에 수록된 고유한자에 대하여 固有漢字 與否를 검토하였다. 좀 장황한 점도 없지 않으나, 본 연구에 선행되어야 할 과제는 그 방법론상 무엇보다도 고유한자 여부에 대한 예증일 줄 믿는다. 그리하여 다음의 '固有漢字 提示'에서는 初版(1983)의 305字(國字142, 國音字45, 國義字118, 固有漢字語10000여어)와는 달리 본 改訂 增補版(2014)에서는 모두 338字(國字168, 國音字50, 國義字120, 固有漢字語11000여어)를 정리하였다.

이제 필자는 이러한 固有漢字를 人名·地名·官職名 표기에서 형성된 고유한자와 吏讀表記에서 형성된 고유한자로 類聚分類, 이를 각기 國字·國音字·國義字로 분류 고찰하고자 한다. 고유한자로써 형성된 固有漢字語를 살펴, 고유한자의 特性을 밝히는 한편, 나아가선 고유한자와 國語表記 현상에 대하여 살펴보고자 한다. 그럼으로써 고유한자에 대한 綜合的이며 分析的인 연구를 시도할 수 있을 것이다.

3. 固有漢字 提示

고유한자의 제시방법은 字音과 字義 및 그 어례를 가급적 원전대로 예거하기로 한다. 이 방법의 참고문헌을 예거하면 다음과 같다. < > 안은 약칭이다.

「靑莊館全書」<靑莊>·「盎葉記」<盎葉>·「晝永篇」<晝永>·「雅言覺非」<雅言>·「五洲衍文長箋散稿」<五俗>·「東韓譯語」<東

韓>·「羅麗吏讀」<羅麗>·「行用吏文」<行用>·「典律通補」<典律>·「儒胥必知」<儒胥>·「東國輿地勝覽」, 「大東輿地圖」<大東輿>·<輿覽>·「新字典」<字典>·「字典釋要」<字釋>·「한국지명총람」<지명총람>·「俗字攷」·<새字典>·<松亭玉篇>·<古文書> 등이다.

1) 國字(造字)

鐦[간] 鐦匠 <六典條例·工典·工曹>, <俗字攷>

乫[葛 <五俗> 갈 <字典>] 乫波知 <五俗> 乫豆 <畫永篇下>

乬[갈] 多乬磨治 <古文書>

砛[감] 砛末 <古文書>

坤[갑] 心岳城本居尸坤, 牙岳城本皆尸坤忽 <史記 卷三十七>

㐎[갓] 㐎同 <古文書>

轊[강] 轊軸 <훈몽중 二十六>

乫[갯] 乫同 <古文書>

艍[居 <畫永>, <五俗> 거<字典>] 艍舠 <畫永>, <五俗>, <俗字攷>

㖵[거] 㖵億貞伊 <雅言覺非>

鐻[거 <字典>, <五俗>] 加乃 <行用>, <俗字攷>

乬[걱 <五俗>, <字典>] 林乬正 <五俗>, <字典>, <俗字攷>

鐥[걸] 鐥環 <度支準折 打鐵>

乬[걸 <五俗>, <字典>] 乬麵床 <五俗>, <字典> 乬吾洞 <새字典> 沙乬鎖 <俗字攷>

迲[겁] ᄌᆞ래 <攷事撮要>, <行用> 자리 <晝永> 겁, 자래 <字典>] 柴束之大者爲迲 <攷事撮要> 迲村處 <輿覽 卷九>, <俗字攷>

㤼[겁] 怯同 <字釋>

巪[것] 巪串嶺 <새字典>

碶[계][36] 鑿石爲碶時 <文獻備考·田賦·堤堰>, <俗字攷>

侤[고] 侤音 <羅麗>

䓘[고] 蔈䓘 <慶尙道·地理志>, <俗字攷>

廤[골] 六卜五束廤 <古文書>, <俗字攷>

乤[골] 乤目伊 <古文書>

䒗[골] 王䒗 <古文書>, <俗字攷>

亽[곱] 亽乻里 <古文書>

苨[곳] <吏讀集成>

庪[곳] <吏讀集成>, <字典> 處也 <字典>, <俗字攷>

㐦[곳] 㐦非 <六典條例·戶典·司僕寺>, <俗字攷>

㹰[廣 <五俗>] 黃㹰 <五俗>, <字典>

乻[굴] 富乻里 乻非 <古文書>

㪺[굴] 㪺介次 <六典條例·戶曹>, <俗字攷>

㐶[곳] 㐶非 <古文書>

櫷[귀 <五俗>, <雅言>] 櫷卽櫰木 一名黃楡 늣티나모 <五俗>, <俗字攷> 方言늣희或謂之龜木 <雅言>

乽[긜] 乽介 <度支準折 打鐵>

---

36) '碶'의 形聲으로 보아 字音을 '계'라 하였다.

乬[끝] 乬島 <지명총람·경기> 乬禮 <古文書>

怾[기 <畫永>, <字典>] 怾怛 <畫永>, <俗字攷>

莻[길] 莻茰 <훈몽상 十三><역어유해하>

乯[놀] 乯夫 <古文書> 乯味 <지명총람·충북>

耂乙[놀] 耂乙夫 <古文書>

耂口[놈] 耂口釗 <古文書>

莻[늦 <字典>] 晩也 <字典> 莻釗 <古文書>, <俗字攷>

畓[沓 <盎葉> 답 <畫永>, <行用>, <字典> 沓 <五俗>] 水田 <青莊>, <畫永>, <五俗><行用>, <字典>, <俗字攷>

垈[대] <字典> 家垈 <五俗> 李垈 <典故大方 卷三>

襨[對 <五俗> 대 <字典>] 上御衣服稱襨 <畫永> 御衣襨 <五俗>, <字典>, <俗字攷>

㥁[덕] 㥁順 <고문서>

獤[돈] <畫永>, <字典> 獤 <五俗>

乭[돌 <五俗>] 乭伊 <五俗>, <古文書> 曲乭 <지명총람·강원>

乭[돌] 乭金<瀋陽狀啓 인명>

㶡[돌] 㶡石 <三國遺事>

𨓏[돗] 𨓏治 <古文書>

閪[똥] 閪禮 <古文書>

𡇹[똥] 𡇹今伊 <古文書>

迲[두 <畫永>, <字典> 斗 <五俗>] 穀未滿石者爲迲 <芝峯>, <行用>, <俗字攷>

斗[둑] 吳斗㘉 <關西啓錄>, <俗字攷>

乧[둔] 屯乧 <古文書>

乼[둘] 乼任 乼男<古文書>

乮[둘] 乮滿 <古文書>

乯[둘] 乯萬 <古文書>

叱[둣] 叱巨非 <古文書>

叱[둥] 叱起 <古文書>

夵[등][37][大等의 略] 興林夵 秀英夵 上夵 信希夵 <原州興法寺眞空大師塔碑陰記><俗字攷>

囕[람] 囕以代咥 <雅言> 囕死人 <攷事要覽> 虎囕 <六典條例·戶典·宣惠>, <俗字攷>

浶[로] 姜浶 <典故大方 卷二·相臣錄>

亇[마 <晝永>, <字典> 麻治 <五俗>] 擎子亇赤粟 <五俗>, <字典> 佳亇嶺 <輿覽 卷九·廣州>, <俗字攷>

亽[마 <行用>] 赤亽 駕亽 <行用>

鰢[마] 鰢魚 <邑誌·結城土産>, <俗字攷>

柰[말][38][大奈末의 略稱] 興臨柰 秀英柰 <原州興法寺眞空大師塔碑陰記>, <俗字攷>

朶[말][39][奈麻, 乃末의 略稱] 旻會朶 金舜朶 <原州興法寺眞空大師塔碑陰記>, <俗字攷>

魟[망 <晝永>] 魟魚 <晝永>, <輿覽 卷九·仁川>, <俗字攷>

---

37) '大等'의 略書이므로 끝의 '等'의 字音을 취한다.

38) '大奈末'의 略書이므로 '末'(말)의 字音을 취한다.

39) '奈麻'(乃末)의 略書이므로 '末'(말)의 字音을 취한다.

鯛[망] 鯛魚 <攷事要覽>, <俗字攷>

椧[명 <晝永>, <五俗>] 北椧寺, 今俗以刳木引水爲椧 卽方言篙音也 <芝峯>, <行用>筧也홈통 <字典> 椧南宅 <三國遺事 卷一·辰韓>, <俗字攷>

乶[몰 <五俗>, <字典>] 乶山君 <五俗>, <字典>, <俗字攷>

洣[미] 洣水 <훈몽중 二>

纚[미] 纚縫 <고려사 105>

㮽[반] 㮽師……㮽音般鄕云雨木 <三國遺事 卷五·包山>, <俗字攷>

炑[발] 答炑 <日本書紀·天智紀>, <俗字攷>

环[배] 环珓 <雅言覺非 卷之三>

篺[배] 篺子 <雅言覺非 卷之三>

苩[백] 百濟姓 <三國史記>, <集韻>

洑[벌 <名物紀略>] 海洑 <大典通編·戶典>, <俗字攷>

乶[볼] 乶下鎭 <續大典> 乶德伊 <古文書>

甫[볏] 甫乭岩<새字典>

夫[功夫 <五俗> 부, 공부 <字典>] 夫, 量定人 <晝永>, <俗字攷>

乶[불] 乶乫 <古文書>

䆐[붓] 䆐朴只<度支準折 打鐵>

兺[뿐 <五俗> 쁜 <字典>] <俗字攷>

兺[쁜] <吏讀集成>, <俗字攷>

緋[비] 縷緋 <宣堂下記>, <俗字攷>

榌[飛 <五俗> 비 <字典>] 木梯 <盎葉>, <五俗>, <字典>, <俗字攷>

乶[빌] 乶金 <古文書>

橵[散 <五俗> 산 <字典>] 橵子 <五俗>, <字典>

鏟[산] 鏟鯊<玆山魚譜>

乷[산 <五俗>] 乷洞 <五俗>, <字典>

䕸[살 <五俗>] 箭也見雞林遺事<字典>

乷[살] 乷釗 <고문서>

乶[살] 乶味 <지명총람·충북>

乷[살] 乷浦 <대동여지도 端川>

乷[쌀] 乷奉 <고문서>

滲[삼] 水滲 <고문서 토지매매>

乷[삽] 乷乷里 <古文書>

閪[셔 <晝永>, <字典> 西 <五俗>] 閪失 <大明律 卷一>, <字典>, <俗字攷>

潽[선] 潽陵 <遇賊歌>

鐥[션 <晝永>, <字典> 善 <五俗>] 金鐥 <盎葉>, <五俗> 故黃州有鐥島 <晝永> 北鐥뒷다야 <行用>, <俗字攷>

縇[션 <晝永>, <字典> 宣<五俗>] 衣緣稱縇 <晝永> 席筵邊飾 <五俗>, <字典>, <俗字攷>

乷[설] 乷金 <六典條例·工典·繕工監> 乷禮 <古文書>, <俗字攷>

鐇[설][40] 音未詳人名有辰韓師廉師鐇 <晝永>

蟀[소 <晝永> 素 <五俗] 物久虫蝕稱食蟀 <晝永> 穴舟虫 <五俗>, <俗字攷>

40) '鐇'의 音義는 '齧噬也, 齧同齧噬也'로 보아 '설噬也'로 類推할 수 있다.

乺[小 <芝峯>, <盎葉> 쇼 <晝永>, <五俗>] 乺氏 <芝峯>, <盎葉>, <晝永>, <五俗>, <俗字攷>

乼[솔] 乼丁 <六典條例·工典·繕工監>, <俗字攷>

乼[솔] 塗刷具 <字典> 乼下山 <大東輿地圖>

乢[솟] 乢金 <古文書>

稤[수 <晝永> 叔 <五俗> 쉬 <行用> 숙 <字典>] 稤宮 쉬궁 <行用>, <俗字攷>

迲[슈 <晝永>] 杆城稱迲城 <晝永>, <俗字攷>

㴇[승 <晝永>] 沙㴇 漸㴇 <晝永>

秏[씨] 秏禮 <古文書>

篒[식] 筽篒 <全北道誌>

倻[야] 伽倻津 <輿覽 영사 산천>, 伽倻串 <경상도지지 계성현>, 伽倻琴 <국어사전>

夻[얌] 夻乭 <古文書>

㐘[억] 㐘釗 <古文書>

乻[얼] 乻木里 <五萬分地圖·江原道> 乻仁 <古文書>

欕[嚴 <五俗> 엄 <字典>] 欕木 <五俗>, <字典>, <俗字攷>

舵[엇 <五俗>] 舵節 <古文書>

旕[엇] 旕節 <古文書>

詑[엿] 於詑粉 <古文書>

筽[오 <晝永> 吳 <五俗> 오 <字典>] 靈光稱筽城 <晝永> 柳器曰筽笔也 地名筽城 粟名都籠筽粟 <五俗> 筽笔柳器 버들고리 <字典>, <俗字攷>

乯[올] 乯順 <古文書>

乯[올] 乯未 <古文書>, <畫永篇下>

乯[올] 是乯 <左捕盜廳謄錄十四>

琓[완] 琓夏國 <遺事 卷一 紀異 脫解王>

乻[옷 <五俗>, <字典>] 乻怪 <五俗>, <字典>

饒[遼 <五俗> 료 <字典>] 饒飢 <五俗> 飢乏不食 료긔할 <字典>

沰[우] 沰 <萬姓通譜>

紣[牛우 <五俗>] 紣纉 <五俗>

乼[울] 方乼 <古文書>

乺[율] 李大乺 <典故大方 卷四·宗廟配享錄>

乽[율] 乽金伊 <古文書>

啫[者자 <畫永>] 啫哱囉 <畫永>, <俗字攷>

樜[자] 樜木城 <畫永>, <俗字攷>

耆[작] 耆西非 <古文書>

乽[잘] 加乽峰 <大東輿 富寧>

乽[잘 <五俗>, <字典>] 乽山君 <五俗>, <字典>, <俗字攷>

乽[잣] 乽金 <古文書>

欌[藏 <五俗> 장 <字典>] 冊欌 衣欌 <五俗>, <字典>, <俗字攷>

碃[적 <畫永>, <字典> 赤 <五俗>] 碃城 <青莊>, <畫永>, <五俗>, <字典>, <俗字攷>

獇[뎐] 獇皮匠 <經國大典·戶典·尙衣院>, <俗字攷>

乼[절] 乼去 <古文書>

乼[절] 乼具<古文書>

岾[점 <書永>, <字典> 齊 <五俗> 재 <字典>] 楡岾寺 <書永>, <五俗>, <字典> 永郎岾 <五俗>, <字典>, <俗字攷>

魟[뎡] 魟魚 <書永>

曺[조] 昌寧曺氏 <典故大方 卷九·氏族人物考>

穝[조] 粟曰穝 <雅言覺非 卷之一>

䑸[종] 一䑸·五䑸 <六典條例·工典·舟橋司>, <俗字攷>

乼[줄 <字典>] 乼使令 <新補受教輯錄> 乼繩條 <字典> 乼吉里 <지명총람·강원>釗乼伊 <吉文書>

乼[줄] 乼溫川 <大東輿 鏡城>

浌[줏] 浌非 浌金 <古文書>

𥻨[증] 𥻨餅 <度支準折 唐餅果茶膏>

㖌[짓] 㖌洞 <續大典 4>

榀[추 <字典>] 沔川稱榀郡 <書永> 榀城 <三國遺事 卷一>, <俗字攷>

侂[탁] 韓侂胄 <說文>, <字釋>

杔[택] 宋杔 <典故大方 卷四·宗廟配享錄>

棖[팅 <書永>] 棖子 <書永>, <鄕藥集成方>, <俗字攷>

卵[틍 <書永>] 卵氏 <書永>, <文獻備考>, <俗字攷>

乭[돌] 都乭里 <古文書>

毘[팟] 毘金 <古文書> 毘亇 <새字典>

閍[팽] 문바람見語錄 <字典>

䭏[편 <五俗> 편 <字典>] 餅曰䭏 <五俗>

𤕥[흔 <儒胥>] 𤕥所흔바 𤕥喩흔지 <儒胥>

乤[할] 乤浦 <새字典>
纈[협] 纈纈 <史記 권三十三 色服志>
夻[화譁 <五俗> 夻 <字典>] 大口魚曰夻魚 <五俗>, <字典>, <俗字攷>
遤[훵] 遤毀仍切氏 <文獻備考 帝系考> 延安有遤姓音喧應切 諺音훵字書無之 <盎葉>, <俗字攷>
囍[희] 쌍희희(雙喜 <새字典>, <대한한사전>

2) 國音字

這[갓] 條條曰這這 갓갓 <字典>, <俗字攷>
干[강] 俗訓薑也 <五俗>, <字典>
[한] 麻立干 阿干 園頭干 豆腐干 漁夫干 <行用>
員[곳] 俗訓田在處 <五俗>, <字典>
串[곶] 地名岬也 長山串 <輿覽>, <字典>, <俗字攷>
蒼[궉] 蒼氏有淳昌 蒼音權億切 <芝峯> 蒼姓其音權億切俗音 궉善山有蒼氏村 <盎葉><俗字攷>
印[긋] 凡文簿之末端 <五俗> 官簿之末端긋 <字典>, <俗字攷>
只[기] 阿只 <行用> 玉只 岳只 <古文書>
喙[달] 音達雞林類事雞曰喙 <五俗> 달雞ㅁ부리 <字典>, <俗字攷>
剌[라] 御膳曰水剌 剌音라 <東韓> 御膳曰水剌 <芝峯>, <俗字攷>
丹[란] 牧丹 牧丹峰 <새字典>

亍[마] 亍入谷 亍島 <五俗>, <字典>

旀[며] 旀知縣 <五俗>, <字典> 爲旀ᄒᆞ며 <行用>, <俗字攷>

㭓[반] 按㭓안반 按㭓灘안반여흘 <俗字攷>

牌[배] ᄇᆡᄌᆞ尊者作書于卑者曰牌子 <行用> 牌子亦謂之牌旨 <雅言>

㇏[쌤] 興陽牧子有㇏姓 貫密陽音쌤 <盎葉> ㇏沙貶念切氏 <文獻備考>, <俗字攷>

洑[보] 音保俗引水灌田之名 <五俗> 보引水灌田보맥이 <字典>, <俗字攷>

幅[복] 복건幅巾 <俗字攷>

夕[사] 穀物一勺俗謂夕 <五俗> 升合之下又有勺卽勺之訛夕可知 <行用> 夕사穀物一勺한웅큼 <字典>, <俗字攷>

歃[삽] 歃谷 <俗字攷>

狀[상] 狀態 形狀 狀貌 <俗字攷>, <새字典>

鉃[석] 俗訓無疸痕 <五俗>, <字典>

苫[섬] 穀苞曰苫島嶼亦曰苫 <雅言>, <五俗>, <字典>, <俗字攷>

槊[소] 改槊 <五俗>, <字典> 槊木 <六典>, <俗字攷>

㸚[쇼] 㸚周<이두편람·羅麗吏讀>, <大明律直解>

釗[쇠] 國原王諱斯由或云釗 <三國史記> 莻釗 <古文書>, <字典>, <俗字攷>

禾[수] 音水俗訓馬齒數 <五俗> 수俗稱馬齒曰禾 <行用>, <字典>

媤[시] 音偲俗訓夫家曰媤家 <五俗> 舅曰媤父姑曰媤母 <雅言> 媤시夫家시집 <字典>, <俗字攷>

谷[실]國音谷亦謂之室<澤堂集>

闖[왁] 廣州有闖姓人自稱意臥億切諺音왁 <盎葉> 闖瓦藿切氏 <文獻備考>, <俗字攷>

柧[외] 墻壁中間架木 <五俗>, <字典>

茸[이] 松茸 石茸 晩茸 <寧邊邑誌·土産菌類>, <俗字攷>

史[이] 召史조이 <吏讀便覽·羅麗吏讀>

窨[움] 窨音움見陽村集有窨幕 <五俗>, <字典>

尺[자] 尺文ᄌᆞ문 <羅麗·儒胥·集成>

尺[자이] 水尺무자이 山尺산자이 刀尺칼자이 <行用>

召[조] 音蚤棗也 <五俗> 召史조이 <行用>, <字典>

喩[지] 不喩안인지 <羅麗>, <字典>, <俗字攷>

落[지] 落只지기 <吏讀集成>, 畓斗石數마지기 <字典>

作[질] 作文질문 <儒胥必知>

卜[짐] 俗訓馬馱之名 <五俗> 卜馬 卜馱 <行用>, <字典>, <俗字攷>

上[차] 上下차하 <羅麗>, 上下차하 <行用>

剳[차] 剳子차자 <雅言>, <俗字攷>

帖[체] 帖紙 帖子 <羅麗>, <字典>, <俗字攷>

[첩] 藥一封曰一帖 <字典>

廁[측] 뒷간ᄎᆞ國音측 <訓蒙>, 廁間측간 <국어사전>

赤[치] 照羅赤 <行用>, 赤亇치마裳也 <行用>

杻[축] 檍也荊也 俗訓檝里 <五俗>, <字典>, <俗字攷>

頉[탈] 有故曰頉 <五俗> 瞞憑曰頉 <行用>, <字典>, <俗字攷>

套[투] 例也전례 <字典>

陜[합] 陜川 <俗字攷>

下[햐] 下筆 下筋 <雅言> 下處 <行用>, <俗字>

3) 國義字

哥[가] 李哥金哥 지명할가 <새字典>

檟[가] 槲曰檟木假南干 <雅言>, <俗字攷>

椵[가] 古俗椵曰眞木 參南于槲曰椵木 假南于…<雅言> 椵木 <說文>, <俗字攷>

鐧[間, 간] 鑛也 <五俗> 鑛也 쇠덩이 <字典>

結[결] 我國量田實積 一尺爲把 十把爲束 十束爲負 百負爲結 <行用> 稅禾百負 뭇결<새字典>

稧[계] 俗所謂萬人稧 <文獻備考·刑考>, <俗字攷>

棍[곤] 棍棒 <字釋>

魟[공] 魟魚가오리 <東醫寶鑑>, <俗字攷>

鍋[과] 鍋伊 <凝川日記> 괭이(钁)를 鍋伊로 記錄함.

棵[果, 과] 惟暉易之以棵 <文獻備考·樂考> 音果卽玄鶴琴徽臬詳見樂學軌範 <字典>, <俗字攷>

藿[藿, 곽] 俗訓海菜之海帶曰甘藿 <五俗> 海菜 미역 <字典>, <俗字攷>

鑵[관] 茶鑵 <字釋>, <새字典>

鞠[국] 鞠魚 <說文>

轎[교] 步轎 <字釋>

槐[귀] 槐木 <雅言>, <俗字攷>

蕢[근] 蕢臺四殿各一丹 <六典條例> 근대 <俗字攷>

鞁[扱, 급] 經國大典 有鞁鞋匠 <五俗> 급 祭鞋 제사신 <字典>, <俗字攷>

級[급] 編魚二十曰級 두릅급 <새字典>

娚[남, 男] 女之男兄弟稱 娚故樂安有娚妹島 <晝永> 音男 男兄弟曰 娚 <五俗>, <字典>, <俗字攷>

腩[南 <五俗> 남 <字典>] 肝南 <星湖僿說>, <盎葉>

丹[단] 如蔬菜柴芻之束稱曰丹 <行用>

炟[달] 藤梨謂之炟艾 <盎葉>, <五俗>, <字典>

獺[달] 너고리 汝古里叱同 : 獺糞 <牛疫方1>, <俗字攷>

橽[달] 俗訓朴橽木卽 檀也 <五俗> 檀也 박달 <字典>, <俗字攷>

穛[唐, 당] 穀名 蜀黍 <五俗> 穀名蜀黍 옥수수 <字典>

糖[당] 皮糖黍四石十三斗七升 <六典條例> 糖米 <邑誌·安州>, <俗字攷>

榏[德, 덕] 音德 關西寧邊府 古名 高將榏 … <五俗> 덕 地名싸이름 <字典>, <俗字攷>

刀[도, 刀] 俗訓升也 <五俗>, <字典>

堗[돌] 溫堗 <六典條例> 方堗 <關西啓錄> 堗구들(溫堗) <俗字攷>

棟[동] 棟本屋脊而訓之爲柱 方言云者東 <對六書策>, <俗字攷>

垌[洞, 동] 音洞 鑿池貯水 <五俗> 동 鑿池貯水 동맥이 <字典>,

<俗字攷>

董[동] 蒚苣董…三丹 <六典條例> 董草心抽莖 <物名考>, <俗字攷>

𨑨[디] 海西人稱地之穽陷曰𨑨 <晝永>, <俗字攷>

閬[郞, 랑] 音郞 俗訓 腎囊 <五俗> 랑 腎囊 불알 <字典>

畓[렬] 水田區劃 논밤이 ○도가리 <字典>

撈[勞, 로] 曳介曰撈 <五俗> 曳介 썽개 <字典>

鱸[로] 鱸魚 <說文>

擂[雷, 뢰] 音雷…擂木曰古音波 <五俗> 뢰 擂木 곰배 <字典>

末[말] 細粉가루말 <字釋> 末醬며조 <行用>

妹[매] 妹者女弟也 東俗姊夫亦謂之妹夫皆誤 <雅言>, <俗字攷>

貊[맥] 貊族 <새字典>

面[면] 邑坊謂之面 <行用>

帽[모] 官服所着紗帽 사모모 <字釋>

木[目, 목] 俗訓 綿布名稱白木 <五俗> 무명 綿布也 <行用> 綿布稱白木 <字典>

武[무] 軍官虎班 호반무 <字釋>

縛[朴, 박] 音朴 俗訓有痘痕 <五俗> 박有痘痕얽을 <字典>, <俗字攷>

朴[박] 瓢與朴同…因姓爲朴 <盎葉> 謂瓠爲朴… <行用>

栢[백] 栢 海松子(잣) <俗字攷>

褓[보] 褓負商 褓商 <俗字攷>

椺[保, 보] 音保 樑也 <五俗> 보樑也들보 <字典>

棐[비] 僧輩呼爲棐木 <俗字攷>

枇[비] 枇木巨里 <大東輿地圖> 枇木谷 <五萬分地圖>, <俗字攷>

鑌[賓, 빈] 鑌匠 卽 俗名장츠는匠人 <五俗> 磨光匠마광낼 <字典>

鰯[빈] 鰯魚 <說文>

莎[사] 莎草 사초 小茅也 俗謂 잔디 <名物紀略·草>, <俗字攷>

柶[四, 사] 俗音 늇…柶戱圖……<五俗>, <字典>, <俗字攷>

査[사] 査頓 <아언각비 권지三>, <동한역어>

魦[사] 魦魚 <說文>

饊[産 <五俗> 산 <字典>] 俗訓豆團子 <五俗> 豆團子콩경단 <字典>

杉[삼] 杉木삼나무 <俗字攷>

栍[생] 里堠木人曰長栍 諺呼長承 <五俗> 抽籤사슬쏩다 ○謂抽出籤栍也 <行用>, <字典>, <俗字攷>

楦[선] 壁楦六箇 <華城城域軌範> 楦은 縇과 同義借字로 壁緣에만 씀 <俗字攷>

貰[세] 傳貰 月貰 <俗字攷>

省[솔] 省솔○如梳省馬省之省 <行用>

蘇[소] 蘇魚 밴댕이 <字釋>

鮂[수] 我國稱秀魚 鮂與秀音相近 <盎葉>

嫂[수] 嫂者兄妻也 東俗弟妻亦謂之弟嫂 <雅言>, <俗字攷>

叔[숙] 東俗夫兄亦謂之叔氏 呼之阿自般伊 <雅言>, <俗字攷>

食[식] 食二千九百三十九石… <寂忍禪師照輪清淨塔碑> 食粟米 <俗字攷>

腎[신] 陰莖 자지신, 정액신 <字釋>

辛[신] 以辛爲苦辛曰苦 … <雅言>, <俗字攷>

鞅[앙] 鞅角 <說文>

膷[襄, 양] 牛胃之俗訓膷 …… 字書 千葉卽脘也 又譌作胖 <五俗>, 牛胃 쇠양 <字典>, <俗字攷>

揚[陽, 양] 東人胸背爲揚 不着胸背團領曰無揚團領 <五俗>, <俗字攷>

胖[양 <書永>] 獸胃曰胖 <書永> 牛胃曰胖 <雅言>, <俗字攷>

馹[역] 馹吏 <大命律> 馹역말 <새字典>

訥[염] 訥邯縣有樂浪 <說文>

韞[온] 韞鞋匠 <六典條例 · 工典 · 尙衣院>, <俗字攷>

鰅[옹] 鰅魚 <說文>

椳[외] 椳木五十五䮓 <華城城域軌範> 柂與同 외까지 <字典>, <俗字攷>

原[원] 東俗訓蒙地只有原 方言曰言悳……<雅言>, <俗字攷>

襦[儒 유] 布笠匠曰襦匠 <五俗> 布笠匠曰襦匠 쌔기갓장이 又紙衣曰襦衣 <字典><俗字攷>

磤[殷 은] 玄鶴琴譜 暫爲力推卽還例案 字書本雷聲 <五俗>, <字典>

矣[주비] 官物斂散之時 統首謂之矣……<行用>, <俗字攷>

虒[이] 東虒縣有樂浪 <說文>

梓[자] 梓저俗云梓柞……<名物紀略 · 樹木>, <俗字攷>

柞[작] 白柞木 <邑志 · 渭原> 柞峴 <五萬分地圖>, <俗字攷>

場[장] 鄕邑五日一次露坐於場 交易而退謂之場 <行用>

輾[展, 뎐] 打稻名 俗作打作 <五俗>, <字典>, <俗字攷>

鞊[졈] 音占…鞊匠 俗訓달ᄂᆡ <五俗>, <字典>, <俗字攷>

貼[졉] 魚果百脯十 <字釋>, <새字典>

租[조] 賜漢城租一千石 <三國史記·濟紀> 稻不舂者謂之租 <經世遺表>, <俗字攷>

綜[종] 艅同 <大典會通>

主[주] 凡尊者稱主 <盎葉> 下稱上曰님 <行用>

趾[지] 趾本足指 而訓之爲踵云 <雅言>, <俗字攷>

稷[직] 邦人不知以稗爲稷 方言讀如皮 <經世遺表>, <俗字攷>

侄[질] 姪訛爲侄 … <雅言>, <俗字攷>

氅[창] 氅衣 <새字典>, <字釋>

遷[천] 遷方言別吾 <雅言> 淵遷쇠벼ᄅ <龍歌>, <俗字攷>

韂[쳠, 詹] 經國大典 有韂甫老匠 <五俗>

楪[졉] 楪音牒 鄕云加乙木 <三國遺事>, <俗字攷>

鯜[졉] 鯜魚 <說文>

淸[쳥, 靑] 俗訓蜂蜜 <五俗> 俗稱蜜曰淸 <行用>

寸[촌] 計親屬爲寸 自三寸止於十寸是也 <行用>

砧[침] 水砧洞 <黃海道·栗里>, <五萬分地圖> 砧은 방아(碓) <俗字攷>

秤[칭] 百斤 <字釋>, <새字典>

鐋[탕] 治木器邊鐋변탕탕 <字釋>, <새字典>

宕[탕] 官人鬆帽宕巾 <字釋>

太[泰, 태] 俗訓大豆名 … 靑菽曰靑太 <五俗> 콩○大豆也 俗稱黃豆爲太 <行用>, <字典>, <俗字攷>

吐[토] 我國所謂吐 中國之助辭 <行用>

把[파] 張兩臂爲準爲一把 발見俗書 <五俗>, <字典>

浿[패] 浿水 <說文>

評[평] 背評地名……<日本書紀> 內評外評 <三國史記>, <俗字攷>

袍[포] 平常禮服道袍 도포포 <字釋>

薸[표] 薸古 <六典條例>, <古文書> 薸茸 <邑誌·寧邊>, <俗字攷>

椑[피] 椑木嶺 <大東輿地圖>, <五萬分地圖>, <俗字攷>

稗[피] 稗與稗聲轉也 <雅言>

咊[禾, 화] 音禾 經國大典 섭슈지장 <五俗> 咊者섥자화 幹長섭수 ○기장 <字典>

鮰[회] 鮰魚 <東醫寶鑑>, <物名攷>, <俗字攷>

橐[휘] 穀十五斗爲一橐斛之譌 <五俗> 入十五斗 斛也 <字典>

이상 固有漢字를 國字·國音字·國義字로 분류하여 소개하였다. 國字는 漢字의 制字原理에 입각하여 造字된 것으로, 주로 人名·地名·官職名 등의 固有名詞를 表記하기 위하여 '乙'(ㄹ), '叱(ㅅ)' 등의 終聲表記의 造字와 한글 자모 'ㄱ·ㄴ·ㅅ·ㅇ'을 종성표기한 特殊造字도 있다.

國音字는 주로 吏讀表記에서 형성된 것들이며, 國義字는 轉義된 漢字로써, 이는 주로 固有漢字語를 형성하였다.

二. 固有漢字의 性格

1. 固有漢字의 槪念

한자에 있어서 속자라는 말을 흔히 사용하고 있다. 그런데 우리나라에 있어서의 이에 대한 개념은 분명치 않은 듯하다. 한자에 있어서의 속자란 「俗用爲……」에서 비롯된 것으로, 중국의 한자에는 허다한 속자가 있다. 비단 속자뿐만 아니라, 古字·正字·本字·略字 등이 있다는 것은 주지의 사실이다. 그리하여 중국의 한자는 그 대부분이 古字와 正字, 正字와 俗字 또는 正字·俗字·略字 등을 각기 갖추고 있는 것이다. 필자의 조사에 의하면 正字와 俗字가 갖추어져 있는 것이 가장 많고, 古字와 略字가 그 다음으로 나타났다. 이러한 한자는 원래 상형문자와 指事文字에서 발단하여 그것이 篆書·隷書·楷書로 발달하는 과정에서 형성되었을 줄 믿는다. 말하자면 같은 象形·指事文字가 동일하지 않고 시대적으로 지역적으로 차이가 있었을 것이다. 또한 방언적 차이도 무시하지 못하였을 것이다. 그것은 오늘날 우리가 금석문에서 찾아볼 수 있는 예서에도 비록 동일자이지만, 각기 약간의 차이가 있음을 알 수 있다.

여기에서 그 실례를 예거하는 것은 생략하지만 이러한 한자의 시대적·지방적 차이는 마침내 문화적 추이에 따라 그 어느 하나가 일반적으로 두루 쓰이게 됨에 따라 그것이 正字로 굳어지고 다른 것은 俗字로 통용하게 된 것이다.

그러면 속자란 어떠한 것인가? 먼저 중국에 있어서의 고문헌을 중심으로 하여 살펴보면 다음과 같다.[1)]

古文尙書十三卷按漢儒林傳言孔氏有古文尙書孔安國以今文讀之唐藝文志有今文尙十三卷注言玄宗詔集賢學士衛包改古文從今文然則漢之所謂古文者科斗書今文者隷書也唐所謂古文者隷書今文者世所通用之俗字也 <文獻通考·經籍考>

書以平上去入四聲爲次具言俗通正三體偏旁同者不復廣出字有相亂因而附焉所謂俗者例皆淺近唯籍帳文案劵契藥方非涉雅言用亦無爽儻能改革善不可加所謂通者相承久遠可以施表奏牋啓尺牘判狀固免試詞所謂正者並有憑據可以施著述文章對策碑碣將爲允當 <干祿字書序>

晉宋以來多能書者故其時俗遞相染尙所有部帙楷正可觀不無俗字非爲大損至梁天藍之間斯風未變大同之末訛替滋生蕭子雲改易字體邲陵王頗行僞字前上爲草能傍作長之類是也朝野翕書以爲楷式畫虎不成多所傷敗 <顔氏家訓·雜藝>

孔子弟子虙子賤爲單文宰卽虙羲之後俗字亦爲宓 <顔氏家訓·書證>

學詩先除五俗 云云 四曰俗字 <滄浪詩話>

---

1) 諸橋轍次(1968), 『大漢和辭典 卷一』 日本 大修館書店 '俗字' 條 참조.

이상을 분석 종합해 보면 첫째, 속자는 唐代 통용의 隸書를 지칭하며 둘째, 正字에 대하여 일반적으로 통용되는 俗體의 문자를 지칭하며 셋째, 學詩에서 제외된 것이 속자임을 알 수 있다. 그러나 그 구체적인 것은 나타나 있지 않다.

國內에 있어서의 제개념 규정을 살펴보면 다음과 같다.

<조선어사전>(문세영) : 세상에 널리 돌아다니는 바르지 않은 한문 글자.

<큰사전>(한글학회) : 원글자의 체보다 좀 다르게 하여 새로 간단히 되거나 또는, 아주 새로 된 한자로 乱·冰·畓·頉 따위.

<국어대사전>(이희승) : 세간에서 두루 쓰이는 문자로서 정격(正格)이 아닌 한자. 보통 간단히 된 것이나 아주 새로 된 한자도 있음.「竝」에 대한「並」,「拂」에 대한「払」,「巖」에 대한「岩」등.

<한한대사전>(동아출판사) : 세간에서 두루 쓰여지는 자획이 올바르지 않은 한자라 하여 <한한대사전>의 내용과 일치하고 있다.

國內의 제사전에 나타나 있는 속자의 개념도 분명치 않으며, 특히 약자와의 구별이 되어 있지 않다. 이 점은 비단 국내에 있어서의 제사전뿐만 아니라, 일본의 제자전에 있어서도 동일현상이라 하겠다.

<大言海> : 正字에 대함. 俗間에 사용되는 바르지 못한 體의 한자 즉, 遷을 迁로, 圓을 円으로 쓰는 類.

<廣辭林> : 世俗에서 사용되는 바르지 못한 자체 즉, 恠를 怪로, 學을 斈으로 쓰는 따위.

<新字鑑>(塩谷) : 世間에서 보통 사용하는 자획이 바르지 못

한 한자.

<大字典>(上田) : 世俗에 사용되는 한자의 바르지 못한 것.

<大漢和辭典>(諸橋轍次) : ① 한자 본래의 正字에 대하여 일반적으로 통용하는 俗體의 문자 ② 風雅에 쓰이지 않은 문자.

속자에 대한 개념을 한결같이 '世俗(世間)에서 사용되는……'라 하였는데, 이러한 개념은 이미 앞에서 밝힌 바와 같이 '俗用爲……'에서 비롯한 것이며, '字劃이 바르지 못한 漢字'라는 해제는 正字를 고려한 訛解라 하겠다. '자획이 바르지 못한 한자'가 아니라, '자획이 변형·간략화 된 한자'일 줄 믿는다.

이미 앞에서 언급한 바 있지만, 필자는 자체를 중심으로 하여 한자를 일람할 수 있도록 하기 위하여 말하자면, 古字·正字·俗字·略字의 동일 한자를 한 눈으로 볼 수 있도록 집성하는 작업에서 正字와 俗字의 차이점을 조사한 바 있다. 이를 이미 앞에서 밝힌 제문헌과 사전에 나타나 있는 종래의 개념과 종합하여, 속자에 대한 몇 가지 견해를 밝히면 다음과 같다.[2)]

① 한자 본래의 正字에 대한 속체의 문자이다.
② 唐代 통용의 隷書를 지칭한다.
③ 風雅에 쓰이지 않은 문자이다.
④ 正字와 俗字는 偏旁이 동일하다.(俗通正三體 偏旁同者)
⑤ 자획이 간략하다.
⑥ 자음을 쉽게 알 수 있다.

---

2) 졸고(1975), 「六堂의 『신자전』에 관한 연구」, 『아카데미논총』 제3집, 세계평화교수아카데미, p.35.

⑦ 자획이 간략화되어 그 의미가 보다 분명하다.(예 : 効(效) · 舘(館) · 国(國) · 体(體) · 胆(膽)……)

⑧ 자획은 비록 다획화하였으나, 그 의미가 구체적이다.
塚(冢) · 娼(倡) · 壚(廛) · 盃(杯) · 鞀(紐) · 樑(梁) · 崗(岡) · 坵(丘) · 皷(鼓) · 餚(嗜) · 熔(鎔)……

⑨ 자획이 직선적이어서 筆寫에 편하다. 児(兒) · 亜(亞) · 俞(兪) · 吊(弔) · 悪(惡) · 研(硏) · 諛(諛)……

⑩ ⑤ · ⑥ · ⑦ · ⑧ · ⑨항과 같은 正字와 俗字의 차이점은 민중의 이지적 표현이다.

⑪ 약자는 단순히 다획화를 피한 省略文字이다.

그런데 六堂의 <신자전>에는 '조선속자'란 말을 썼다. 이는 위의 속자와는 다르다. 기술한 바와 같이, 이는 중국의 운서에도 없는 우리 민족 고유의 것으로 일찍부터 사용되어 온 것들이다. '조선속자'는 우리나라에서 만들어진 造字와 종래의 한자의 音義에 새로운 音義를 부여하여 사용한 자류로 되어 있는데, 이를 굳이 '俗字'라 지칭할 근거는 없는 것이다. 2,000여 년 동안의 한자생활에서 오직 고유어를 표기하기 위하여 만들어진 것이므로, 이를 固有漢字(國字 · 國音字 · 國義字)라 지칭하는 것이 옳을 줄 믿는다.

그런데 이러한 고유한자를 단순한 戱書로 인정하려는 견해가 있다. 그것은 무엇보다도 고유한자의 형성과정에서 이루어진 말일 것이다. 전술한 바와 같이 우리 고유의 고유한자가 중국의 한자 제자원리인 六書에 의하여 형성된 것도 있지만, 대부분의 고유한자가 한자의 음훈차용표기에서 형성되었기 때문일 것이다. 그 뿐만 아니라 훈민정음 제정 이후 한자와 한글字母가 결합된 고유 한자, 종래의 한자에 구결에서 쓰인 약자가 결합되어 만들어진 고유한자이기 때문일 것이다. 하지만, 공사문서에 허다히 쓰인 우리 고유의 고유한자를 단순히 戱書로만 볼 수 없다는 것이 필자의 견해이다. 다음에 한 가지 예증을 들기로 하겠다.

「滣」은 특수 제자로 오직 향가의 <遇賊歌>의 「滣陵」에서만이 찾아볼 수 있는 유일예로서 그 해독상 많은 이설이 있다. 여기에 池憲英 선생의 견해를 소개하기로 한다.[3)]

'小倉氏의 뒤를 이어 梁柱東氏의 <조선고가연구>가 '滣' 戱書, '滣'(造字)은 本條 이외에 일절 용례가 없으나, '善陵'과 동어로 생각되고, '善陵'이 균여전의 兩個所나 사용되었다.'[4)]라고 전제하고, '善'을 일부러 '滣'으로 戱書함과 같은 同音 혹은 類音字의 통용은 詞腦歌中의 '冬', '等' 통용이 諸例이나, 明律엔 그 실례가 허다하다. 古字엔 동음자 통용은 극히 심상한 것이어서 金石文 중에도 王諱조차 동음자를 통용하였다.'라 하여 戱書說·同音字通用·類音字 通用說을 덧붙인 뒤로는 '滣' = '善', 인하여 '滣陵' = '善陵'이라는 단정은 더욱 굳혀졌던가 한다. 이러한 小倉進平→梁柱東 兩氏의 직관에 멈추었던 견해에 李鐸·金俊榮·金善琪 등 제씨가 동아리져 뒤따랐기 때문에 오늘에 와서는 '滣' = '善'·'滣陵' = '善陵'설이 학계를 풍미하고 있는 현상을 보게까지 되었다.

---

3) 池憲英(1971), 「善陵에 대하여」, 『동방학지』 제12집, 동방학연구소.

4) 梁柱東(1956), 『고가연구』, 박문사, p.668.

생각건데 古文·금석문 같은 데에 왕휘에 대한 忌諱·缺劃 등의 방편의 하나로, '同音字通用'·'類音子轉用'·'類意字轉用' 등을 볼 수 있는 터요 또, 古者엔 동음 또는 類音字 通用의 착오 行文이 없었던 것도 아니다. 그렇다 하여 이러한 '동음자 通用'·'類音字 通用'을 하나의 법칙(?)으로 삼아 이를 '渮陵'과 '善陵'의 경우에다 대입 대치시켜 '渮'은 단순히 戱書일 뿐이라고 몰아치우고 안심할 수 있겠는가.

'渮陵'과 '善陵'은 語末 음운표기로써 '陵'자를 공통요소로 하고 있으며, '渮'자의 '몸'(體)인 '善'이 '善陵'의 諧聲할 가능성이 있으므로, '渮陵'과 '善陵'이 동음어일 개연성은 있음직하다 하더라도 '渮'과 '善'은 분명히 다른 표기 부호인 것을 확인하고 출발하여야 하겠다. 아무래도 '善'자와 '善'에다 '氵'를 의식적으로 첨가시킨 것이라면 '渮'(속자라 칭해도 무방할 듯) 자를 동일부호로 볼 수는 결코 없다. 더더구나 '善'자로는 표상할 수가 없어 '氵'를 의식적으로 첨가시킨 것이라면 '渮'이란 문자를 무의미한 의미표상-소위 戱書(遊戱? 戱弄?)라고 武斷할 수는 없는 노릇이다.'

라 하여 '渮'을 단순히 戱書로 볼 수 없다 하였다. 주지의 사실이지만 鄕歌 해독상에 있어서 '渮'자에 대한 義訓借說·戱書說을 중심으로 십인십색의 이설이 있다. 이는 그 사용례가 유일하여 비교 대비시킬 대상이 없는 데에서 기인된 것이다. 그러나 이를 단순히 戱書로만 볼 수 없다는 것이 또한 필자의 견해이다. 그것은 허다한 고유한자의 형성과정으로 보아 알 수 있다. 다음에 한 가지만 더 예거하기로 한다.

현 지명인 전북 옥구군 미면 篔簹島里에서 찾아볼 수 있는 '簹'[5]이 있다. '簹'은 <여지승람>에 <篔食島在縣西四十里周十五里有牧牛場>이라 하여 '食'으로 나타나 있는데, 이는 근세에 와서 형성된 것이다. 이는 역시 같은 국자인 '篔'[6]에 원인이 있다고도 볼 수 있을지 모르나, 특히 이 지방의 특산물은 '竹'의 제품이 많기 때문에 그 지방성을 표현하기 위하여 '簹'이 형성된 것이다. 즉 '食'에 '竹'부수를 덧붙인 것이라 하겠다.

우리 고유의 고유한자가 단순한 戱書가 아님은 비단 '㵛'과 '簹'만이 아니다. 고유어를 표기하기 위하여 만들어진 고유한자를 하나하나 분석하여 볼 때, 이를 단순히 戱書로서만이 처리할 수 없는 의의와 가치가 있는 것이다. 전술한 바 있지만, 이두표기에 쓰였던 '乙', '叱'이 초기에는 각각 독립되어 표기하여 근세에 와서 그것을 배합하여 형성한 '[illegible]·[illegible]·[illegible]·乬·[illegible]' 등과 '[illegible]·[illegible]·[illegible]·[illegible]' 등은 이것은 비단 인명과 지명 나아가선, 우리의 언어·문자생활의 실용화뿐만 아니라, 문자사상 또는 국어사상 획기적인 사실이라 아니할 수 없는 것이다. 그러므로 이를 단순한 戱書로만 처리할 것이 아니라, 앞으로 이러한 고유한자 발굴에 이바지함은 물론, 그 하나하나에 대하여 학적 구명이 있어야 만이 될 것이다.

---

5) 졸고(1973), 「固有漢字攷(2)」, 『논문집』 제18집, 중앙대.

6) 『晝永下篇』에 '我國多字書所無之字……靈光稱篔城……'라 하여 고유한자로 소개되어있다.

2. 固有漢字의 形成內容

우리나라에서 고유한자가 만들어져 사용한 시기는 확실히 알 수 없으나, 대체적으로 한자가 수입된 때부터일 것이다. 한자가 처음 수입되었을 때, 고유문자가 없었던 당시의 사람들에게는 構文이 다르고 또한 음운체계가 다른 한문과 한자를 소화하여, 우리말을 표기하는 데에는 많은 고충이 있었을 것이다. 이러한 고충을 해소하여 우리말을 적절히 표기하려는 한 노력으로 한자의 음훈차용표기가 이루어졌다는 것은 전술한 바다. 그리하여 이러한 음훈차용 표기과정에서 형성된 고유한자가 주류를 이루고 있다. 그러나 고유어를 표기하기 위하여 形聲의 원리에 의하여 형성된 고유한자도 허다하다. 그럼 여기에서 몇 가지 제자원리에 대하여 살펴보기로 한다.[7)]

① 먼저 形聲의 원리를 응용한 것을 들 수 있는데, 이는 일찍이 삼국시대로부터 최근세에 이르기까지 오랜 역사에 걸쳐 형성되었음을 알 수 있다. 櫒(고구려, 櫒木城), 迲(고구려, 迲城郡), 炑(백제인명, 答炑), 苩(백제인성, 苩氏), 𣸫(遇賊歌, 𣸫陵), 閪(諸佛往世歌, …如良閪尸世), 棆(芝峰類說, 北棆寺), 箕(여지승람, 箕城), 罕(앙엽기, 罕氏), 𨓏(증보문헌비고, 𨓏氏) 등이 그것이다. 그런데 이러한 形聲의 원리를 응용한 國字(造字)에는 그 시기는 알 수 없지만 2자가 병合한 것도 있다. 畓(水田), 夻(大口), 朶(乃末), 癸

7) 崔範勳(1977), 「漢字音訓借用表記體系硏究」, 동국대, p.139에는 造字의 목적은 7종성을 표기하기 위한 것이라 하였다.

(功夫) 등이 그것이다. 그러나 이는 形聲이라기보다도 會意文字라 하겠다.

② 한자음훈차용표기로서 국어의 종성표기에서 형성된 國字(造字)들이다. 이는 六書의 제자원리로 말하면 假借에 해당하는 것으로 고유한자의 주류를 이루고 있는 것이다. '이두표기와 고유한자'에서 상론하겠지만, 먼저 종성표기에 사용된 한자를 소개하면 다음과 같다.

終聲	~ㄱ	~ㄴ	~ㄹ	~ㅁ	~ㅂ	~ㅅ	~ㅇ
漢字	(叱)[8]	隱	乙	音	邑	叱	(應)[9]

'叱'(ㄱ)의 종성표기는 각주 8)에서와 같이 찾아볼 수 있다.

'隱'(ㄴ)종성표기에서 형성된 고유한자로는 㸔, [illegible] 등이 있는데, 이는 종성의 '隱'이 口訣의 약서체인 '卩'으로 바뀌어 형성된 것이다.

'乙'(ㄹ)종성표기에서 형성된 고유한자는 <新字典>에 수록된 '乫·[illegible]·乬·乭·乺·乷·乽' 등을 비롯하여 현행 지명·인명 등에 쓰이고 있는 '[illegible]·[illegible]·[illegible]·[illegible]·[illegible]·[illegible]·[illegible]·[illegible]·[illegible]·[illegible]·[illegible]·[illegible]·[illegible]·[illegible]' 등이 있으며, 기타 공사문서에 주로 노비명에 쓰인 '[illegible]·

8) '叱'(ㄱ) 종성표기의 고유한자는 <東國新續三綱行實圖>에 인명 '無其叱金'(무적쇠), '注叱德'(죽덕), '注叱同'(죽동) 등과 <衿陽雜錄>의 '臥叱多太'(왁대콩) 등이 있다.

9) '應'(ㅇ)의 종성표기에서 형성된 고유한자는 구체적으로 찾아볼 수 없고, 그 종성표기는 '德應·加應·末應·無應·武應' 등을 들 수 있다.

⿱上乙·⿱去乙·乫·⿳亠口乙·⿱可乙·⿱隹乙·⿱工乙·⿱豆乙·⿱仝乙·⿱乎乙·⿱奴乙·⿱芝乙·⿱坪乙·⿱愚乙·⿱毛乙·⿱文乙·⿱魚乙·⿱非乙·⿱松乙·⿱加乙·⿱壴乙·⿱吐乙·⿱呼乙·⿱學乙·⿱折乙·⿱至乙·⿱浮乙·⿱冬乙·⿱甚乙·⿱刹乙' 등이 있다.

'音'(ㅁ)종성표기에서 형성된 고유한자는 공사문서에서 찾아볼 수 있는 특히, 노비명, '⿱羽音·⿱羽音不里' 등의 '⿱羽音'이 있다.

'邑'(ㅂ)종성표기에서 형성된 고유한자는 역시 노비명 '⿱亯邑·⿱亯邑乙里' 등에서 찾아볼 수 있는 '⿱亯邑'과 '⿱沙邑乙里' 등에서 찾아볼 수 있는 '⿱沙邑'이 있다.

'叱'(ㅅ)종성표기에서 형성된 고유한자는 <新字典>에 수록된 것으로 '⿰乷叱·⿸广叱·⿱艹叱·⿱分叱(⿱癶叱)' 등이며, 현행 인명·지명에 쓰이는 '⿱太叱·⿱去叱·⿱茶叱·⿱喜叱·⿱毘叱·⿱患叱·⿱亭叱' 등이며, 기타 공사문서에 쓰인 '⿴口叱(⿵門叱)·⿱耆叱·⿰言叱·⿰洛叱·⿱艹叱·⿺辶叱·⿱小叱·⿰種叱·⿱企叱·⿰加叱·⿰化叱·⿱乞叱·⿱金叱·⿱生叱·⿰目叱·⿰台叱·⿱茌叱' 등을 찾아볼 수 있다.

③ 한자와 한글 자모의 종합이다. 이는 그 제자원리가 특이하지만, 이 또한 한자음훈차용표기의 일환으로서 이는 물론 훈민정음 창제 이후 造字된 것이다. 주로 종성표기에 사용된 것이지만, 고유어를 표기하는데 있어서 종성표기를 정확히 표기하려는 한 노력과 고심이 잘 나타나 있다. <新字典>에 수록되어 있는 것은 '巪'뿐이며, 기타 공사문서에 쓰인 '⿰勿ㅂ'(⿰勿ㅂ順), '⿰斗ㄱ'(畓⿰斗ㄱ·⿰斗ㄱ劫), '笒'(笒金), '⿱耂有'(⿱耂有德), '⿱乞ㄷ'(⿱乞ㄷ乭), '耆'(耆金), '⿱夕占'(⿱夕占乭), '⿰斗ㅇ'(⿰斗ㅇ起) 등이 있다.

④ 한자의 약체와의 결합이다. 전술한 바 있지만, 한자의 약서체와의 결합은 먼저 구결에서 찾아볼 수 있다. 구결에서도 오직 종

성표기 '隱'의 '卩'(ㄴ)만을 찾아볼 수 있으니, 전례의 '[illegible]·[illegible]' 등이 그것이며 또한, '古邑>[illegible]>[illegible]'과 같은 약체와 '高邑>[illegible]>[illegible]>'의 약체에서 형성된 고유한자도 있다.

⑤국음자를 들 수 있다. 한자에 있어서 국음의 형성은 한자음훈 차용표기 과정에서 주로 이두표기에서 형성된 것이 대부분이라 하겠다. 후술할 '이두표기와 고유한자'에서 상론하겠지만, 국음은 어떤 한자음의 음운변이나 유추작용 또는 지명변천이나 한자어의 고유어화 과정 및 중국 근대음의 전입 등에서 형성된 것이다. 따라서 國字(造字)와 같이 그 역사성도 오래라 하겠으니, '釗'(國原王名釗叉斯由或云岡上王)<삼국유사 권一·왕역>, '旀'(娚者零妙寺言寂法師在旀姉者照文皇太后旀在旀)<葛項寺 석탑기> '串'(登山串등산곶城串잣곶暗林串암림곶)<용비어천가> 등이 그것이다. 국음자도 국자와 같이 고유한 왕명·인명·지명 등의 표기에서 형성되었음을 알 수 있으며, 이는 조선조말 서리들에 의하여 절정을 이루었던 것이다.

중국으로부터 차용된 국어에 있어서의 차용어휘는 중국 口語와 국어의 직접적인 접촉에 의하여 전입된 직접 차용어사와 한문을 배경으로 하여 간접적으로 수입된 간접 차용어사가 있다.[10] '下햐'(下處, 下待, 下視, 下手……), '帖체'(帖紙, 帖子, 帖文, 帖下……), '刺라'(水刺), '上차'(上下) 등은 후자로서 중국 근대음의 전입이 아닌가 한다.[11] 국음자 중에는 이러한 중국 근대음의 전

---

10) 南豊鉉(1968), 「15세기 諺解 문헌에 나타난 正音 표기의 중국계 차용어사 고찰」, 『국어국문학』 39·40, 국어국문학회.

입이 허다하다. 그러나 전술한 바와 같이 국음자는 그 대부분이 吏讀表記에서 형성된 것이 많다. 참고로 그 몇 가지만을 소개하면 '卜'(짐), '印'(끗), '喩'(지), 旀(며), 夕(사), 禾(수), 召(조), 這(갓), 上(차) …… 등이다.

⑥ 국의자를 들 수 있다. 국의자는 한자에 우리 고유의 새로운 의미가 부여된 한자를 가리킨다. 한자에 새로운 의미가 형성된 것은 한자어의 고유어화 과정에서 형성된 것과 우리나라에서만이 독자적으로 만들어 쓰이는 固有漢字語에서 형성된 것이라 하겠다. 그러므로 고유한자 중 국의자가 가장 많으며, 이는 앞으로도 계속 증가하게 될 것이다.

⑦ 한자의 음훈차용표기로 또한 빼놓을 수 없는 것이 향약문헌의 표기법이다. 향약문헌에 사용된 한자는 한자음 연구와 古語硏究에 없어서는 아니 될 중요한 것이지만, 그 반면 고유한 鄕藥名을 표기하기 위하여 우리 고유의 고유한자를 창안 사용한 점이라 하겠다.

오늘날에도 漢醫方에서 '棗'를 '召' 또는 '㕽'로, '薑'을 '干'으로 사용, '干三召二'란 말이 허다히 쓰인다. 이러한 향약문헌의 표기현상은 훈민정음 제정 이전의 한자음훈차용표기례로 특히 <향약채취월령>의 표기현상을 살펴보면 첫째, '豆應仇羅古邑豆訟 僧庵㞢' 등과 같이 한자의 음차 표기를 들 수 있고 둘째, '冬沙伊·加德·大朴花·犬伊日' 등과 같이 한자의 음훈차용을 혼용한 것 셋

11) 鮎貝房之進(1931), 『俗字攷』, 東京 國書刊行會, p.333에서는 어느 시대에 전입된 중국근대음이라 하였다.

째, ‘甘板厤·裏腐卟·竹栗膠’ 등과 같이 純訓借로 이루어져 있으며, 전술한 바 있지만, ‘應’은 ‘ㅇ’, 「邑」은 ‘ㅂ’, ‘叱’은 ‘ㅅ’, ‘乙’은 ‘ㄹ’, ‘音’은 ‘ㅁ’받침으로 사용되었다. 기술한 바 있지만, 결국 이러한 표기현상이 우리 고유의 고유한자 창안에 기여하게 되었을 줄 믿는다.

중국에 있어서의 한자는 그 제자원리가 六書로 되어 있고 또한 육서로 인하여 數많은 한자가 형성되었다. 우리의 고유한자는 비록 한자의 음훈차용표기에서 그 제자방법을 터득한 것이 허다하지만, 결국 이러한 육서의 방법을 원용한 것으로, 그 중 특히 形聲·會意·假借가 주류를 이루고 있다 하겠다. 이는 비단 우리의 고유한자뿐만 아니라, 越南漢字나 일본한자의 경우도 마찬가지다. 어쨌든 고유어를 표기하기 위하여 한자의 이러한 제자원리를 통하여 허다한 우리 고유의 고유한자가 형성되었다는 것은 의의 있는 일이 아닌가 생각된다.

3. 日本·越南漢字와의 비교

한자는 중국 本土 이외에 한국·일본·월남 등 인접 諸國에 널리 분포했다는 것은 주지의 사실이다. 일본도 우리나라와 같이 한자가 전입된 확실한 시기는 알 수 없으나, 대체적으로 6세기 이전에 한국의 백제를 통하여 전래되었다 한다.[12] 그리하여 초기

12) 國語學會編(1973), 『國語學辭典』, 東京 東京堂出版, p.204.

에는 주로 萬葉假名와 같은 표음적으로 사용하다가 다음에는 표의적으로 이용되었다. 또한 한자를 모체로 하여 '가타카나'(片假名)와 '히라가나'(平假名)를 만들었다는 것도 주지의 사실이다.

월남에는 後漢으로부터 삼국을 거쳐 중국문화가 파급하여 주로 지식인들만이 한자·한문을 습득하였지만, 14세기에는 한자를 形聲字式으로 합성한 字喃이 만들어져 越南語의 표기에 사용되었다. 그러다가 프랑스인 통치이래 로마자화하여 그들이 사용하던 字喃은 폐지되고 말았다.

한자는 상기와 같이 인접 제민족의 문자뿐만 아니라 주로 자형에 많은 영향을 미쳤다. 그 중 무엇보다도 특기할 것은 오랫동안의 한자생활에서 그들 고유의 한자를 만들어 사용한 일이라 하겠다. 이는 그들도 우리와 같이 고유한 인명이나 지명표기에서, 나아가선 문화적 특성에서 형성된 한자일 줄 믿는다.

1) 日本漢字

일본에서는 일본한자를 '國字·倭字·和字'라 하여, 일찍이 昌泰年間(898-901) 昌住의 漢和辭書인 <新撰字鏡> '小學篇'에 약 400여자의 일본한자를 소개하였는데, 이것이 日字集錄의 시초가 되었다. 또한 寶曆10年(1760) 新井白石의 <同文通考>에도 81자의 日字를 소개하였으며, 伴直方의 <國字考>>(文化15年, 1818年)에는 <同文通考>에 수록되지 않은 日字 44자를 예거하고 특히 日字 여부를 논증하였다.[13] 따라서 현행 諸漢和辭典에 日字가 수록되어 있다. 우리나라에서는 六堂의 <신자전>(1915)에 日本漢字 98자를 집록 소개하였으며, 현행 諸漢和辭典에서도 日本漢字를 수록 소개하고 있다.

그런데 이러한 日本漢字는 우리의 고유한자와 같이 고유명사인 인명·지명 표기에서 형성된 것이 있다. 예를 들면 '粂·俣·硲·椚·椛·鳰·榊·樫·縅·鯏·鯎' 등이 그것이다. 또한 '凩(風·木) 凪(風·止) 杢(木·工) 粂(久·米) 畠(白·田) 麿(麻·呂) ⿰虫登(蟲·登) ⿱求食(求·食)' 등과 같이 合字된 것이 있는가 하면, '連歌'의 '懷紙'에 사용된 말하자면 '新在家文字'와 같은 것으로 '衜·雫凩·栬·俤' 등이 있다. 그러나 우리의 고유한자와 같이 일반적으로 六書의 會意·形聲·假借로 이루어진 것이 많으며, 한자의 3요소인 形音義 중 音未詳이 많은데, 필요에 따라 유추에 의하여 讀音을 상정하였고 또한, 字義 미상도 허다하다. 한국 고유한자는 일반적으로 근대에 형성된 것이 많으나, 日本漢字는 중세 이래에 형성된 新造字가 많다고 한다, 1990년에 미국 아리조나 주립대학 Etsuko Obada Reiman 교수가 <日本人の作った漢字>(南雲堂)를 간행, 부록으로 497자를 소개한 바 있다. 따라서 <韓國固有漢字研究>(金鍾塤)와 몇몇 <越南文字>를 소개하였다. 다음에 日本漢字 그 몇 가지만을 소개하기로 한다.[14]

13) 國語學會編, 『前揭書』, p.430.

14) 본고에서 소개한 日本 한자의 讀音은 張三植의 『대한한사전』에 의거한 것이며, 이는 일본에서는 사용하지 않는 것으로, 어디까지나 유추에 의하여 이루어진 것이다.

• **四畫**

匁[モンメ] 몸메문(衡目)(一貫의 천분지일)

匂[ニホヒ] 향내내(香也)

• **五畫**

辷[スベル] 미끄러질일(滑也)

凧[タコ] 연괘(紙鳶)

叺[カマス] 가마니입, 섬입(表也)

圦[イリ] 수문입(水門)

扖[ハメル] 끼을입(挾也)

• **六畫**

辻[ツジ] 네거리십(十字街)

込[コム] 닫을입(入滿), 찰입(入也)

凩[コガラシ] 찬바람목, 서릿바람목

凪[ナギ] 바람자고 파도그칠지

扨[サテ] 그러하나인, 그런데인

• **七畫**

杣[ソマ] 나무꾼산(樵人)

杤[トチ] 상수리나무회(橡木) 栃同

狆[チン] 삽살개충

杢[モク] 목수목, 지위목(木工)

• 八畫

迚[トテモ] 좀처럼중, 도저히중

䒾[ムシル] 물어뜯을모(拔引取)

枡[マス] 되승(升也)

怺[コラエル] 견딜영(堪也)

籾[モミ] 벼인(稻也), 등겨인(穀皮)

粂[クメ] 묵은쌀구(陳臭米)

俤[オモカゲ] 용모제(容貌)

俣[ワカレマタ] 갈래질오(叉也)

俥[クルマ] 인력거(人力車)

栂[トガシガ] 나무이름모

柾[マサ] 나무바를정(木之正)

栃[トチ] 杤同

畑[ハタケ] 밭전(田也)

峠[タウケ] 고개상, 재상(山嶺)

• 十畫

畠[ハタケ] 畑同

桛[カセヒ・カセギ・カセ] 물레가락상

苼[トコロ] 황정택, 죽대택(黃精)

挘[ムシル] 물어뜯을렬(裂也)

• 十一畫

笹[ササ] 가는대세(細竹)

裃[カミシモ] 옛예복상

蚫[アハビ] 전복보(全鰒)

梺[フモト] 산기슭록

梻[シキミ] 향나무불(佛供香木)

閊[シカフ] 걸릴산(障也)

躮[セガレ] 내자식분(我子謙稱)

婥[タデ] 예쁠화, 멋화

• 十二畫

颪[オロシ] 내려지르는바람풍

硲[ハザマ] 산골짜기곡(峽也)

塀[ヘイ・カキ] 담병(墻也)

椚[クヌギ] 상수리나무륵(櫟也)

椛[モミヂ] 단풍나무화(丹楓)

椙[スギ] 삼나무창(杉也)

晹[サヤケシ] 달밝을명(月明)

鈨[ハバキ] 칼마구리원

• 十三畫

裬[ツマ] 치마처(圍腰下衣)

榀[コマヒ] 욋가지품(土壁中編木)

椦[カツラ] 계수나무향(桂也)

椺[ハザブ] 홈통천(通水管)

椌[ムロ] 두송실(杜松)

綛[カスリ] 먹줄이, 점박이이

鳰[ニホ] 쥐오리입

魞[エリ] 통발입, 물고기발입

働[ハタラク] 굼닐동, 힘쓸동

遖[アツバレ] 갸륵할남, 의젓할남

• 十四畫

榊[サカキ] 신나무신(神樹)

熕[コウ] 대포공(大砲)

鞆[トモ] 활팔찌병(射一腕紐)

聢[シカト] 확실할정, 튼튼할정

糀[カウヂ] 누룩화(麴也)

鎹[カスガヒ] 꺽쇠사(接針)

鵥[ネラフ] 엿볼인, 줄곧볼인(凝視)

• 十五畫

鞐[コハゼ] 딱지하(革帙具)

樫[カシ] 떡갈나무견

縅[ヲドシ] 갑옷미늘다는실위

鯰[ナマツ] 메기편(鯰也)

錠[ヂヨウ] 분부할정, 명할정

鋲[ビヤウ] 징병(廣頭釘)

躾[シツケ] 가르칠화(教小兒禮)

• 十六畫

錺[カザリ] 장식방(裝飾金物)

錵[コエ] 칼날번쩍거릴화

鮗[コノシロ] 전어동(魚名)

鮴[イサザ] 모래무지니

噺[ハナシ] 이야기신(古談)

鴫[シギ] 황새전

躾[シツケ] 예절가르칠미

• 十七畫

襷[チハヤ] 오끈필, 의대필(衣帶)

簓[ササラ] 대솔조, 대솥솔조

鴇[トキ・ツキ] 따오기년(朱鷺)

衜[チドリ] 새떼행(群鳥)

鮲[マテ・コチ] 가리맛복

鯱[オホボラ] 큰숭어로

嬶[カカア] 여편네비(妻賤稱)

燵[タシ] 자리속에 넣는 화로달

鵤[イカルガ] 산비둘기각

鴷[カシトリ・カケス] 새매판(雀鷂)

• 十八畫

鎹[カスカヒ] 꺾쇠송(接釘)

麿[マロ] 그대마, 자네마(君貴公)

蜻[ヒヲムシ] 하루살이등(蜉蝣)

鯏[アサリ] 모시조개리

鯒[コチ] 바다메기통(海鮎)

鯐[スバシリ] 모장이주, 숭어새끼주

鯎[ウグヒ] 황어성(黃海)

• 十九畫

鯱[シヤチホコ・シヤチ] 물호랑이호

鯲[トチヤウ] 미꾸라지어

鯰[ナマツ] 메기염

鵤[キクイタダキ] 오디새종(戴勝鳥)

鶍[イスカ] 대까치이

• 二十畫

鰚[ハラカ] 송어선, 민어선

鯤[キギ] 자가사리비

鰙[ハエ・ハヤ] 뱅어약(白魚)

鶇[ツグミ] 공새간

• 二十一畫

鰯[イワシ] 멸치약

鰰[ハタハタ] 은어신(雷魚)

癪[シヤク] 성낼적

• 二十二畫

鑓[ヤリ] 창견(槍也)

鮟[アンカウ] 천징어강

鱈[タラ] 대구설(大口魚)

鰚[ハヤ] 날치이

鰆[サバ] 고등어혜

鱠[エソ] 공치증(針口魚)

二十三畫

鱚[キス] 서두어희

• 二十四畫

鱱[ヤガラ] 잠시응

襷[タスキ] 멜빵거, 질빵거

鱫[アイキヤウ] 해묵은은어애

鰤[シビラ] 바닷고기이름서

鱩[ハタハタ] 도루묵은어뢰

・二十六畫

鮷[ハエ・ハヤ] 뱅어약

2) 越南漢字15)

越南漢字는 전술한 바와 같이 한자의 偏旁을 이용하여 六書의 방법으로 만든 '字喃'(Chu'-nôm)을 가리킨다. 따라서 '字喃'은 월남어 표기를 위하여 만들어진 월남인의 고유한 문자인 것이다. 후술하겠지만, 會意(⿰並多-견주다) 形聲(咹-먹다) 假借(悲-떼・무리) 등이 그것이다. 이는 어느 개인이 창안한 것이 아니라, 연대・작자 미상으로 점차 민중의 필요에 의하여 만들어진 것이다. 우리나라나 일본의 경우도 마찬가지지만, 한자・한문으로 표기하기가 어려운 것 즉 고유한 인명이나 지명을 표기하기 위하여 만들어진 것이며, 대체적으로 월남이 중국 직접 支配年代에 있던 北屬時代(B.C.111~A.D.939)에 처음 발생한 것이라 한다.

그러다가 越陳朝(13세기)에 와서 활발히 사용하게 되었으니 'Han Thuyen'(한 투엔) 등이 문학작품 詩賦에 사용하기도 하였다. 그러나 '字喃'의 발전기라면 越黎朝時代라 하겠다. 越固有詩인 '越六言詩・雙七六八言詩' 등에 '字喃'이 쓰여 越黎朝 중 15~16세기에는 '字喃'이 상당히 발전하였으며, 특히 남북 紛爭期(17~18세기)에는 '字喃'으로써 사상・감정을 표현하는데 풍부하였다. 그

15) 본고는 Nguyn Qui Hung의 『VAN-PHAM-VIET』(1963)를 참조, 한국외국어대 曺在鉉 교수의 협조로 이루어진 것이다.

리하여 越阮朝中 19세기에는 한자를 몰아낼 정도는 아니었으나, '字喃'의 최절정기가 되었으며, 중국 문자권에서 탈피하여 그 독창성을 발휘하여 독자적 문자권을 형성하게 되었다. 그러나 20세기에 와서 '字喃'은 로마자로 대치하여 문자혁명을 일으키게 되었다. 越로오마字는 1640년대부터 존재한 것인데, 이는 선교사가 창제 사용하였으나 한문자에 의하여 억압당했던 것이다.

字喃의 형성내용을 살펴보면 첫째 한자 원형대로 사용하는 경우 둘째, 한자를 合字하여 한자에 없는 것을 창안한 경우 셋째, 訓(뜻) 표시의 한자와 音 표시의 字喃을 합자한 경우의 세 가지를 들 수 있다.

① 한자 원형대로 쓰는 경우는 네 가지가 있다.

㉠ 음훈을 그대로 사용하되 越聲調대로 발음 사용한다.

예 : 官(Quan) 主(Chu') 學(Hoc) 理(Ly')

㉡ 音만 차용 사용한다.

예 : 布Bô'(漢文-布木, 월남-아버지)
蓋cái(漢文-덥다, 월남-어머니)
沒Môt(漢文-없어지다, 월남-하나)
戈Qua(漢文-창, 월남-건너다)

㉢ 訓 차용이나 音이 한문과 유사하다.

예 : 局(漢文-cuc, 월남-cuôc)
孤(漢文-cô, 월남-côi)

㉣ 訓 차용이나 音이 한문과 완전히 다른 것이 있다.

예 : 味(漢文-vi, 월남-Múi)

役(漢文-dich, 월남-viéc)

② 한자를 合字하여 한자에 없는 글자를 새로이 창안한 것으로 세 가지가 있다.

㉠ 訓表示 한자와 音表示 한자를 合字한 것으로, 글자의 위치는 일정하지 않아 左右上下의 구별이 없다.

예 : 乭-12개월(한 해)(南-音, 年-訓)

䶒-가운데(龍-音, 中-訓)

錪-도착(至-訓, 典-音)

䵺-錪同

䆁-百(百-訓, 林-音)

䕌-五(南-音, 五-訓)

㉡ 訓 표시의 偏旁과 音 표시의 한자를 합자한 것으로, 偏旁은 주로 왼쪽(左)과 위쪽(上)에 위치한다.

예 : 吶-말하다(口-訓, 內-音)

扨-걸다·차다(扌-訓, 刀-音)

疓-아프다(疒-訓, 刀-音)

㉢ 訓 표시를 위하여 독립된 두 한자를 합자한 것으로, 별로 많이 사용되지 않았으나 두 한자의 공통된 뜻에 따라 讀音하였다.

예 : 乭-하늘

③ 訓 표시의 한자와 音 표시의 字喃을 합자하였다.

예 : 㖡-말(言)(口-訓, 歪-音)

이상 '字喃'의 형성내용에 대하여 간단히 살펴보았다. 월남어의 ¾이 한자어에 기원을 두고 있으나, 讀音은 越聲調에 따라 읽혔으므로, 한자를 그대로 사용할 수 있는 장점을 비롯하여 읽기 쉽고 뜻을 쉽게 파악할 수 있는 점, 동음이의어의 식별에 사용할 수 있는 장점 등이 있다. 그러나 越聲調는 한자보다도 많은데, 이를 표기하기 위하여 많은 한자를 造字하여야 되는 불편을 비롯하여 '字喃'을 읽기 위해서는 우선 많은 한자 한문을 알아야 되는데, 그 많은 한자·한문을 배워서 읽고 쓰기가 어려운 점 등의 단점이 많다. 특히 '字喃'은 일정한 표기법이 없어, 읽고 쓰는데 불편하였다. 어쨌든 단점이 많고, 학자는 부정적이며, 조정에서는 한자의 위기로 간주하여 활발히 발달하지 못하였다. 한때 '字喃'의 공식화를 위하여 노력한 王朝(Ho Wui-ly, 1407~1427, Nguyen Hue, 1778~1782)가 있었으나, '字喃'이나 한자가 모두 식자층의 문자였으므로 대중화가 어려워 끝내 越國字로서 발전하지 못하고 대중적인 로오마字化 앞에 종말을 고한 것이다. 그러나 '字喃'은 특히 越文字 발전에 큰 공헌을 하여 越先祖들은 많은 걸작 시문을 남긴 것이다.

三. 固有名詞 表記와 固有漢字

전술한 바 있지만, 고유한자는 고유어의 표기과정에서 형성된 것이다. 특히 인명·지명 등의 고유명사가 허다한 고유한자로 표기되어 있는데, 이는 고유한 인명·지명의 특성을 나타내기 위한 것이라 하겠다. 그 중 人姓에 사용된 고유한자는 중국에도 없는 우리 고유의 人姓이기 때문에 이를 고유한자로 표기한 듯하다. 또한 고유한자로 표기된 인명은 그 모두가 고유어로 이루어져 있는 것이 특징이라 하겠다.

주지의 사실이지만, 신라 초기의 국호나 왕호·왕명 또는 관직명·인명 등이 모두 고유어로 불리던 것이 신라 중기에 이르러 주로 지배계급이나 한학자들에 의하여 차차 한자어로 바뀌게 되었다. 이는 상류계급에서 한자·한문의 보급을 배경으로 그들의 권위의식을 나타내 보이기 위하여 이러한 한자어 인명이 급증하게 된 것이다. 그러나 이는 우리 문화의 전진이라기보다 고유성의 상실이며, 문화적 屈從의 시초라 하겠다.[1] 그리하여 제왕으로부터 서민계급의 이름에 이르기까지 고유어로 된 인명이었으나 조

---

1) 金亨奎(1982), 『국어사개요』, 일조각, p.41.

선시대에 와서는 주로 노비명에서 고유어를 찾아볼 수 있고, 이러한 노비명은 주로 고유한자로 표기된 것이다.

고유한자는 또한 지명표기에서 찾아볼 수 있으니 허다한 고유지명 표기에서 고유한자가 형성된 것이다. 신라 제35대 경덕왕의 지명변경을 전후하여 순수한 고유어 지명을 고유한자로 표기한 例라든가 또는 二字制 한자어 지명의 표기에서 고유한자가 사용된 일은 지명표기의 주체적 현상이라는 점에서 의의가 있을 줄 믿는다. 그러나 경덕왕의 지명개정은 우리말 역사에 커다란 전환을 가져왔다. 주로 고유어로 불리던 지명이 한자어로 바뀌게 되었으니 이것은 오늘날과 같은 결과를 가져왔고, 이는 <삼국사기 지리지 권34~37>에 삼국의 신구 지명이 나열되어 있다. 원지명과 개정명간의 개정 연유에 대하여 전하는 아무런 기록이 없기 때문에 그 연관성은 알 수 없지만, 동일 지명에 대한 音借例와 그 漢譯例의 대응관계는 우리에게 여러 가지 중요한 언어 사실을 암시해 주는 것이다. 특히 삼국 중 신라는 향가를 통하여 그 언어상을 엿볼 수 있지만, 고구려와 백제는 이러한 지명표기에서 얻어지는 어휘군을 제외하면 그 언어상을 알아보기 어렵다. 그러므로 이 <삼국사기 지리지>에 나타나 있는 지명은 고대 삼국의 언어적 특징을 구명할 수 있는 유일한 자료가 되는 것이다.

고유한자는 또한 관직명표기에서도 찾아볼 수 있다. 물론 인명이나 지명에서처럼 많은 것은 아니지만, 고유어 관직명에서나 한자어 관직명에서 고유한자를 찾아볼 수 있다는 것은 의의 있는 일이라 하겠다. 이러한 고유한자 표기는 주체적 현상으로서 신라

중기 이후 고유어로 불리던 관직명이 한자어 관직명으로 바뀌었으나, 허다한 관직명이 조선시대에도 고유한자로 표기되었다.

이상 고유한자와 고유명사 표기에 대하여 그 대체적인 것을 살펴보았는데, 이는 왕명으로부터 노비명에 이르기까지의 인명이나, 고유어나 한자어로 되어 있는 지명·관직명에서 허다히 찾아볼 수 있다. 특히 고유어로 되어 있는 인명·지명·관직명의 표기는 음차 표기로 되어 있으며, 고유어로 되어 있는 고유명사인 탓인지 이를 고유한자로 표기했다는 것은 국어표기의 한 주체적 현상이라는 점에서 의의 있는 일이라 하겠다.

1. 人名表記와 固有漢字

먼저 인명에 쓰인 고유한자를 소개하면 다음과 같다.

乫 乧 [illegible] [illegible] [illegible] [illegible] [illegible] 廛 [illegible] [illegible] 乬 [illegible] [illegible] [illegible] [illegible] 者 [illegible](蓏) [illegible]
[illegible] [illegible] [illegible] [illegible] [illegible](閪) [illegible] [illegible] [illegible] [illegible] [illegible] [illegible] [illegible] [illegible] [illegible] 炑 苩 [illegible] [illegible]
[illegible] [illegible](岔) [illegible] [illegible] [illegible] 鑩 [illegible] [illegible] [illegible] 穗 [illegible] [illegible] [illegible] [illegible] [illegible] [illegible](乭) 沽
[illegible] [illegible] [illegible] [illegible] [illegible] [illegible] [illegible] [illegible] [illegible] [illegible] 伲 [illegible] [illegible] 卯 [illegible](이상 國字)

只 ㅅ 釗 闥(이상 國音字)

이는 필자가 人名에 쓰인 고유한자를 수집한 것이다. 이를 人姓과 인명의 用字 표기상의 특징을 비롯하여 의미 기능상의 분류, 고유한자의 분포와 빈도에 대하여 살펴보기로 한다.

1) 人姓과 固有漢字

<증보문헌비고>(1908)에는 497姓의 많은 인성이 나타나 있다. 이렇게 많은 인성에다 또한 同姓이라는 본관과 派別이 있어 血統의 계보는 매우 복잡하다. 이는 인성 사용의 역사가 오랜 탓이 아닌가 생각된다.

우리나라에 있어서의 人姓 사용의 시초는 일찍부터라 하겠으니, 대체적으로 삼국시대부터 활발하게 쓰이기 시작한 듯하다.[2)] 그리하여 성씨는 또한 인명의 漢字化에서부터 성씨 보급이 활발해진 듯하다. 인명의 한자화시기에 대해서는 확실한 시기를 알 수 없으나, 이는 지명의 한자화가 시작된 8세기경(경덕왕 16년)에 漢字 인명의 보급이 활발해진 듯하다. 따라서 성씨가 발생하기 이전의 고대일수록 고유어 인명을 사용하였고, 이러한 고유어 인명은 주로 한자의 음차 표기로 이루어졌다는 것은 주지의 사실이다. <三國史記>와 <三國遺事>에는 서민계급으로부터 제왕에 이르기까지 음차로 표기된 허다한 고유어 인명이 나타나 있다. 그러나 고려시대에 이르러 한문화의 침투와 주자학의 도입이 성씨는 물론, 인명까지 한자화 하였고 특히, 조선조에 들어서는 노비계급을 제외하고는 모두 성씨가 있었다. 주지의 사실이지만, 종래 성씨의 유무는 신분을 결정짓는 중요한 준거가 되었으며, 혼인문제나 현관문제에 있어 없어서는 아니 될 씨족의 대표이었다. 그리하여 1910년에 완성된 사상 최고의 民籍簿 작성 때는 성씨가 없는

---

2) 鮎貝房之進(1973), 『雜攷 · 姓氏及族制攷 · 市廛攷』, 東京 圖書刊行會.

사람이 있는 사람보다 1.3배나 되었다고 한다.3) 이러한 점에서 많은 성씨가 유포되었고, 아마 고유한자 성씨는 이러한 성씨의 발달 과정에서 형성되었을 줄 믿는다.

고유한자 성씨는 <增補文獻備考>를 비롯하여 고문헌에서 찾아볼 수 있는 것으로, 國字(造字) 성씨로는 '苩·軍·曺·卵·遈' 등이며, 國音字 성씨로는 '鳶·ヘ·闖' 등이다. 이러한 성씨의 형성 시기는 '苩氏有百濟'에서와 같이 그 시기를 알아볼 수 있는 것도 있지만, 餘他에 대해서는 그 시기를 알 수 없다. 단지 例證 문헌으로 보아 근세에 형성되지 않았나 생각된다.

고유한자 성씨의 형성내용을 살펴보면, 중국 성씨와는 달리 우리 고유어를 특수 造字로 음차 표기한 것이 특징적이라 하겠다. 특히 의성어·의태어와 같은 상징어를 고유한자화하였다. 먼저 國字(造字)로 된 성씨를 소개하기로 한다.

卵

'卵'(둥)은 다음과 같이 성씨에 쓰인 고유한자임을 알 수 있다.

> 文川卵氏韻書未詳 <增補文獻備考 卷之五十三·帝系考十四>
> 我國多字書所無之字…人姓…卵氏音(둥) <晝永篇下>

鮎貝房之進은 '卵'(둥)은 '膨脹'의 뜻을 가진 상징어 '둥둥'을 형상한 國字라 하였다.4) 따라서 '卵'은 古韻書나 萬姓通譜·姓氏錄

3) 崔範勳, 『전게서』, p.20.

을 비롯하여 현행 자전에 전혀 수록되지 않았다. 그리고 國勢調査(1930)·姓人口調査(1960)에서도 찾아볼 수 없다. 어느 시기에 인멸된 姓氏가 아닌가 생각된다.

馮

'馮'(횡)은 다음의 예증과 같이 姓氏에 쓰인 고유한자이다.

> 馮毁仍切氏 <增補文獻備考 卷之五十三·帝系考十四>
> 延安有馮姓音喧應切諺音횡字書無之 <盎葉記>

'馮'도 전술 '卵'과 같이 古韻書나 萬姓通譜·姓氏錄 등을 비롯하여 현행 자전에 전혀 수록되지 않았다. 아마 어느 시기에 인멸된 姓氏가 아닌가 생각된다.

그런데 후술할 鴌氏는 胡姓이라는 설이 있는데, '馮'도 胡姓이라고 鮎貝房之進은 밝혔다.[5] 따라서 '馮'은 그 자원으로 보아 말(馬)의 소리를 본떠 '馮'(횡)의 讀音이 형성된 것이 아닌가 생각된다. 그러므로 '馮'은 의성으로 이루어진 國字(造字)라 하겠다.

ㅅ

'ㅅ'(뼘)은 國音字로서, 다음과 같이 姓氏에 쓰였음을 알 수 있

4) 鮎貝房之進(1972),『俗字攷·俗文攷·借字攷』, 東京 圖書刊行會, p.25.
5) 鮎貝房之進,『전게서』, p.169.

다. ‘ㅅ’은 특히 ‘뼘’의 象形字라는 데에 그 특성이 있다.

‘뼘’을 상형한 ‘ㅅ’으로 姓氏를 삼은 까닭은 전하는 기록이 없어 알 수 없으나, 상기 ‘卯·馮’과 같이 의성·의태의 상형자의 姓氏가 있는 점으로 보아, 그 가능성을 인정할 수 있을 듯하다. 따라서 그 시기는 알 수 없다. ‘뼘’에 대하여는 <雅言覺非>에 다음과 같은 기록이 있다.

> 一度者兩腕之引長也 度音託方言曰발 一搩兩指之引長也搩音磔方言曰셤……
>
> 食指一搩謂之一虎口 拇指輿食指引長 長指一搩謂之一扎我所云長搩 及東語一度謂之一把발其一搩則无文 <雅言覺非 卷之一>

고유한자 姓氏의 형성내용은 또한, 특수 造字(國字)로 이루어져 있음을 알 수 있다. 구체적으로 어떤 의미를 찾아볼 수 없는 것도 있지만, 상기 諸例와 같이 고유어를 특수 造字化한 것도 있다.

苩

‘苩’(백)은 다음과 같이 百濟姓을 가리킨 특수 造字의 고유한자임을 알 수 있다.

> 肖古王二年西部人苩會獲白鹿獻之 <三國史記 卷二十三·百濟本紀 第一>
>
> 東城王八年拜苩加爲衛士佐平 <三國史記 卷二十六·百濟本紀

第四>

武王十七年命達率苩奇領兵八千攻新羅母山城 <三國史記 卷二十七·百濟本紀 第五>

苩姓也百濟有苩氏 <集韻>

苩빅百濟姓셩 <新字典>

그런데 <日本書紀>에는 苩氏는 없고 모두 '白'氏로 나타나 있다.

百濟國進調幷獻寺工太良未太文賈古子鑪盤博士將德白昧淳瓦博士麻奈父奴陽貴文陵貴文昔麻帝彌畫工白加 <日本書紀·崇峻紀元年>

'苩加'는 <삼국사기>에, '白加'는 <日本書紀>에 각기 '苩'이 달리 표기되었으나, <日本書紀>의 '白'은 '苩'의 잘못이다. 이는 <集韻>에 '苩同葩'이라 하였으나, 이미 成元慶 교수[6]가 밝힌 바와 같이 고유한자임에 틀림없다. 따라서 '苩'은 백제 八大姓으로 쓰였음을 <삼국사기>의 기록으로 확인할 수 있다. 그러나 오늘날 '苩'氏는 없으니, 이는 어느 시기에 인멸된 듯하다.

䂮

'䂮'(소)는 姓氏에 쓰인 특수 造字의 고유한자이다.

6) 成元慶(1968),「中韓日三國漢俗子攷」, 中國 國立臺灣師範大學 國文硏究所.

東方僻姓星州有⿱石牛氏⿱石牛音小盖方言呼牛爲小故也 ⿱石牛或云東國史有石末天衢者疑石末二字訛爲⿱石牛字也 但宛委餘編複姓有石牛氏疑卽此也 <芝峯類說>

我國僻姓有⿱石牛氏音小無義⿱石牛字石下牛故音小小諺音⿱亼厶俗以牛爲⿱亼厶故也 然姓苑石牛氏卽複姓也⿱石牛本石牛氏而合爲⿱石牛氏歟…… 蕭亦諺音⿱亼厶 <盎葉記>

我國多字書所無之字……人姓有⿱石牛氏音⿱亼厶……<晝永篇下>

⿱石牛⿱亼厶○李睟光曰東方僻姓星州有⿱石牛氏音小方言呼牛爲小故也或謂東國史有石末天衢者疑石末二字訛爲⿱石牛字但宛委餘編複姓有石牛 <吏讀便覽>

⿱石牛音⿱亼厶 姓也見芝峯類說 <五洲衍文長箋散稿 · 土俗字>

‘⿱石牛’의 讀音을 ‘⿱亼厶’라 함은 ‘牛’의 訓借일 것이다. 그러나 ‘石下牛’한 까닭을 알 수 없다. 또한 <盎葉記>에서 ‘石末’의 ‘末’을 ‘牛’로 訛書한 것이라 하였는데, ‘石末’의 의미도 또한 알 수 없다. 따라서 ‘⿱石牛’는 古韻書나 현행 자전에 수록되어 있지 않으며, 오늘날에도 ‘⿱石牛’氏는 찾아볼 수 없다.

曺

‘曺’(조)氏의 시조는 신라 제26대 진평왕의 사위인 曺繼龍(太師 · 昌城府院君)이며, 本貫은 문헌에 10餘本이 전하는데, 모두가 昌寧曺氏의 분파라는 것이 통설이어서 오늘날에는 사실상 ‘昌寧’의 單本으로 통한다. ‘曺’의 유래를 살펴보면 다음과 같다.

始祖曺繼龍 脅下有曺字 故仍姓曺氏 及長爲新羅眞平王女壻 封昌城府院君官至太師 <典故大方 卷之九 · 昌寧曺氏 · 氏族人物考>

그런데 朝鮮朝의 허다한 문헌이나 운서에는 '曺'가 나타나 있지 않고 모두 '曹'로 나타나 있다. 그리고 '曺'와 '曹'를 同字로 주석한 자전이 있는가 하면, 상기 <典故大方>과 昌寧曺氏의 유래가 다음과 같이 <增補文獻備考>와 다르다.

昌寧曺氏始祖繼龍見總叙脅下有曹字故仍姓曹氏及長爲眞平王女壻封昌寧府院君 <增補文獻備考 卷之五十 · 帝系考十一>

광복후 曺氏宗親會에서는 '曺'와 '曹'의 논의 끝에 '曺'로 통일하게 되었다. 그리하여 오늘날 '曹'의 姓氏는 사라지게 된 것이다. 따라서 '曺'와 '曹'는 각기 다른 것으로 '曺'는 고유한자로 인정할 수 있다.

고유한자 姓氏의 형성내용은 전술한 "馮"과 같이 胡姓이 있다. 다음에 소개하기로 한다.

鴌

'鴌'(궈)은 姓氏에 쓰인 국음자이며, '鴌'은 원래 '鳳'의 古字이며 오직 姓氏에만 쓰였음을 다음으로 보아 알 수 있다.

淳昌有鴌氏鴌音權億切不知其始自出或云鴌本胡姓 <芝峯類說>
我國有鴌姓其音權億切俗音궈善山有鴌氏村蓋多士夫字甚稀

僻音亦詭異故人或嘲郭氏與乶同譜以具音相近也亦以爲東國刱造之字非也案訂正篇海張忻撰乶音鳳古音正韻米撰芾乶古文鳳乶氏似不識乶字之音義却是平常也 <盎葉記>

我國多字書所無之字……人姓有乶音궉氏……<晝永篇下>

乶音궉或字書鳳字柳夢寅於于野談乶憑雲庛浦有乶天高學射人 <五洲衍文長箋散稿>

乶궉◯李睟光曰淳昌有乶音權億切不知其始自出或云乶本胡姓 <吏讀便覽>

乶權億切氏李睟光類淳昌有乶氏不知其知字出或云乶本胡姓◯或云字書作古鳳字而其子孫誤作權億切 <增補文獻備考 卷五十·帝系考十四>

'乶'氏는 오늘날에도 전하고 있는데[7], 李睟光의 <芝峯類說>에 '不知其始自出'이라 한 바와 같이 그 근본은 알 수 없으나, '乶本胡姓'이라 한 것으로 미루어 보아 胡姓인 듯하다.[8] 따라서 '乶'의 國音 '궉'은 그 형성 내용이 '궉진'이라는 '鷹鶻'(응골)의 일종에서 형성된 듯하다.[9]

毛衣屢改厥色無常寅生酉就捴號爲黃二周爲鵳者今之求億眞也 <養鶻方>

白角鷹버교앙◯궉진 <譯語類解·飛禽>

<新字典>에 '乶궉姓也성見姓譜'라 하였고, 현행 제자전에 '國音

7) 南廣祐(1982),『國語國字論集』, 일조각, p.193.

8) 鮎貝房之進,『前揭書』, pp.179~180.

9) 鮎貝房之進,『前揭書』, p.180.

성궈(姓也)'이라 하였다.

闖

'闖'(왁)은 국음자로 오직 姓氏에만 쓰였다.

> 廣州有闖姓人自稱意臥億切諺音왁字彙闖音塢小門而闖字無及本闖姓而譌闖歟 <盎葉記>
>
> 闖瓦藿切氏 <增補文獻備考 卷之五十·帝系考十四>

<盎葉記>에는 '闖', <增補文獻備考>에는 '闖'으로 나타나 있는데, 鮎貝房之進은 '闖'은 '闖'의 오류이며, 따라서 '闖'은 東北 胡姓이라 하였다.[10] '闖'은 고운서나 <大東萬姓通譜>·<姓氏錄>, 현행 자전 등에 전혀 소개되어 있지 않다.

이상 고유한자 姓氏에 대하여 살펴보았다. 많은 姓氏를 수집하지 못했지만, 그 몇 가지의 姓氏에서 고유한자 姓氏로서의 특징을 찾아볼 수 있다는 점이다. 무엇보다도 중국 姓氏와는 달리 우리 고유의 姓氏이기 때문에 고유어로써 姓氏를 창조하여 또한 고유한자로 표기했다는 것은 주체의식의 발로가 아닌가 생각된다. 더욱이 이러한 사상이 사대부나 양반이 아닌 일반 庶民에서 찾아볼 수 있다는 데 더욱 의의있는 일이라 하겠다.

---

10) 鮎貝房之進, 『前揭書』, p.191.

2) 人名과 固有漢字

모든 사물에는 太初부터 이름이 있었으니, 이는 무엇보다도 사물을 개념화하기 위한 수단이었다. 그리하여 초기에는 의성·의태를 상징하거나 아니면, 어떤 무의미한 이름을 붙여 사용하였다. 후술하겠지만 한자로 音借表記한 왕명이나 인명은 자연현상에 대한 표현이 많았고, 이러한 현상은 우리의 固有語 人名에 허다하였다.

<三國史記>나 <三國遺事>에는 허다한 고유어 人名이 나타난다. 주지의 사실이지만, 이는 한자의 음차 표기로 이루어진 것이 대부분이다. 이러한 음차 표기는 비단 인명뿐만 아니라, 고유어로 이루어진 신라 초기의 국호나 王號·王名 또는 地名·官職名 등에서도 찾아볼 수 있는 것이다. 그러나 8세기 이후 신라 말기에는 고유어 人名의 사용은 점차 위축되고 漢字語式 인명 즉 중국식 인명이 급증하게 되었다.[11)]

대체적으로 上古時代에는 인명이 오늘날과 같이 한자어식이 아니라, 固有語式이었음을 알 수 있다. 이러한 현상은 전술한 신라뿐만 아니라, 백제의 경우도 마찬가지였으니, 시조인 溫祚로부터 23대 三斤王까지는 고유어식이었다.[12)] 참고로 소개하면 다음과 같다.[13)]

---

11) 崔範勳, 『前揭書』, p.22.

12) 兪昌均(1975), 「百濟人名表記에 타나난 用字法의 檢討」, 『語文學』 33, 어문연구회.

13) 都守熙(1977), 『百濟語硏究』, 亞細亞文化社.

多婁·己婁·蓋婁·肖古(素古)·仇首(貴須)·沙伴·古尒·責稽·汾西·比流·契·近肖古·近仇首·枕流·辰斯·阿莘(阿芳)·腆支(直支)·久尒辛·毘有·蓋鹵(近蓋鹵)·文周(汶州)·三斤(壬乞) 등이다. 그러나 24대 東城王(5세기 후반) 때부터는 한자어화하기 시작했다.

이러한 고유어식 인명은 평민이나 천민들의 세계에서 맥맥히 계속되었으니, 壬亂때 <鎭管官兵編伍冊>에는 고유어 인명이 三國初期의 차용표기 방식 그대로 상당수가 전하고 있다. 또한 고유문자 창제 직후의 <舍利靈應記>(1449)에는 모두 47명의 인명이, 姓氏는 한자로 이름은 國字表記로 되어 있으며, <東國新續三綱行實圖>(1615)에는 도합 289명이 수록되어 있는데, 한자어화된 인명도 있으나, 그 대부분이 고유어 인명으로 되어 있다. 그러나 오늘날은 시대의 변천에 따라 고유어 인명은 점차 위축되고 농촌의 村夫·村婦 등에서 그 잔영을 찾아볼 수 있을 정도다. 그런가 하면 농촌을 배경으로 한 문학 작품의 作中 인물명에서 허다한 고유어 인명을 찾아볼 수 있다. 이는 작중 인물의 효과를 거두기 위한 것으로, 작중인물의 순박성이라든가 또는 토착성을 잘 나타낼 수 있다 하겠다. 이는 조선시대 소설에서 吉童·興夫·乭夫·長釗·강쇠 등과 같은 인물 효과인 것이다. 그러한 고유어 인명의 작명 기준을 崔範勳 교수는 다음과 같이 정리하였다.14)

---

14) 崔範勳, 『前揭書』, p.24.

①출산장소: 田女 · 부엌손 · 서울댁 · 골목쇠 · 마당쇠

②干支 · 月名: 甲乭 · 乙順 · 丙吉 · 丁乭

③性格: 어진이 · 모질이 · 미륵이 · 억척

④外貌: 오목이 · 납작이 · 점백이 · 키다리

⑤祈願: 놈새 · 딸고만 · 붙드리 · 게도

⑥順序: 막내 · 말숙이

⑦賤名爲福: 개똥 · 말똥 · 쇠똥 · 돼지

또한 王號 · 王名을 비롯하여 평민이나 천민 등의 고유어 인명은 주로 자연현상에 대한 표현이 많다. 신라의 고유어 인명에는 '뉘(世) · 밧(田) · 뷔치다(照) · 잇(答) · 복(光明)'[15] 등이며, 조선시대 소설의 작중인물이나 妓女는 주로 '月 · 梅 · 蘭 · 松 · 花 · 春 · 秋 · 玉 · 美 · 愛 · 香' 등으로 자연의 여유와 풍취를 나타내고 있다. 이러한 자연을 인명의 소재로 삼는 일은 사대부의 雅號에서도 찾아볼 수 있으니, 이는 한국인의 자연 지향적인 성격의 발로가 아닌가 생각된다.

전술한 바 있지만, 고유어 인명표기에서 허다한 고유한자를 찾아볼 수 있다는 점이다. 이는 한자의 音訓借用表記 과정에서 형성된 것들이다. 특히 吏讀式表記에서 형성된 고유한자가 많다는 것은 전술한 바다. 그러므로 여기에서는 인명 표기에 쓰인 고유한자를 그 字類上의 특징, 그 빈도와 분포, 그 의미내용에 대하여 살펴보기로 한다.

---

15) 姜錫潤(1982), 「新羅語 固有名詞의 一考察」, 『碩士學位論文』, 中央大 大學院.

(1) 固有漢字 人名의 字類上의 특징

人名에 쓰인 고유한자를 살펴보면, 특수 造字와 국어의 終聲表記에서 형성된 國字(造字)와 國音字로 분류할 수 있다. 먼저 國字에 대하여 살펴보기로 한다.

垈

'垈'(대)는 그 빈도가 높지 않으나, 다음과 같이 人名에 쓰였음을 알 수 있다.

> 李垈 叔固訪隱窩進經歷 <典故大方 卷三·經筵官抄選錄>

'垈'는 또한 '家垈·垈地'의 뜻으로 널리 쓰였음을 알 수 있다. 이는 '固有漢字와 그 語彙'에서 밝히기로 한다. 그런데 '垈'는 다음과 같이 고려시대나 조선 初期에는 '代'와 '土'가 각기 써오다가 후세에 와서 합성하여, 造字를 형성한 듯하다. 이는 마치 '畓·沓' 등과 같은 字類라고 하겠다.

> 西文達代 寺代 <淨兜寺石塔造成形止記>
> 空代 戶代 <太祖大王手書>

<新字典>에 '대家垈垈田基也터官簿俗卷多用之'라 하여 國字(造字)로 인정하였고, 현행 제자전에 '집터 대'라 주석하였다. 그러나 고유한자이니만큼 '사람이름 대'를 추가 주석하여야 될 줄 믿는다.

㳰

'㳰'(로)는 다음과 같이 인명에 쓰인 國字(造字)임을 알 수 있다. 이는 古韻書나 현행 자전에 전혀 수록되어 있지 않으나, 현대 인명으로 數人이 있다.

> 姜㳰 晋州人字期中己巳生高宗壬申拜右 <典故大方 卷二·相臣錄>

㐃

'㐃'(마)는 奴婢名 '㐃叱致·㐃赤·㐃夫·㐃貴'에서 찾아볼 수 있다. 후술하겠지만, '㐃'는 지명에도 쓰였다. '㐃'는 '마치'를 상징한 造字라 하겠다.

炑

'炑'(발)은 다음과 같이 인명에 쓰인 고유한자임을 알 수 있다. 특히 백제의 인명 '答炑'이 나타나 있는 점으로 보아, 國字(造字) 형성의 시기는 오래라 하겠다.

> 十年以大山下授達率谷那晋首閑兵法木素貴子閑兵法炑日比子贊波羅金羅金須解藥 <日本書紀·天智紀>

'炑'은 또한 '昌寧'의 古地名 '比自炑'에도 쓰였다. 이 점에 대해서는 '地名表記에 나타난 固有漢字'에서 밝히기로 한다. 따라서 '㶣'은 古韻書나 현행 자전에 전혀 수록되어 있지 않다.

鐍

'鐍'(설)은 音義 未詳의 國字(造字)로 인명표기에 쓰였음을 다음으로 보아 알 수 있다.

> 我國多字書所無之字……人名有辰韓師廉師鐍音義未詳 ……
> <晝永篇>

'鐍'의 音義는 다음의 '설噬也'로 유추할 수 있을 듯하다.

> 齧 혈 <(類合下53:宣小32·3)>, 셜 <(全玉·新字典 俗音)>, 설[16]
> 齧噬也 <說文> 囓同齧噬也 <字彙>

그러므로 '鐍'은 그 音義를 '씹을 설, 물을 설'로 주석할 수 있을 듯하다. '鐍'은 古韻書나 현행 자전에 밝혀 있지 않다.

㳓

'㳓'(물오른우)는 현행 자전에 전혀 실어 있지 않은 인명에 쓰인 國字(造字)이다. 이는 史學者 韓㳓劤 교수의 啣字에서 찾아볼 수

16) 南廣祐(1969), 『朝鮮(李朝)漢字音研究』, 東亞出版社, p.78.

있고, <大東萬姓通譜>에는 다섯 군데나 실어 있다 한다.[17)]

韓교수에 의하면, '㳓'자의 作名은 선조께서 작명하신 것으로, '㳓'에서 찾아볼 수 있는 '氵'(물)은 출생지인 大同江을 뜻한다 한다. 이러한 造字는 고금을 막론하고 이름에 특징을 부여하려는 의도하에 만들어지는 것이다. 주지의 사실이지만, 우리의 작명은 壽福康寧·吉祥慶兆를 기원하는 작명이 많고, 인생의 理想이나 행복관 등을 나타내려는 것이다. 이러한 점에서 허다한 인명자를 造字하여 작명하는 경우가 많다.

㮝

'㮝'(택)은 다음과 같이 人名에 쓰인 國字(造字)로 古韻書나 현행 자전에 전혀 소개되어 있지 않다.

宋㮝齊民子 <典故大方 卷四·宗廟配享錄>

'㮝'은 그 音義를 확실히 알 수 없으나, '㮝'의 形聲으로 보아 '나무 택'으로 주석할 수 있을 듯하다.

이상 인명표기에 나타난 國字(造字)에 대하여 살펴보았다. 國字는 주로 사대부 등의 인명표기에 쓰였고 일반서민에게는 쓰이지 않았다. 이는 전술한 바 있지만, 8세기 이후 신라말기부터 사용하기 시작한 한자어식 인명 곧, 중국식 인명과 같은 작명법이라

---

17) 이는 史學者 韓㳓劤 교수에게 직접 문의한 내용이다.

하겠다. 이러한 작명법은 상류계급에서 그들의 권위의식을 의식적으로 나타내기 위하여 한자 보급과 더불어 시행한 것이다.

한국인의 작명 사상은 조상숭배와 작명 숙명론으로 집약할 수 있다. 그것은 존장자의 啣字를 尊啣이라 하여 직접 호명하는 것을 꺼리는 습속이라든가 또는, 간접적으로 某字라고 호명하는 습속이라 하겠다. 이는 굳이 조상숭배 사상이라기보다도 높임의 等分에 알맞게 존비칭호를 사용하는 등의 국어 敬語法에서 우러나온, 우리 민족의 한 미풍이 아닌가 생각된다.[18] 그런데 작명 숙명론에 있어서는 한자어 인명일수록 壽福康寧 등 吉祥慶兆를 기원하는 작명이 많다. 사람의 길흉화복·출세·수명까지도 이름에 있다하여 그 작명에 많은 관심을 기울인 것이다. 이러한 작명법은 현금에도 계속되고 있으니, 실제적인 작명의 기준은 地名·出世·動機·干支·兄弟順位·父母의 所願·外貌·性格 등에 준거하여 작명하기도 하지만, 가장 보편적인 작명의 기준은 五行의 相生之理라 하겠다. 오행의 상생지리란 金生水·水生木·木生火·火生土·土生金·金而復生水라는 원리를 가리키며, 작명에 行列字로 金·木·水·火·土偏의 한자가 쓰이는 것은 바로 여기에 기인하는 것이다. 그러므로 한자어식 人名은 정해진 姓氏와 行列字를 제외하면, 정작 이름에 쓰이는 글자는 一字뿐인 것이다.[19] 이 一字에 作名宿命論이 나타나는 것이다. 그리하여 그 많은 한자를 버리고, 전술한 '㳍'와 같이 特殊造字를 만들거나, 이름

18) 拙稿(1960), 「卑稱에 관한 一考察」, 『文耕』 제7집, 중앙대 문리대.
19) 崔範勳, 『前揭書』, p.23.

글자의 劃數를 작명법에 맞추기 위하여 또한 造字를 하고, 집안의 行列字에 맞추기 위하여 造字를 했던 것이다. 그리하여 前例와 같은 特殊造字가 일찍부터 人名에 사용하게 된 것이다.

인명표기에 나타난 固有漢字中 가장 일반적으로 쓰인 것이 국어의 終聲表記에서 형성된 國字(造字)이다. 종성표기에는 7終聲을 표기하였으나, 정확하게는 5종성이라 하겠다. 곧 'ㄴ(隱)·ㄹ(乙)·ㅁ(音)·ㅂ(邑)·ㅅ(叱)'이며, 'ㄱ' 表記는 前述한 바 있지만, 吏讀에서 쓰이던 '只'가 소멸하고 <農歌集成·衿陽雜錄>의 '臥叱多太 : 왁대콩'을 비롯하여 <東國新續三綱行實圖>의 '無其叱金: 무적쇠', '注叱德: 죽덕', '注叱同: 죽동' 등에서 '叱'(ㄱ)종성을 찾아볼 수 있으나, 고유한자를 형성하지 못하고, 한자와 한글字母가 결합한 '巪·[illegible]·[illegible]·[illegible]·[illegible]' 등이 있다. 또한 'ㅇ' 표기는 '德應·加應·[illegible]·末應·無應·武應' 등이 있으나, 구체적으로 고유한자를 형성하지 못하고 '[illegible]'과 같이 한자와 한글字母 결합에서 형성된 고유한자가 있다. 그러나 7종성 이외의 받침이나 특히 겹받침(復子音)은 전혀 찾아볼 수 없다.

그러나 7종성 표기에는 釋字表記 방법의 借用字도 있다. 이를 소개하면 다음과 같다.[20]

/-ㄱ/ : 巪(걱)·[illegible](덕)·[illegible](둑)·[illegible](억)·[illegible](작)

/-ㄴ/ : [illegible]·[illegible](샌)·[illegible](둔)

/-ㅁ/ : 駕(감)·古勿 今勿(곰)·[illegible]·[illegible]·[illegible](놈)·斗叩(둠)·[illegible](얌)

---

20) 崔範勳, 『前揭書』, p.140.

/-ㅂ/ : 粟 · 㗑(갑) · 㕦(넙)

/-ㅅ/ : 古次(곳) · 㸚(엇)

/-ㅇ/ : 㫹 · 㖪(쏭) · 䇭(둥)

/-ㄹ/ : 仍尸(일)

'固有漢字의 形成內容'에서 밝힌 바 있지만, 借用漢字와 한글 字母와의 결합에서 형성된 고유한자가 있다. 이는 물론 훈민정음 창제 이후에 형성된 것들이지만, 국어 종성표기의 정확성을 기하려는 고심이 그대로 반영된 것이라 하겠다. 그러면 이러한 종성표기에서 형성된, 주로 인명표기에 사용된 國字를 소개하기로 한다.

'ㄱ' 종성표기로 이루어진 國字로는 '巪 · 㐘 · 乫 · 㖎 · 耆' 등이 있다. 전술한 바 있지만, 이는 훈민정음 창제 이후에 형성된 것으로 주로, 노비명에 쓰인 것들이다. 그 몇 가지만을 예거키로 한다.

巪

'巪'(걱)은 '林巨正'이라는 인명에 사용된 고유한자로, '임걱정'이라는 인명의 표기에서 형성된 것이다. 고유어 '걱정'을 '巪正'으로 音借表記한 것이다.

巪 音걱賊名海西强賊林巪正見野史 <五洲衍文長箋散稿>

그런데 <明宗實錄>에는 '林巨叱正'으로 나타나 있다. 이는 前述한 바와 같이 <東國新續三綱行實圖> 등에서 '無其叱金 : 무적쇠·注叱德 : 죽덕·注叱同 : 죽동'으로, '叱'이 'ㄱ' 종성표기로 使用되었기 때문이다. 이는 전술한 바 있다.

> 十七年正月丙戌朔戊子政院以黃海道討捕使南致勤書狀大賊林巨叱正等止按于瑞興地軍官郭舜壽洪彦誠等捕捉入啓 …… 叛國大賊林巨叱正等今已畢捕豫甚喜悅 …… <明宗實錄 卷之第二十八>

'固有漢字와 그 語彙'에서 설명하겠지만, '巪'은 또한 일반어휘에도 사용되었음을 알 수 있다. 다음은 고유어 '주걱'을 의식적으로 한자화하였는데, 필자는 이를 軍都目式表記라 하였다.

> 內酒房鍮周巪壹個 <度支條例>
> 周巪 <外都監手本>

<新字典>에 '巪걱 人名사람이름海西賊林巪正見野史'라 하였고, 현행 제자전에 '사람이름 걱'으로 주석하였다.

加ㄱ

'加ㄱ'(덕)은 '加ㄱ順'(덕순) <고문서>에서 찾아볼 수 있다. '더욱 순하다'는 뜻에서 형성된 노비명이다. 또한 '加ㄱ釗'(덕쇠) <고문서>는 '더욱 억세다'의 뜻으로 본다.

㪷

'㪷'(둑)은 '㪷刧'(둑겁)이라는 인명표기에서 형성된 固有漢字(國字)다.

初八日竟至致命故與吳㪷刧宗國成同弁矣之屍 <關西啓錄>

'刧' 동물명에서 형성된 노비명으로 동물 '두꺼비'는 '두겁·두거비·둣갑·둣거비·독겁·독거볍·두업', 借用表記로 '斗刧·斗業·豼葉·豼巨非·頭巨丕·頭巨飛·杜巨非·纛刧·纛去法' 등 그 표기가 다양하다. 그러나 이를 다음과 같이 정리할 수 있다.

豆何非(두거비): 救急方

두터비: 救急方 67·南明上 11·字會上 24·類合上 15

두텁: 訓正用字例·靑丘永言

두텁이: 倭解下 27·漢淸 444

둣겁이: 物譜 水族

둗거비: 四海下31

상기례는 '두터비'형이 '둗거비'형보다 대체로 先行하며, 대부분이 '두겁/두거비'형이라 하겠다. 따라서 '두터비'형의 표기는 발견할 수 없으나, '豼葉'을 '둣텁'으로 볼 수 있다 하겠다.

'㪷'은 또한 고유어 '논둑'의 음차 표기 "畓㪷"에서도 찾아 볼 수 있다.[21] '둑'은 '堤'(둑제)를 뜻하는 고유어이다.

畓斗黃海道鳳山 <古蹟圖譜>

'斗'은 현행 제자전에서 전혀 소개되어 있지 않다.

㐆

'㐆'(억)은 노비명 '㐆釗'(억쇠)에서 형성된 것으로, <古文書>에서 찾아볼 수 있다. 노비명으로 또한 '億尺'(억척)이 있다. '㐆釗'는 '億尺'과 상통하는 것으로, 이는 신체 건장하고 욕심껏 일하는 억척스런(强靭) 노비에게 주어진 이름이다.

耂

'耂'(작)은 노비명 '耂德·耂西非·耂生'에서 형성된 것으로 <고문서>에서 찾아볼 수 있다. '耂'은 또한 '耊達·耊金·耊金伊' 등의 '耊'과 상통하는 것으로, 이는 몸집이 작고, 알찬 노비명에 쓰인 고유한자이다. 그러므로 '耂'은 고유어 '작다'(小)의 '작-'을 고유한자화한 것이다. '耂-耊-'계 노비명을 甲類와 乙類로 분류하여 살펴보면 다음과 같다.

甲類 : 耊金·耊金伊·耊達·者叱莊·耂德·耂西非·耂生, 殘德
·盞梅·勺達·爵達

---

21) 鮎貝房之進, 『前揭書』, p.16.
崔範勳, 『前揭書』, p.49.

乙類 : 足今金 · 足今老味 · 柞金旺 · 足古萬 · 足古孟 · 早古孟

甲類에서는 '작다: 잣(zzz)- / 잔(耉 · 殘 · 盞)- / 작(勺 · 爵)-'의 語幹 終聲變異形이며, 乙類에서는 '작다:조금(足今)- / 조그망(足古萬 · 足古孟 · 早古孟)-'의 語幹 母音變異形이라 하겠다.

'ㄴ'종성표기로 이루어진 고유한자에는 '豆ㄴ'뿐이다. <고문서>에서 찾아볼 수 있는 것으로 노비명에 사용되었다.

豆ㄴ

'豆ㄴ'(둔)은 한자 '豆'에 'ㄴ' 한글 字母가 합자하여 이루어진 고유한자이다. <고문서>에 '豆ㄴ乭'이라는 노비명이 나타난다. '豆ㄴ'은 '두다'(置)에 어원을 둔 '斗隱 · 豆乙'과 같은 계통의 인명이 아닌가 생각된다.

<東國新續三綱行實圖>에는 '隱'(ㄴ) 표기의 인명으로 '內隱伊 : 논이', '內隱德 : 논덕', '目隱伊 : 눈이' 등의 이름이 나타난다.

'ㅂ'(邑) 종성표기로 이루어진 고유한자에는 '[illegible] · [illegible] · [illegible] · [illegible] · [illegible]' 등이 있다. 이는 주로 노비명에 쓰인 것으로, <古文書>에서 찾아볼 수 있다. <東國新續三綱行實圖>에는 '每邑山: 밉산 · 每邑德 : 밉덕' 등이 나타나 있는데, '邑'(ㅂ)종성표기 고유한자의 형성은 근세인 듯하다.

⿱古巴

‘⿱古巴’(곱)은 고유어 ‘곱다’(麗)의 ‘곱-’을 표기한 고유한자로 ‘⿱古巴·⿱古巴乷里’ 등의 노비명이 있다. 이는 <古文書>에서 찾아볼 수 있는 것으로, <古文書>에서는 ‘곱(麗)-’의 노비명이 허다하다.

甲類 : 古邑·⿱古巴-	곱-
乙類 : 古分·古粉·古不-	고분·고불-
丙類 : 古溫·古元-	고온·고원-

甲類에서는 어간 ‘곱-’, 乙類에서는 그 활용형을 찾아볼 수 있고, 丙類는 語幹終聲 ‘ㅂ’을 상실하였고, 乙類에서는 그것을 보유하고 있다. 丙類는 ‘ㅂ’변칙형이라고 하겠다. 오늘날 ‘ㅂ’을 보유하고 있는 지역어는 경상도와 함경도 방언이다.

⿱沙巴

‘⿱沙巴’(삽)은 동물명 ‘삽살개’를 ‘⿱沙巴沙里’로 표기한 노비명에서 형성된 고유한자이다. 외모와 동작이 복스럽고 상냥하며, 몸집이 작은 女婢名이다. ‘삽사리’의 음차 표기는 ‘揷士里·揷士伊·揷使里·揷沙里·揷史里·鍤沙里’ 등으로 다양하다.

‘ㅅ’(叱) 종성표기로 이루어진 고유한자는 <新字典>을 비롯하여 이두표기나 공사문서에서 허다히 찾아볼 수 있다. 곧 ‘⿰加匕·⿱亼叱·⿱艹⿰亻叱·⿱亠叱·⿸广叱·⿰亻⿱几叱·⿱大叱·⿱艹⿰亻叱(⿱艹⿰亻叱)·⿺辶叱·⿵門叱(⿴囗叱)·⿰氵叱·⿱吏叱·⿰乍叱·⿱癶叱(⿱仒叱)·

⿱山叱·⿰舟叱·⿱種叱·⿱於叱·⿱洛叱·⿱如叱·⿱老叱·⿱注叱·⿱亶叱·⿱日叱' 등이다. 인명 표기에 쓰인 몇 가지만을 다음에 예거키로 한다.

⿱加叱

'⿱加叱'(갓)은 노비명 '⿱加叱同'에서 형성된 고유한자이다. 이 '⿱加叱同'은 '⿱介叱同'과 同類의 노비명으로 '갓동'(갯동)은 '介(犬)'에 남성 인칭 접미사 '-同'이 접미되어 '개동>갯동>개똥>개똥'으로 분석하는 견해가 타당하다. 특히 '-同·東·童'의 '동'이 釋借되어 '屎'(똥)으로 표기되었다.

⿱介叱

'⿱介叱'(갯)은 노비명 '⿱介叱同'에서 형성된 고유한자이다. '⿱介叱同'은 전술의 '⿱加叱同'과 同類로, '開東·開童·⿱介叱同·介東·介屎·介同'으로도 표기되었다. '⿱介叱同'은 '犬糞'을 뜻하는 것이 아니라, 介(犬)에 남성 인칭 접미사 '-同'이 접미되어 있는 것이다.

⿱古叱

'⿱古叱'(곳)은 노비명 '⿱古叱非'에서 형성된 고유한자이다. 주로 <古文書>에서 찾아볼 수 있는 것으로, 마소의 '고삐'(靮子)를 음차 표기하여 노비명으로 삼았음을, 다음으로 보아 알 수 있다.

勒子⿳亠口乙非 <六典條例 · 兵典 · 司僕條>

⿱亻⿰口乙

<東國新續三綱行實圖>에는 '⿱亻⿰口乙(굿)'으로서 형성된 노비명이 나타나 있다. 즉 '⿱亻⿰口乙非 : 굿비', '⿱亻⿰口乙德 : 굿덕', '⿱亻⿰口乙介 : 굿개' 등이 그것이다.

⿱大⿰口乙

'⿱大⿰口乙'(끝)은 노비명 '⿱大⿰口乙禮'에서 형성된 고유한자이다. 주로 <古文書>에서 찾아볼 수 있으며, <東國新續三綱行實圖>에는 '⿱大⿰口乙世 : 귿세 · ⿱大⿰口乙非 : 귿비 · ⿱大⿰口乙常 : 귿상' 등이 있다. 마지막의 뜻 '끝'을 '⿱大⿰口乙'으로 음차 표기한 것이다.

⿱艹⿱亻⿰口乙

'⿱艹⿰口乙 · ⿱艹⿱亻⿰口乙'(늦)은 노비명 '⿱艹⿰口乙釗 · ⿱艹⿰口乙金 · ⿱艹⿰口乙今' 등에서 형성된 고유한자이다. <東國新續三綱行實圖>에는 '⿱艹⿰口乙釗 : 늣쇠 · ⿱艹⿰口乙之 : 늣지 · ⿱艹⿰口乙介 : 늣개'가 나타나 있다. '⿱艹⿱亻⿰口乙'은 '늦다'의 '늦'(晩)을 음차 표기한 것으로, 비단 인명표기뿐만 아니라, 다음과 같이 지명이나 다른 뜻으로도 간혹 쓰였음을 알 수 있다.

木麥花 ⿱艹⿰口乙藏伊 메밀느정이 <救荒撮要11>

洪州屬島有莻갓盆島莻盆者悲之謂也一名鳴呼島 <晝永篇下>
我國多字書所無之字 …… 又有有音無意之字莻音갓…… <晝永篇下>

<新字典>에 '莻갓 晩也느질兒名奴名多用之見俗書'라 하였고, 현행 제자전에 '늦을 늦'으로 주석하였다.

乭

'乭'(돗)은 노비명 '乭致·乭治·乭喆' 등에서 형성된 고유한자이다. '乭致·乭治'는 '도끼'의 古語 '도치·도취'의 음차 표기이다. 기구인 '도치·도취'를 인명으로 삼은 것으로 '道致·道治·道采·都致·刀致' 등으로 음차 표기하였다. 그러나 '도치'는 또한 '돝(豚)'의 표기일 개연성이 없지 않다. 지금도 전라·경상·제주 등의 남부 지역어에서는 '도치'가 상존하고 있다.

㖪

'㖪'(똥)은 賤名爲福으로 삼는 노비명에서 동물이나 사람의 똥(糞)을 표기한 고유한자이다. 이는 '㖪(뿐)'과 같은 형식의 造字다. 그러나 <牛疫方 1>에 '너고리㖪汝古里叱同 : 獺糞'에서는 또한 '㖪'과 같은 형식의 造字다. 그러나 '㖪'이 원형이라는 것은 주지의 사실이다. 그런데 '㖪今·㖪今伊·㖪男·㖪仇之·㖪禮·㖪非·㖪山·㖪伊·怪㖪……'과 같이 한결같이 '㖪'으로 표기하였다. <東國新續三綱行實圖>에는 '㐙非 : 쫑비 · 㐙今伊 : 쫑금이'가 나타나 있다.

乧

'乧'(둣)은 노비명 '두거비 · 둣거비 · 둣텁' 등을 '乧巨非 · 斗籠' 등으로 음차 표기하여 이루어진 고유한자이다. '乧'은 '㪺'과 동의자로 '㪺'항에서 상론한 바 있으므로 생략한다.

㕂(䒜)

'㕂'은 이두에서 '分 · 分叱 · 叱分 · 䒜 · 㕂' 등으로 두루 쓰였다는 것은 주지의 사실이다. '吏讀表記에 나타난 固有漢字'에서 상론하였지만, '䒜'은 '㕂'을 임의로 記寫한 것으로 이두에서 보조사로 쓰였던 '㕂'(뿐)이 다음과 같이 인명에도 쓰였다.

崔老金晶金䒜同金末生……<晝永篇下>

<新字典>에 '䒜뿐句讀그뿐見吏讀'라 하였고, 현행 제자전에는 '그뿐 뿐(句讀)'라 주석하였다.

乲

'乲'(씨)는 '씨-'로 女婢名 '乲禮'에서 형성된 고유한자이다. 이는 훈차 두음 경음표기로·'㸺'과 同類로, '種'의 訓 '씨'의 경음을 '叱'(ㅅ)로 표기한 것이다.

旕

'旕'(엿)은 노비명 '예쁘다'를 '於旕粉岳其' 등으로 음차 표기한 데서 형성된 고유한자이다. '於旕粉'의 이형표기로 '於也分·葉分·立粉·立分·入粉·入分·於汝非' 등이 있다.

乽

'乽'(잣)은 몸집이 작은 노비명 '乽金·乽金伊·乽達·乽介·乽山' 등에서 형성된 고유한자다. '乽'은 前述한 '乽'과 동의자로 '작다'의 어간 '작-'을 표기한 것이며, 노비명으로 '乽德·乽西非·乽生' 등이 있다.

𠹌

'𠹌'(엇)은 '어쩌랴'라는 기원류 노비명 '𠹌節·𠹌切·𠹌折'(엇절)에서 찾아볼 수 있다. 또한 時調의 한 종류인 '𠹌時調'에서도 찾아볼 수 있으며, '𠹌每'에서도 찾아볼 수 있다.

'𠹌'은 현행 자전에서 '엇엇(-時調), 땅이름(-每)'라 주석하였다. <신자전>에는 수록되지 않았다.

注叱

'注叱'(줏)은 노비명 '注叱非·注叱石'에서 찾아볼 수 있다. 그러나 이는 '注叱介·注叱金·注叱德·注叱同' 등에서 '注叱'의 형성 과정을 알 수 있다. 그러나 '注叱'의 어원은 분명하지 않으나, '주다'에 있는 듯하다. 또한 '注叱-'의 地名은 찾아볼 수 없다.

巴叱

'巴叱'(팟)은 '巴叱金·巴叱男'의 노비명에서 찾아볼 수 있다. '팥' 같은 노비에게 주어진 이름이다. '巴叱'은 지명으로 '巴叱亇'가 있다.

'ㄹ'(乙) 종성표기로 이루어진 고유한자에는 '乫·乬·㐔·乶·亘·廛·乫·乷·乲·乼·乽·乼·乭·乧·乷·乭·乺·乶·乽·乴·乵·乼·乻·乯·乭·乯·乷·乼·乽·乭(乭)·乶·乼·乽·乷·乭·乯·乼·乽·乯' 등이다. 인명 표기에 쓰인 몇 가지만을 다음에 예거키로 한다.

'ㄹ'(乙) 종성표기는, 'ㅅ'(叱) 종성표기와 쌍벽을 이룰 정도로 그 字數가 많다. 그 중 '乭'(돌)은 인명표기에 가장 일반적으로 쓰였다. 우리 민족의 전통적인 인명표기자가 아닌가 생각된다.

乫

'乫'(갈)은 다음과 같이 인명에 쓰였음을 알 수 있으며, 또한 '乫

占伊·⿱㓞乙軒' 등이 <古文書>에 수록되어 있다.

崔粲池和羅⿱㓞乙豆季午……<晝永篇下>

'⿱㓞乙'은 비단 인명에만 쓰인 것이 아니라, 지명에도 허다히 쓰였다. <新字典>에 '⿱㓞乙갈地名짜이름有⿱㓞乙波知僉使見搢紳案'이라 하였고, 현행 자전에서는 지명으로만 풀이하였다. 그런데 '⿱㓞乙'은 무엇을 뜻하는지 그 의미를 알 수 없다. 후속 연구로 미룬다.

⿱可乙

'⿱可乙'(갈)은 노비명 '다갈마치'를 '多⿱可乙磨治'로 음차 표기한 데서 형성된 것이다. '여러 가지 어려운 일을 많이 겪어서 아주 야무진 사람'을 가리키는 성격상의 특징을 나타낸 이름이라 한다. 異字表記로 '多葛馬致·大葛亇致' 등이 있다.

⿱古乙

'⿱古乙'(골)은 노비명 '골목개·골목이·골목쇠' 등을 '⿱古乙目伊·⿱古乙木介·⿱古乙江' 등으로 음차 표기한 데서 형성된 고유한자이다. '골'의 표기는 '谷'의 訓借와 '⿱古乙'의 音借의 두 가지 표기방법이 있다고 하겠다. '谷項介·谷浴牛·⿱古乙木介' 등이 그것이다.

'골목'은 출생 장소로써 작명한 것으로 볼 수 있으며, 특히 '谷

項'의 訓借가 특이하다 하겠다. 그런데 토지매매 문서에서 '廤'을 허다히 찾아볼 수 있는데, 이는 '乭'과 더불어 '田畓'을 가리키는데 사용한 듯하다.

廤

'廤'(골)은 전술한 바와 같이 '乭'과 동의자로 '處所·田畓'을 가리킴을 다음으로 보아 알 수 있다.

> 無他上典宅有要用處內倉穡字田一日耕六卜五束廤某人處準價捧上……<古文書>

그런데 '廤'이 또한 '廤同'과 같이 노비명으로 쓰였음을 알 수 있다. '廤'은 상기와 같이 '處所'의 뜻을 가진 노비명으로 異形表記로 '廤童·廤東' 등이 있다.

乬

'乬'(굴)은 노비명 '富乬伊'에서 형성된 고유한자이다. '富乬里'는 용모의 상징어 '부글부글'에서 형성된 인명이다. 異形表記로 '富口里·富九里' 등이 있다. '부글부글'의 말뜻은 '몸집이 크고 통통해서 믿음직한 사람' 가리키는 형용사인 것이다.

그런데 다음과 같이 <古文書>에서 찾아볼 수 있는 '乬非' 가 있다. 固有語 '굴비'의 단순한 음차 표기에서 '乫'이 형성되었음을 알 수 있다.

片脯拾箇代乫非石首魚參拾束 生雉貳拾伍首代乫非石首魚貳拾伍束 <古文書>

㐐

노비문서에서 주로 인명표기에 사용된 고유한자이다. 고대소설 <㐐夫傳>의 '㐐夫·㐐甫' 등에서 찾아볼 수 있다. 또한 '㐐'과 동의자로 '㐗'이 있는데, 이는 '㐗甫'의 異字表記 '㐗甫'도 있다. '놀부'란 '마음씨가 아주 나쁘고 심술궂은 사람을 비유하는 말'인 것이다.

㐗

전술한 '㐐'과 동의자로 역시 노비명에 '㐗甫'가 있다. 그런데 '놀'(㐗·㐐)의 의미는 '㐙'(늘)에 있다 하겠다. '㐙'(늘)은 '느리다'에서 형성된 것으로, 언행이 느리고, 성격이 게으른 사람을 가리켜 '느림보'라 하는데, 이 '느림보'의 축약형이 '놀보'이어서 '늘보>놀보'가 이루어진 것 같다. 또한 남성 인칭접미사 '甫·夫'는 한자어로는 '夫'(興夫傳)가 오래된 것이며 '甫'는 '바보·곰보·잠보·털보·떡보' 등의 '보'의 한자 차용인 것이다. '㐗'은 또한 지명에도 쓰였으니, '㐗味'(忠北槐山) '㐗味山祭堂'(忠北·槐山)이 그것이다. '㐗'은 현행 자전에 밝혀 있지 않다.

乭

'乭'(돌)의 원의는 '도리'(都利)로서 新羅時代 이래 人名에 관용된 접미사이다.

突山高墟村長曰蘇伐都利 初降于兄山 是爲沙梁部鄭氏祖 <三國遺事 卷一・始祖赫居世>

奈勿麻立干……父仇道葛文王 <三國遺事 卷一・王曆>

村有二人其一日努肹夫得一作等其二曰恒恒朴朴 <三國遺事 卷三・南白月二聖>

智證麻立干立姓金氏諱智大路或云智度路又云一作智哲老 <三國史記 卷四・羅紀四>

'仇道・努肹夫得'은 '굳도리・노프도리'인데, '도리'의 原義는 '石'(돌)로서 壽命堅固를 뜻하는 말이다. 특히 智證王諱인 '智度路'는 '디도리'로서 '長壽'를 뜻하는 王諱라 하겠다.[22] 그런데 이 '도리'는 또한 몽고어 '바톨'(拔都)과 청나라 武功있는 사람에게 준 '覇都魯'의 칭호와 동일어라 하겠다. 또한 'tol' 또는 'tori'는 前例의 '突山高墟村長曰蘇伐都利 初降于兄山 是爲沙梁部鄭氏祖'의 '突・都利・梁'이 이에 해당하는 것으로, 이는 '다스린다'의 뜻으로 생각된다고 말한 李炳銑 교수의 의견과 일치한다 하겠다.[23]

---

22) 梁柱東(1956), 『古歌硏究』, 일조각, p.548.

23) 李炳銑(1973), 「駕洛國의 國名・王名・姓氏名・人名의 表記와 金海地名攷」, 『논문집』 제16집, 釜山大.

阿其拔都아기바톨…… 阿其方言小兒之稱也 拔都又作拔突蒙古語勇敢無敵之名也 <龍歌 권七·十>

전술한 바 있지만, '도리'는 후세에 '乭'을 형성시켰는데, 그 확실한 시기는 알 수 없으나, <東國新續三綱行實圖>에는 '李乭大 : 니돌대·乭合 : 돌합·乭今 : 돌금·乭介 : 돌개'가 나타나 있으나, 그 정확한 것은 근세라 하겠다.

李小童乭中金有德 <晝永篇下>

乭 音돌見柳夢寅於于野談人名乭伊氏 <五洲衍文長箋散稿>

<古文書>에는 '乭'字의 노비명이 허다히 나타난다. 참고로 소개하면 다음과 같다.[24)]

加乭·甘乭·甲乭·介乭·儉乭·京乭·癸乭伊·官乭·廣乭·掛乭·龜乭·龜乭伊·國守乭·貴乭·貴乭伊·金乭·金乭屎·今乭·起乭·內隱乭·仂乭·德乭·德乭伊·禿乭·同乭伊·斗乭·豆乭·連乭·令乭·禮乭·老斤乭·龍乭·六乭·六月乭·栗乭·利乭·李乭·馬當乭·莫乭·萬乭·晩乭·末乭·賣乭·命乭·明乭·毛斫乭·毛珍乭·模乭·模乭伊·某乭·謀乭·夢乭·蒙乭伊·卯乭·武乭·墨乭·文乭·美乭伊·米乭·民乭·白乭·百乭·璧乭·璧乭伊·丙乭·兵乭·寶采乭·保乭·普乭伊·福乭·卜乭·伏乭·奉乭·富貴乭·扶乭·浮億乭·粉乭·不乭·不破乭·非乭·士乭·四乭·山乭屎·三乭·尙乭·石乭·乭·乭介·乭公·乭龜·乭仇知·乭貴·乭圭·乭今·乭金·乭只·乭吉·乭男·乭南伊·乭年·乭

24) 崔範勳(1977),『漢字借用表記體系研究』, '固有人名類 一覽' 참고.

達·乭大·乭德·乭乭·乭伊·乭東·乭同伊·乭燈·乭來·乭禮·乭老味·乭里介·乭立·乭莫·乭萬·乭每·乭孟伊·乭明·乭命·乭名·乭毛赤·乭毛地·乭毛致·乭木勝·乭蒙·乭夢·乭無·乭無味·乭戊·乭武德·乭文·乭尾·乭邦佑·乭百·乭白伊·乭福·乭福伊·乭鳳·乭奉·乭奉伊·乭分·乭不伊·乭非·乭憑·乭山·乭相介·乭生·乭西非·乭石·乭成伊·乭世·乭栗·乭孫·乭松·乭釗·乭壽·乭水介·乭安·乭岩·乭岩介·乭牛·乭乙承·乭義·乭作·乭作之·乭長·乭莊·乭赤伊·乭丁·乭之·乭昌·乭春·乭太·乭何·乭化·乭屎·乭合·碩乭·碩乭伊·錫乭·成乭·性乭·姓乭·小扶乭·小乭·小乭燈·小乭伊·釗乭·壽乭·水乭·修乭伊·秀乭·順乭·順乭伊·巡乭·時乭·氏乭·新丑乭·我根乭·惡乭·岳乭·也文乭·旮乭·陽乭·乽乭·億乭·玉乭·玉乭女·雍己乭·臥人乭·完乭·又夢乭·又岳乭·又判乭·熊乭·元乭·元乭伊·有乭·遺乭·銀乭·恩乭·乙乭·乙未乭·二乭·以乭·伊乭·魚乭·人乭·一乭·一乭伊·日乭·日乭伊·任乭·自斤乭·者斤乭·長乭·壯乭·將乭·章乭·再乭·會乭·點乭·眞乭·叱乭·次乭·且乭·車乭·車乭伊·此乭·差乭·昌可乭·昌乭·千金乭·千乭·千乭屎·天乭·鐵乭·青乭·稱乭·丑乭伊·春乭·快乭·太乭·判乭·販乭·八乭·必乭·海三乭·孝乭·黑乭伊·興乭

이상 장황하게 '乭'字 인명을 소개하였다. 이는 무엇보다도 '乭'字가 우리 고유인명의 주류를 이루고 있고, 나아가선 고유인명의 傳統性을 찾아볼 수 있다 하겠다. 주로 노비명에 쓰인 것이지만, 후술할 國音字 '釗'(쇠)와 쌍벽을 이룬다 하겠다. 그리고 한 가지 밝혀둘 것은 '乭'은 新羅系 인명이며, '釗'는 高句麗系 인명이라 하겠다. 이 점에 대해서는 그 구체적인 것을 후술하기로 한다.

<新字典>에 '乭 돌石也돌又兒名奴名多用之見俗書'라 하였고, 현행 제자전에 '사람이름 돌·땅이름 돌'이라 주석하였다. 그리하여 현행 인명에서도 활발하게 쓰이고 있다는 것은 주지의 사실이다. 이는 '地名表記와 固有漢字'에서 밝히기로 한다.

乧

'乧'(돌)은 노비명 '乧金'에서 형성된 고유한자이다. 그러나 '乧'의 구체적인 의미는 알 수 없다.

朴景龍奴子乧金稱名人 <瀋陽狀啓 庚辰>

乬

'乬'(둘)은 노비명 '乬任·乬老味·乬老尾' 등에서 형성된 고유한자이다. '乬'은 '두로미'라는 조류명에 그 어원이 있다 하겠다.

그런데 崔範勳 교수는 '乬'은 동사 '두다'(置)에 어원을 둔 것으로, 短命으로 일찍 가지 말고 이승에 '두다'로 그 이름을 '두-/둘-/둔-'의 이름을 지은 것이라 하였다. 甲類는 그 기본형 '두-'형으로 '斗老味·斗里·斗里釗·斗里致' 등이 있으며, 乙類는 '둘-'형으로 '斗乙南·斗乙來·斗乙禮' 등이 있고, 丙類는 '둔·둠-'형으로 '斗ㄱ金·斗ㄱ逑·斗吅金' 등이 있다.

⿱豆乙

'⿱豆乙'(둘)은 노비명 '둘만'을 '⿱豆乙萬'으로 음차 표기한 데서 형성된 고유한자이다. '둘만'은 '둘만 낳아 달라는 기원'에서 만들어진 이름이다.

⿱人乙

'⿱人乙'(둘)은 전술 '⿱豆乙'과 동의자로서 '⿱人乙'은 훈차이며, '⿱豆乙'은 음차이다. 역시 '둘만 낳아 달라는 기원'에서 형성된 이름이다.

⿱卯乙

'⿱卯乙'(몰)은 다음과 같이 宗室名으로 쓰였음을 알 수 있다. '⿱卯乙山'은 지명인 듯한데, 그 뜻은 알 수 없다.

> ⿱卯乙音몰宗室名有⿱卯乙山君璿源譜 <五洲衍文長箋散稿>

<新字典>에 '⿱卯乙몰宗室名종실이름宗室有⿱卯乙山君璿源譜'라 하였고, 현행 제자전에 '종실이름몰'이라 풀이하였다. 그런데 '⿱卯乙'은 향가 薯童謠의 '薯童房乙夜矣卯乙抱遣去如'의 '卯乙'에 자원이 있는 듯하다.

乶

'乶'(볼)은 노비명 '볼뗴기'의 음차 표기 '乶德伊'에서 형성된 고유한자이다. '볼뗴기'는 '볼'의 卑語로, 이는 '-뗴기>-데기'의 과정에서 형성되었을 줄 믿는다.

'乶'은 또한 지명에도 쓰였으니, '乶下'(在咸鏡道)가 그것이다. 현행 자전에 '땅이름 폴'이라 풀이하였다.

⿺乙浮

'⿺乙浮'(불)은 '불덕불덕'의 음성 상징에서 형성된 고유한자이다. <고문서>에 '⿺乙浮㔖 · ⿺乙浮德'(불덕) 등으로 표기되었다.

⿺乙非

'⿺乙非'(빌)은 '빌다'(祈)의 뜻에서 형성된 고유한자이다. <고문서>에 '⿺乙非今'(빌금), '⿺乙非順(빌순)' 등으로 표기되었다.

乷

'乷'(살)은 노비명 '鯊乷'에서 찾아볼 수 있다. '鯊乷'의 어원에 대해서는 '鯊'항에서 밝힌 바 있다. '乷'은 또한 現 地名 '乷味'(충북 · 중원)에서도 찾아볼 수 있으나, '乷'은 고운서나 현행 자전에 전혀 수록되지 않았다.

⿺乙米

'⿺乙米'(쌀)은 노비명 '쌀쇠 · 쌀석 · 쌀개 · 쌀금이'를 '⿺乙米介 · ⿺乙米石 · ⿺乙米奉 · ⿺乙米伊 · ⿺乙米刈 · ⿺乙米今' 등으로 음차 표기한 것이다. 노비명 '쌀쇠 · 쌀석 · 쌀개 · 쌀금이' 등의 인명표기는 '米介 · 米金 · 米乭'과 같은 훈차표기와 '⿺乙米'을 중심으로 한 訓借 말음첨기의 2현상을 찾아볼 수 있다. 그런데 '⿺乙米'(쌀)은 '작고 야무지고 좋은 것'을 뜻하는 말이다.

⿺乙⿰金世

'⿺乙⿰金世'(설)은 '섧다'(哀)의 전성 '설운'을 음차 표기한 '⿺乙⿰金世禮 · ⿺乙⿰金世福 · ⿺乙⿰金世金' 등에서 형성된 고유한자이다. 고달프고 설운 노비생활에서 형성된 '설운'은 '雪云 · 雪云男 · 雪云德 · 雪云禮' 등의 異表記가 있으며, '설-'(⿺乙⿰金世)은 '섧다'(哀)의 ㅂ終聲의 변형인 '-오/우'마저 탈락한 어형이다.

'⿺乙⿰金世'은 또한 고유어 '석쇠'의 한자어 '⿺乙⿰金世子'(六典條例 · 工典)에서도 찾아볼 수 있다. '⿺乙⿰金世'은 현행 자전에 수록되어 있지 않다.

乺

'乺'(솔)은 노비명 '乺德 · 乺同 · 乺非 · 乺文 · 乺山 · 乺島' 등에서 찾아볼 수 있다. '乺'은 또한 지명에도 쓰였다. '乺'의 어원은 刷具(솔)에 있을 줄 믿는다.

乻

‘乻’(얼)은 노비명 ‘乻仁’에서 찾아볼 수 있으며, ‘乻仁’은 ‘어린놈·어린년’이라고 어린 노비를 呼名한 데서 형성된 이름이다. ‘어리다’(幼)의 관형사형 ‘어린’은 ‘어린->얼인->언-’의 과정을 겪었으며, ‘어린-’은 ‘於獜·於隣’으로, ‘얼인-’은 ‘乻仁’으로, ‘언-’은 ‘彦-·言-’으로 표기하였다. 그러므로 ‘어린놈·어린년’은 ‘언놈·언년’으로 축약되었다.

현행 제자전에 ‘땅이름 얼’로 풀이되었으니, 이는 ‘乻木里’(五萬分地圖) ‘乻魚里’(충청도)에서 찾아볼 수 있다. 따라서 ‘於’는 근세 지명에 ‘느·늘’ 등으로 훈차 되었으나, 古借字로는 주로 ‘어’로 음차되었다.

乯(⿱五乙)

‘乯’(올)이 다음과 같이 인명에 쓰였음을 알 수 있다.

> 宋太山乯未池淨……<晝永篇下>

‘올미’는 ‘택사과에 속하는 다년초’인데, 이를 인명에 사용했다는 것은 이채롭다. 그러나 ‘乯’은 ‘올벼·올밤·올콩’의 ‘올’로서 ‘나이에 비하여 성숙해서 어른스러운 때’의 이름을 ‘乯未’(올미)라 할 수 있을 듯하다. ‘乯’은 또한 ‘⿱五乙’로 표기된 예를 <고문서>에서 찾아볼 수 있다. ‘⿱五乙未·⿱五乙順’ 등이 그것이다.

그런데 '乯末'(올미)는 또한 다음과 같이 지명에도 쓰였다.

吾乙未串 <輿地勝覽卷九·水原>
未吾乙浦 <輿地勝覽卷九·江華>

⿱亐乙

'⿱亐乙'(울)은 노비명 '방울'을 '方⿱亐乙'로 음차 표기한 데서 형성된 고유한자이다. 명랑하고 활달하며, 부지런한 女兒에게 주어진 이름이다. 음차 표기로 '方乙·方蔚·方鬱' 등이 있다.

乮

'乮'(율)은 다음과 같이 인명에 쓰인 고유한자로, 이는 고운서나 현행자전에 소개되어 있지 않다. 이는 노비명이 아니라, 士大夫의 인명임을 알 수 있다.

李大乮 字景引號治溪慶州人佐郎 <典故大方 卷四·宗廟配享錄>

⿱乎乙

'⿱乎乙'(율)은 '⿱乎乙金伊', '⿱乎乙順伊' 등의 婢子名에서 찾아볼 수 있는 고유한자이다. 그러나 '⿱乎乙'의 의미에 대하여 알 수 없다.

乽

'乽'(잘)은 다음과 같이 宗室君號로 쓰였음을 알 수 있다. 따라서 '乽'은 '者乙島周三十里' <輿地勝覽 권三十五·羅州>로 보아 근세에 형성된 듯하다.

乽音잘成廟潛初封乽山君見璿源譜 <五洲衍文長箋散稿>

<新字典>에 '乽잘封君名종실군호朝鮮成宗潛邸時封乽君見璿源譜'라 하였고, 현행 제자전에 "종실군호잘"이라 풀이하였다.

乧

'乧'(절)은 노비명 '절구'를 '乧去'로 음차 표기한 데서 형성된 고유한자이다. '丁'을 '뎌'로 음차한 것은 祭亡妹歌의 '去奴隱處毛冬乎丁'에서 찾아볼 수 있다. '절구'처럼 몸집이 큰 노비에게 알맞은 이름이라 하겠다.

⿺乙折

'⿺乙折'(절)은 '절구'에서 형성된 고유한자이다. '절구질'을 잘하는 데서 형성된 듯하다. 노비명으로 <고문서>에 '⿺乙折禮'(절례), '⿺乙折萬'(절만) 등이 나타나 있으며, '절구'를 '⿺乙折具'로 표기한 예도 있다.

乼

'乼'(줄)은 노비명 '쇠줄'(鐵絲)을 '釗乼伊·鐵乼伊'로 음차 표기한 데서 형성된 고유한자이다. '釗'와 '鐵'의 대응인 音借와 訓借 표기의 대응이 이채롭다.

乭

'乭'(톨)은 노비의 외모상의 특징에서 이루어진 것으로 떡갈나무의 열매 '도토리'의 음차 표기 '都乭里'에서 찾아볼 수 있다. 외모상의 특징이란 '키가 작고 동글동글하면서도 단단한 사람'을 가리킨다.

'ㅁ'(音) 終聲表記로 이루어진 인명표기에 쓰인 고유한자에는 '乫·耆·㕸' 등이다. <東國新續三綱行實圖>에 '仇音之 : 굼지'가 나타나 있는 점으로 비추어 보아 '音'(ㅁ) 종성표기 고유한자는 근세에 형성된 듯하다. 그 고유한자의 형성과 더불어 인명을 소개하기로 한다.

䂖

'䂖'(감)은 '감다'(검다)에 어원을 둔 노비명 '䂖末·䂖不里' 등에서 형성된 고유한자이다. 이는 얼굴이 검은(黑) 것을 특징으로 하여 작명한 것인데, '감다'類 표기와 '검다'類 표기로 二大別할 수 있다. '감다'류에는 '甘長·甘莊·監長·甘丁·甘廷' 등이며, '검다'류에는 '巨萬·巨墨·巨每·居武·居墨·檢勿' 등의 異表

記가 있다.

耈

'耈'(놈)은 어린이 愛稱 '놈'을 음차 표기한 노비명에서 형성된 고유한자이다. '耈'은 한글字母와 한자의 결합으로 '耈味·耈釗·乙伊耈' 등이 쓰였으며, '𦒳·𦓀·耄' 등으로 造字하여 표기하기도 하였다. '耈'(놈)은 사내아이의 愛稱 '놈이·놈아'를 호칭한 데서 형성된 것으로, 그 음차 표기가 '老味·老未·老伊·老馬·𦒳伊·耄伊·魯味·魯馬·怒味' 등으로 다양하다.'

𠰩

'𠰩'(얌)은 한글 字母 'ㅁ'과 합자한 '𠰩乭'의 노비명에서 찾아볼 수 있다. '𠰩'은 '얌전이'를 음차 표기한 데서 형성된 고유한자이다. 노비명 '𠰩乭'은 '𠰩'의 異表記로 '也音·也岩·夜音·耶音' 등이 있다. 음차 표기에 있어 '𠰩'의 가능성도 없지 않으나, '𠰩'으로 표기된 것이 異彩롭다.

'ㅇ' 終聲表記로 이루어진 인명에 쓰인 고유한자는 '𫠔'뿐이다. 이두표기에서 'ㅇ' 종성은 '加應·屎應·末應·無應·武應' 등이 있었으나, 구체적으로 '應' 결합의 고유한자는 없다. 'ㅇ' 종성표기의 고유한자 '𫠔'을 소개하면 다음과 같다.

꿍

‘꿍’(둥)은 ‘둥기둥기’(어린아이를 달랠 때)에 어원을 둔 노비명 ‘둥기’의 음차 표기 ‘꿍起’에서 형성된 고유한자이다. 한글字母와 한자가 결합된 기이한 造字다

이상 終聲表記에서 형성된, 주로 인명에 쓰인 고유한자에 대하여 살펴보았다. 끝으로 주로 인명에 쓰인 國音字 ‘只·釗’에 대하여 살펴보기로 한다.

只

‘只’(기)는 인명에 일찍부터 사용되었으니, 그 몇 예를 소개하면 다음과 같다. ‘只’(기)는 인명·지명 등에 쓰인 국음자이다.

玉只·夫只·則只·岳只·阿只·麥斗只……

그런데 ‘只’(기)가 ‘지’로 된 인명도 있다. 이는 現實音 중심의 인명일 줄 믿는다.

加阿只·朴阿只·松阿只·宣底只……

<俗字攷[25]>에는 ‘지’는 ‘只’의 정음이며, ‘기’는 古借字로 古音이라 하였다. ‘기’音의 근거는 알 수 없으나, 다음과 같이 비단 인

---

25) 鮎貝房之進, 『前揭書』, p.334.

명뿐만 아니라, 지명에도 쓰였으며, 또한 鄕藥名이나 吏讀 등에도 쓰였다.

多岐縣本百濟多只縣 <三國史記 卷三十四·地理志>
法界餘音玉只 出隱伊音叱如支 <均如傳>
奴也只·衰也只·每作只·季奴只 <鄕藥救急方>
阿只아기○孩兒之尊稱 <吏讀便覽·行用吏文>

'지'(只)음은 <翻小 8:5>, <宣大 20>, <三韻·奎章> 등에 나타나 있다.[26] 그러나 '只'(기)는 인명표기에 있어 주로 접미사에 쓰였다. 崔範勳 교수의[27] 빈도조사에 의하면 頻度數 68로 나타나 있다.

釗

'釗'(쇠)는 <集韻>의 '釗 闕[28] 人名 周康王釗'란 기록으로 보아 일찍부터 중국에서도 인명에 쓰였음을 알 수 있고, 우리나라에서는 '釗'의 訓借로 '堅强康健'의 뜻으로 인명에 쓰인 국음자이다.

國原王名釗又斯由或云岡上王 <三國遺事 卷一·王歷·高句麗>

고구려 제16대 國原王의 이름이 '釗'(쇠)임을 알 수 있다. '釗'(쇠)는 왕명이나 존귀자에게만 쓰였던 이름이 후세에 와서는 '兒

26) 南廣祐(1969), 『朝鮮(李朝)漢字音硏究』, 동아출판사, p.55.
27) 崔範勳, 『前揭書』, p.158.
28) '闕'의 古音은 '궐'<月印千江之曲 卷一>이므로, '클'(大)의 음차이다. 지명인 '闕支·闕口'는 '큰재·큰고지'이다.

名·奴名'으로 바뀌었다. 그 까닭은 알 수 없지만, 신라시대 尊稱號로 쓰였던 '干·尺·房·知(智)' 등이 후세에 와서는 卑稱으로 바뀐 현상과 일치한다 하겠다.

<東國新續三綱行實圖>에는 '健金伊 : 건쇠·無其叱金 : 무적쇠·金伊 : 쇠'가 나타나 있다. 또한 조선시대 <古文書>에는 男性人名 접두사로도 쓰였지만, 주로 남성인명접미사로서 많은 인명을 찾아볼 수 있다. 참고로 崔範勳 교수의 '固有人名類 一覽'을 중심으로 예거하면 다음과 같다.

釗健·釗高利·釗根·釗男·釗多乼·釗童·釗童伊·釗同·釗同伊·釗東·釗老味·釗命·釗奉·釗弗·釗拂·釗拂伊·釗乭·釗岩·釗岩又·釗伊·釗作之·釗乼伊·加于釗·甲釗·開寧釗·古代釗·古道釗·古島釗·古斗釗·古頭釗·高度釗·高頭釗·高斗釗·九斗釗·貴釗·金釗·吉釗·大釗·德釗·獨其釗·獨基釗·東釗·冬至釗·斗里釗·樂只釗·老味釗·老釗·老口釗·六月釗·勒釗·馬當釗·萬年釗·萬釗·末釗·乤釗·望値釗·某魯釗·謀釗·茂釗·默釗·方鬱釗·陪又釗·保利釗·福釗·富金釗·富屯釗·富德釗·夫億釗·浮億釗·不釗·四釗·四月釗·舍郎釗·山川釗·三釗·三月釗·挿失釗·上末釗·雙釗·乭釗·先釗·船村釗·小斤釗·小釗·所當釗·所爲釗·新昌釗·實巾釗·暗釗·夜釗·乴釗·億釗·悅釗·永釗·午釗·又夢釗·又釗·元釗·遠劍釗·有復釗·乙釗·二月釗·困釗·日釗·者斤釗·作釗·長釗·將軍釗·點釗·占釗·丁釗·正月釗·朝旺釗·造王釗·宗釗·鎭村釗·昌釗·千年釗·千良釗·千釗·青千釗·丑釗·七釗·七月釗·判釗·八釗·八月釗·黃釗不·後房釗·

전술한 바 있지만, 고유어 인명의 전통성은 아마도 '乭'과 '釗'가 쌍벽을 이루는 듯하다. 또한 전술한 바 있지만, '釗'가 고구려 제16대 國原王名으로부터 출발하여 조선시대에는 비록 노비명으로 쓰였지만, 가장 일반적으로 쓰인 듯하다. 따라서 '釗'는 신라 인명에서는 찾아볼 수 없는 점으로 보아, 이는 高句麗系 인명이라고 제의하고 싶다.

<新字典>에 '釗쇠金也쇠兒名奴婢名'이라 하였고, 현행 제자전에 '쇠(金)'라 풀이하였다. '-釗'는 의미 없는 男性 賤人名의 접미사라 하여 1910년 이후 완전히 소멸되었다.

이상 인명표기에 나타난 固有漢字(國字·國音字)에 대하여 살펴보았다. 字類의 분포를 살펴보면, 特殊造字는 '垈·[illegible]·炑·苩·鐥·乽·沽·曺·杔·遈' 등이며, 國語의 종성표기에서 형성된 것은 70餘字이며, 國音字는 5字이다. 特殊造字(國字)보다 일반적으로 國語의 종성표기에서 형성된 고유한자가 많은 것이 특징이다. 그러나 그 分布와 頻度는 많지 않음을 알 수 있다. 그리고 인명표기에 나타난 用字例를 살펴보면, 特殊造字는 주로 사대부나 일반인에게 사용되었음을 알 수 있으며, 國語의 종성표기에서 형성된 고유한자는 주로 奴婢名 표기에 많음을 알 수 있다. 대체적으로, 순수 고유인명을 굳이 漢字化하려는 궁색한 표기도 있지만, 個中에는 異彩로운 표기도 없지 않다. 인명표기에 나타난 고유한자를 圖示하면 다음과 같다.

人名表記 固有漢字 一覽

*은 國音字

ㅏ	ㅑ	ㅓ	ㅕ	ㅗ	ㅛ	ㅜ	ㅠ	ㅡ	ㅣ	ㅐ	ㅚ	ㅘ	ㅝ
[illegible] 乫 [illegible] [illegible]		乬 [illegible] [illegible]		[illegible] [illegible] [illegible] [illegible] [illegible]		[illegible] [illegible] [illegible]		[illegible] [illegible]	[illegible] *只	[illegible]			*喬
				[illegible] [illegible] [illegible]				[illegible] [illegible]					
		[illegible]		乭 [illegible] [illegible] [illegible] [illegible]		[illegible] [illegible] [illegible] [illegible] [illegible] [illegible]		[illegible] [illegible]		[illegible]			
				[illegible]									
[illegible]					[illegible]								
[illegible]			*へ	乶 [illegible]		[illegible] [illegible] [illegible] [illegible] [illegible]			[illegible]	[illegible]			
[illegible] 乷 [illegible] [illegible]		[illegible] [illegible]		[illegible] 乺 [illegible] [illegible]	[illegible]				[illegible] [illegible]		*釗		
	[illegible]	[illegible] [illegible] [illegible] [illegible]	[illegible]	[illegible] [illegible]		[illegible] [illegible]	[illegible] [illegible]					*闖	
[illegible] [illegible] 乽		[illegible] [illegible]		[illegible]		乼 [illegible]			[illegible]				
[illegible]		[illegible]		[illegible]		[illegible]				[illegible]			
	[illegible]												
乤													㐷

人名表記 固有漢字 頻度

*은 國音字, 공란은 姓氏임

乫	3	[illegible]	1	[illegible]	3	炑	1
[illegible]	10	[illegible]	5	屁	10	苩	1
[illegible]	7	[illegible]	51	[illegible]	2	[illegible]	1
[illegible]	2	[illegible]	1	[illegible]	1	[illegible]	1
[illegible]	2	[illegible]	2	[illegible]	10	[illegible]	1
[illegible]	2	[illegible]	1	[illegible]	4	[illegible]	1
乬	1	乽	3	[illegible]	2	[illegible]	1
[illegible]	2	[illegible]	1	[illegible]	3	[illegible]	2
[illegible]	2	[illegible]	28	[illegible]	1	卵	
[illegible]	1	客	1	[illegible]	5	[illegible]	2
[illegible]	6	乻	1	[illegible]	1	[illegible]	1
[illegible]	2	[illegible]	6	[illegible]	1	馮	
[illegible]	2	[illegible]	36	[illegible]	2	*鵞	
[illegible]	1	洛	1	[illegible]	2	*只	3
[illegible]		[illegible]	1	[illegible]	1	*ㅅ	
[illegible]	2	[illegible]	2	伲	1	*釗	23
[illegible]	8	沽	5	[illegible]	1	*闖	
[illegible]	1	[illegible]	1	[illegible]	1	乷	2
[illegible]	1	[illegible]	1	[illegible]	1		
[illegible]	14	岱	1	[illegible]	1		
[illegible]	1	乫	1	[illegible]	1		
[illegible]	1	乭	102	亇	4		
[illegible]	2	[illegible]	1	[illegible]	3		

人名表記에 나타난 固有漢字를 분석해 볼 때, 표기상의 몇 가지 특징이 있다 하겠다.

① 인명표기에 나타난 固有漢字는 주로 고유 인명을 표기하는데, 造字되었고 또 사용되었다.

② 한국 漢字音은 ㄱ, ㄴ, ㄹ, ㅁ, ㅂ, ㅇ의 六終聲뿐이라는 것은 주지의 사실이다. 그러나 이러한 六終聲만으로 국어 음절을 다 표기할 수 없기 때문에, 한국 한자음에 없는 새로운 종성표기를 고안해 낸 것이다. 2字 결합으로 1음절을 표기하는 것으로, 그 중 가장 대표적인 것이 '乙'(ㄹ)과 '叱'(ㅅ)이다.[29]

③ 인명표기에 나타난 固有漢字에서 國語의 종성표기로 형성된 것은 모두 다음과 같이 70餘字이다. 이를 참고로 終聲表記別로 분류하면 다음과 같다.[30]

終聲	~ㄱ	~ㄴ	~ㄹ	~ㅁ	~ㅂ	~ㅅ	~ㅇ	合計
頻度	叱 5	隱 1	乙 37	音 3	邑 2	叱 21	應 1	70

④ 이상과 같은 終聲表記 현상을 살펴볼 때, 국어의 종성표기

29) '叱'(ㄷ)의 종성표기는 조선시대는 물론이요, 『鷄林類事』(강신항 주해, 1975)나 『朝鮮館譯語』(姜信沆 註解, 1974)에서도 찾아볼 수 없다.

30) 한글字母 종성표기(ㄱ・ㄴ・ㅁ・ㅇ) 固有漢字까지 포함된 것이다.

체계는 八終聲法이 國語終聲表記의 본질이 아닌가 생각된다. 그것은 상기 七終聲表記 이외의 종성은 전혀 試圖되지 않은 점에서도 더욱 확인된다 하겠다.

⑤ 전술한 바 있지만, 한국 固有人名의 전통성은 '乭'과 '釗'에 있고, '乭'은 신라계, '釗'는 고구려계 인명이라 하겠다.

⑥ 종성표기로 이루어진 固有漢字의 合成字(基字)는 일상의 평이한 한자로 이루어져 있다 하겠다.

(2) 固有漢字 人名의 意味內容

앞에서 대체적으로 固有漢字 人名을 해독하여 보았다. 해독상 미비한 점과 독단이 없지 않을 줄 믿는다. 그러나 고유한자 인명은 주로 固有語人名으로서 주류를 이루고 있으며 특히, 고유한자 인명의 作名觀은 漢字人名과 같이 수복강녕 등 吉祥慶兆를 기원하는 내용의 인명이나, 전술한 바 있지만, 五行의 相生之理의 作名 기준이 아니라, 고유어 作名의 전통이 상존되어 있음을 알 수 있다. 새삼스럽게 말할 필요가 없지만, 신라시대의 漢字借用 인명표기를 살펴보면, 작명법이 오늘날과 같이 漢字語式 즉 中國式 人名이 아니라, 土着語式 그대로였다는 것은 또한 전술한 바다. 참고로 신라시대의 王名·人名을 소개하면 다음과 같다.[31)]

---

31) 姜錫潤(1982), 「新羅語 固有名詞의 一考察」, 중앙대 대학원 석사학위논문, p.73.

王號·王名~居西干(ᄀᆞᆺ한)·次次雄(자충)·尼師今(닛ᄀᆞᆷ)·寐錦(믿ᄀᆞᆷ)·麻立干(마루한)·葛文王(갈ᄆᆞᆫ왕)·南解(남ᄒᆡ)·儒理(누리)·脫解(터ᄒᆡ)·婆娑(밧)·祇摩(김)·阿達羅(아ᄃᆞᆯ)·伐休(바ᄅᆞ)·奈解(ᄂᆡᄒᆡ)·助賁(조ᄇᆞᆫ)·沾解(졈ᄒᆡ)·味鄒(밑)·儒禮(누리)·基臨(기리)·訖解(글ᄒᆡ)…….

人名~居柒夫(거슬부)·仇道(굳도리)·仇須兮(굿ᄒᆡ)·內禮希(ᄂᆡ리ᄒᆡ)·斯多含(사담)·閼智(아지)·伊利(얼)·未斯欣(믿희)·寶海(복희)·異次頓(잋희ᄃᆞᆫ)·阿道(아두)·阿爾兮(아미ᄒᆡ)·異斯夫(잇부)…….

이상 몇 가지만 소개했지만, 이러한 王名이나 人名은 전술한 바와 같이 주로 자연현상에 대한 표현으로 土着語가 많은 것이다.

그러나 固有漢字 人名에서 찾아볼 수 있는 고유어는 주로 노비명의 탓인지는 모르지만, 口語性이 강하게 반영되어 잇고, 특히 그 인물이 지닌 성격·용모상의 특징이나 동작과 상태에 준거하기도 했다.[32] 그리하여 崔範勳 교수[33]는 固有人名에 있어서의 分類上 기준을 다음과 같이 설정 분류하였다.

①動物·植物類 ②容貌·性格類 ③時間·場所類
④器具·巖石類 ⑤祈願·民俗類 ⑥똥·부랄類
⑦十干·數字類 ⑧人物·其他類

辛兌鉉(1961),「三國王名位號考」,『文理學叢』 제1집, 경희대 문리대.
池憲英(1962),「居西干·次次雄·尼師今에 대하여」,『語文學』 제8호, 한국어문학회.

32) 柳在泳(1979),「이름表記의 한 硏究」,『論文集』 제13집, 원광대.

33) 崔範勳,『前揭書』, p.172.

전술한 바 있지만, 필자는 고유한자 人名(人姓包含) 70개를 그 字類上의 특징, 분포와 빈도에 대하여 살펴보았다. 이제 그 인명 어휘를 類聚分類하여 의미상의 특징을 살펴보기로 한다. 그러나 특수 人姓과 고유어 人名이 아닌 漢字語式 인명은 제외하기로 한다. 그것은 특수 人姓이나 漢字語式 人名에서는 어휘유추가 불가능하기 때문이다. 인명어휘는 다음과 같다. ( )는 어원을 밝힌 것이다.

𠯈末(감다>검다>)	㖙同(개똥)
多乫磨治(대갈마치)	㐘同(개똥)
巪正(걱정)	乤目伊(골목)
廤同(골)	䂮乶里(곱다)
亮非(고삐)	𠈃非(고삐)
富乬里(부글부글)	杏禮(끝)
𠄎夫(느리다)	老夫(느리다)
者釗(놈)	茄釗(늦다)
乭釗(돌)	𨗉治(도끼)
㖵今伊(똥)	𠲰劫(두꺼비)
㐙乭(두다)	乧任(두로미)
乮滿(둘만낳다)	斗巨非(두꺼비)
𢒰起(둥기둥기)	乯萬(둘만낳다)
乶德伊(볼떼기)	㖓同(-뿐)
𩌈乷(삽살개)	乷奉(쌀)
𨫍禮(쉽다)	乺金(솥뚜껑)
𥟽禮(씨)	𠾢乭(얌전하다)

㐲釗(억척스럽다)	乻仁(어리다)
乻節(어쩌랴)	於諾粉(어여쁜)
乺末(올-)	方乯(방울)
𠰔西非(작다)	乽山君(잘다)
𠰔金(작다)	乼去(절구)
釗乼伊(쇠줄)	都乭里(도토리)
阿只(아기)	釗伊(쇠)

이상 固有漢字 人名에서 모두 48어휘를 정리할 수 있다. 그런데 '畓炑'의 '炑'(발)은 '邑里'를 지칭하고 '火・伐・弗・發・夫里' 등의 借字라 한다면[34] '畓炑'에서 '벌'을 재구할 수 있을 듯하다. 또한 姓氏에 쓰인 '夘'(퉁)은 형용사 '퉁퉁하다'에서 형성된 것이라 하며, '㇏'은 '뼘'을 상징한 것이며, '牢'는 '쇼'(牛)를 가리킨다 할 때, 人姓에서 4개의 어휘를 추가할 수 있다.[35]

이상에서 얻은 어휘를 意味 내용상으로 유취분류하면 다음과 같다. 어휘수가 많지 않음이 유감이다.

	名詞	形容詞	動詞	副詞	計
1. 動物類	6				6
2. 容貌類	1	7			8
3. 性格類	1	8			9
4. 器具類	8				8
5. 場所類	4		1		5

34) 鮎貝房之進, 『前揭書』, p.90.

35) 鮎貝房之進, 『前揭書』, p.7.

6. 巖石類	1				1
7. 金屬類	1				1
8. 時間類	1				1
9. 犬糞類	3				3
10. 祈願類	2			2	4
11. 人物類	2				2
12. 植物類	1				1
13. 其他類	3				3
計	34	15	1	2	52

2. 地名表記와 固有漢字

人名이 그 사람의 용모나 성격 나아가선, 어떤 동작이나 상태에 準據된 것이라면, 地名은 그 지역의 지리적 조건이나 人口·氣候·產物 등이 그 지명 형성의 準據가 되는 것이다. 그러나 地名은 人名처럼 그렇게 특징적인 것은 아니라 하겠다. 특히 漢字語 人名에서 전술한 바와 같이 수복강녕이나 吉祥慶兆를 기원하거나, 五行과 相生之理 같은 것을 地名에서는 찾아볼 수 없다. 그러나 한 지역의 地名에는 그 지역에 대한 如實한 상징성이 나타나 있는 것이다.

地名의 이러한 현상은 일찍부터라 하겠으니, 한자의 음훈차용으로 형성된 신라 古地名에서도 찾아볼 수 있다. 즉 '薩買-淸州'에서 찾아볼 수 있는 '숱(霜)', '巨老-鵝洲'에서 찾아볼 수 있는 '거루(鵝)', '麻彌良縣-餘粮縣'에서 찾아볼 수 있는 '마밀(蕎)', '屈河

火-河曲'에서 찾아볼 수 있는 '구블(曲)', '達句火-大丘'에서 찾아볼 수 있는 '달구(大丘)' 등이 그것이다.[36]

비단 人名뿐만 아니라, 地名에 있어서도 한자가 수입된 초기에 있어서는 그 音訓을 차용하여, 우리의 고유지명을 표기하였던 것이다. 그러다가 신라 中期에 이르러 지배계급과 한학자들에 의하여, 신라 初期에 모두 고유어로 불리던 국호나 왕호·왕명 또는, 관직명·인명 등이 한자어로 점차 바뀌게 되었다. 이는 우리 문화의 전진이라기보다도 고유어의 상실이며, 우리의 언어문화가 중국문화에 屈從하는 시초가 된 것이다.

특히 제35대 景德王의 지명 변경은 우리말 역사에 커다란 轉換을 가져왔다. 그것은 주로 고유어로 불리던 지명을 二字制 한자어로 바뀌게 되었다. 그 이유와 변경원칙이 밝혀져 있지 않아 알 수 없으나, 우리는 新·舊 지명의 對照로 몇 가지 사실을 알게 되었다. 金亨奎 교수[37]는 다음과 같은 사실을 지적하였다.

첫째, 舊地名에는 字數에 통일이 없었는데, 新地名은 州는 1字, 郡·縣은 2字로 통일했다.

둘째, 新·舊 지명을 대조해 볼 때, 언짢은 글자는 피하고 되도록 好意의 글자를 사용했다.

셋째, 국어 역사상 가장 중시할 문제로 舊地名은 비록 漢字로

---

36) 姜錫潤, 『前揭書』, p.84.
李崇寧(1978), 『新羅時代의 表記體系에 관한 試論』, 탑출판사.

37) 金亨奎(1982), 『國語史槪要』, 일조각, p.43.
졸고(1961), 「지명의 한글專用問題」, 『語文論集』 제3집, 중앙대 국어국문학과.

기록되었으나, 그것은 순 우리말로 된 것이 많았는데, 新地名은 완전히 한자어식 이름이 되었다.

결국 이러한 지명변경은 文武王이 三國을 통일한 지도 100년 가까이 되었기 때문에, 행정상의 통일을 위하여 지명의 통일이 필요했을 것이다. 그러나 그보다도 고유어 대신 漢字가 많이 쓰이게 되었으므로, 景德王은 지명변경을 실시하게 된 것이다. 그러므로 행정상의 이유보다도 國語史的 이유를 더 중시해야 된다 하겠다.

兪昌均 교수[38]는 지명개정의 근거를 보다 구체적으로 제시했다.

첫째, 개정지명은 전래 지명과의 사이에 유연적인 인과관계를 가지고 있다. 즉 개정지명이 전래의 지명을 무시하고 전혀 새롭게 창작된 것이 아니라, 전래의 지명이 가지고 있는 音·訓·義를 그와 유사하거나 동질적인 다른 字類로 대체하는 방법을 쓰고 있음을 추정할 수 있다.

둘째, 전래의 지명은 현실적으로 불리어지는 口傳語를 바탕으로 한 것이 아니라, 문헌에 정착된 표기어를 바탕으로 해서 개정했음을 看取할 수 있다. 그것은 전래 지명과 改定 지명의 대조에서 더욱 명백하게 드러난다.

셋째, 改定 지명은 표기된 전래의 지명을 一字一字 대조, 飜案하는 방법을 취한 듯하다. 飜案의 방법과 내용을 분류하면, 대체로 다음과 같은 결과로 나타난다. 즉 音의 代用(49), 音의 代置(4),

38) 兪昌均(1969), 「韓國古代漢字音의 硏究」, 『東洋文化』 9호, 영남대, pp.21~80.

訓의 代用(6), 訓音의 代用(46), 同字再用(39), 義의 代用(13), 義의 代置(6), 省略(17), 添加(24), 義譯(1), 未詳(31) 등이다.

이미 金亨奎 교수[39]가 지적했지만, 지명연구에 있어 중시해야 할 문제는 바로 舊地名과 新地名(改定地名)과의 유연적인 인과관계인 것이다. 兪昌均 교수가 예거한 飜案의 방법과 내용이 바로 그것이다. 이는 구체적인 고대국어 연구에 또는 국어사 연구에 없어서는 아니 될 문제이지만, 이러한 舊地名과 改定地名과의 유연적인 인과관계에서 허다한 固有漢字가 형성된 것이다.

지명표기에 나타난 고유한자를 살펴보면, '音의 代置'에서 國字(造字)나 國音字가 형성되었으며, '訓·義'의 대용에서 國義字가 형성된 것이다. 물론 그 지명의 고유성이나 특성을 나타내기 위하여, 舊地名에서도 고유한자를 사용한 지명도 있다. 전술한 바 있지만, 이는 하나의 주체적 국어의식으로서, 그 의의와 가치는 크다 하겠다.

1) 固有漢字 地名의 字類上의 特徵

먼저 지명표기에 나타난 固有漢字를 그 몇 가지만 소개하면 다음과 같다.

乫 乭 坤 乬 法 㖌 廘 䓬 㐞 怾 乼 乭 亇 梌 炑 乶 乷 斜 乽
乼 鐥 乶 迲 涱 篒 㤝 乫 䒾 莫 乮 琓 乽 樣 乽 硳 岾 乺 乽 橻
㫙 乭(이상 國字)

---

39) 金亨奎, 『前揭書』, p.44.

串 只 丹 亍 旀 洑 歛 苫 召 柤 陜(이상 國音字)
德 訒 畹 遷 浿 評(이상 國義字)

이상의 지명표기에 나타난 고유한자를 國字(造字)와 국어의 종성표기에서 형성된 國字(造字)와 國音字·國義字로 분류하여 살펴보기로 한다. 먼저 고유한자에 있어서 國字(造字)에 대하여 살펴보기로 한다.

㘵

'㘵'(갑)은 지명 표기에 쓰인 國字(造字)로 <삼국사기 권三十七>에 다음과 같이 나타나 있다. 그 동안 '㘵'에 관련된 지명에 대한 논의는 있었지만, '㘵'이 國字라는 것은 밝히지 않았다.

心岳城本居尸㘵　<삼국사기 권 三十七>
杤岳城本骨尸㘵　<　동상　>
牙岳城本皆尸㘵忽 <　동상　>

그런데 다른 문헌에는 '㘵'이 '押·坤·岬' 등으로 달리 표기된 곳도 있지만, 이는 잘못된 표기이다. 이는 李基文 교수가 <고구려의 언어와 그 특징>에서 일찍이 밝혔고, 都守熙 교수도 <고구려어에서 조명해 본 고구려 역사>에서 '㘵'은 '岳'의 의미이며, 또한 다음과 같이 '岬'(岳) 또는 '押'(嶽) 등과도 일치하는 것이라 하였다.

松岳郡本高句麗 扶蘇岬 <삼국사기 권 三十七>
阿珍押縣一云窮嶽 < 동상 >
唐岳縣本高句麗加火押 < 동상 >

<삼국사기 권37>은 고구려 지명과 백제 지명의 <三國有名未詳地分>을 열거하고, 뒤이어 '鴨綠水以北未降十一城', '鴨綠以北新得城三' 등을 열거하고 있는데, 이들 압록 이북의 지명들이 고구려 지명과 동일한 특징을 보이고 있다. 이들의 대부분이 '忽'(城)을 가지고 있으며, '達'(山)이 보이며, 위와 같이 '𡊱'(岳)이 數個 지명에 나타난다.

金宗澤 교수는 '<삼국사기 지리지>에 나타나는 고대국어 지명 표기 형태소 가운데서 가장 널리 분포되어 있으면서도 그 형태와 의미 추정에 혼란을 주고 있는 것이 Kap계 지명소들이라 하였다.' 즉, 고대 지명소 '甲·岬·押·𡊱' 들이다. 이들은 외형적으로 전혀 무관해 보이지 않으면서도 차용된 글자가 다르고 그 분포도 형태에 따라 차이가 있어서 그 형태를 확정하고 의미를 추정하기가 여간 어렵지 않다. 예컨대 '甲' 혹은 '甲比'는 지명 구성에서 선행요소로만 나타나 있는데 대하여, '𡊱'은 후행요소만 나타나 있으며, 이와는 달리 '押·岬'은 선행요소는 물론 후행요소로도 두루 나타나고 있기 때문이다'라고 하였다.[40]

결론적으로 '𡊱'은 오직 지명에만 쓰였으므로, 그 訓音은 '땅이

---

40) 金宗澤(2001), 「고대 지명소 '甲·押·岬·𡊱'의 형태와 의미」, 『국어교육연구』 제33집, 국어교육학회.

름 갑'이어야 할 것이다.

迲

'迲'(겁)은 고문헌에 '有字無音'으로 밝혀 있는 고유한자이다. 그러나 '迲'을 '겁'이라 함은 '怯'의 유추라 하겠다.41)

迲村處在縣西十里○迲古今韻書無之本國方言謂束草若薪爲迲合玆乙阿三字爲訓而無音義 <輿地勝覽卷八·陰竹>

我國多字書所無之字……束薪稱迲자리有字無音故陰竹有迲村處……<晝永篇下>

我國有迲字而不合於劉夫人碑字州縣以鐵索束柴以量之曰一迲二迲無音義只稱래輿地勝覽杆城別號迲城 <盎葉記>

迲音怯俗訓子乃官司以鐵索量柴以量曰迲見旬五志……輿地勝覽杆城別號迲城 <五洲衍文長箋散稿>

'迲'은 상기의 諸例證으로 보아 '迲村處'란 지명에 쓰였고, 또한 '束薪'의 뜻으로 쓰였으며, 李晬光은 '柴木之大者'라 하였다. 먼저 地名 '迲村處'에 대하여 살펴보기로 한다.

'迲村處'는 경기도 음죽현에 속한 고적지다. 음죽현의 建置 沿革을 살펴보면 다음과 같다.

本高句麗奴音竹縣新羅改今名爲介山郡領縣高麗顯宗九年屬忠州後置監務本朝 <輿地勝覽卷八·陰竹>

---

41) 졸고(1973), 「固有漢字(國字)攷(2)」, 『논문집』 제18집, 중앙대.

陰竹縣은 고려 顯宗9年 이후 제30대 恭愍王 5년(1356)에 충청도의 78개현에 소속했다가 조선 제3대 태종13년(1413)에 다시 驪州·安城·陰竹·陽城·陽智 등을 분리 경기도에 옮기게 되었으니, 1914년 郡面 폐합에 따라 陰竹郡은 대부분을 합체 오늘에 이르게 되었다. '迲村處'는 '在縣西十里'라는 기록으로 보아 현 경기도 이천군의 소속인데, '迲村處'가 고적지인 탓으로 그 고적이 인멸됨으로써, 자연 '迲村處'라는 지명이 사라져서 현지명을 통한 '迲'의 讀音은 알 길이 없게 된 것이다.

그런데 논외의 것이지만, 六堂의 <신자전>에는 '郡名 杆城 別號'라 하여 '迲村處'가 '杆城'의 別號라 하였는데, 이는 오류라 하겠다.

이미 예거한 바와 같이 '迲村處'는 陰竹縣 소속으로 '在縣西十里'로 되어 있고, 현 이천군의 소재로나, <輿地勝覽>의 기록으로 보아 竹山과 驪州와의 중간에 위치한 곳이다.

> 陰竹縣 東至驪州界十六里南至忠淸道忠州界十五里西至竹山縣三十六里 北至利川府界二十九里距京都一百九十五里 <輿地勝覽卷九·陰竹>

이런 점에서 '迲村處'가 杆城의 別號라 할 수 없으며, <世宗實錄 地理志>의 기록으로 보아 杆城은 '迲城-守城-水城'[42]으로 변천되어 왔음을 알 수 있다.

---

42) 拙稿(1972), 「固有漢字(國字)攷(1)」, 『국어국문학』 55~57, 국어국문학회.

本高句麗迲城郡一云加羅忽新羅改稱守城郡高麗改杆城縣令 …… 本朝因之別號水城屬縣 <世宗實錄 地理志 권一五三·江原道·杆城>

杆城郡本高句麗迲城郡羅忽守城郡 …… <輿地勝覽 卷四十五·杆城·建置沿革>

둘째 '束薪'의 뜻으로 '迲'의 訓借가 '자리'라는 점이다. <新字典>이나 <漢韓大辭典>(동아출판사)에 '자래'라는 말이 나오는데, 현대어로서 '자래'의 뜻은 알 수 없고, <큰사전>(한글학회)과 <국어대사전>(이희승)에 '땔나무', '생나무'의 심마니말로 나타나 있는데, '束薪'과 다소 관계있는 말이 아닌가 생각된다. 따라서 李晬光의 '柴木之大者'도 '束薪'과 관계있는 말이라고 생각되나, <신자전>과 <한한대사전>의 '官司以鐵索量柴曰迲'이라는 풀이에 있어서 '鐵索量柴'가 '자리'를 뜻하는 말이라는 점은 잘 이해가 가지 않는다.

끝으로 <新字典>에서 '迲'의 독음을 '겁'이라 하였다. 전술한 바와 같이 이는 단순한 유추에 지나지 않을 줄 믿는다. 그것은 '刦·刧·刼·厒·唊·怯·狜·痃·砝·肱·蚨·鉣·鉫' 등의 독음이 모두 '겁'이기 때문이다.

怾

'怾'(기)는 다음과 같이 금강산의 별명 '怾怛'(기달)에서 찾아볼 수 있는 固有漢字이다. '怾'의 字義에 대해서는 전하는 기록이 없어 알 길이 없다. 후속연구로 미룬다.

> 我國多字書所無之字 …… 金剛山一名怾音기怛 …… <晝永篇下>
>
> 金剛山……山名有五一日金剛二日皆骨三日涅槃四日楓嶽五日怾怛……<輿地勝覽 卷四十七·淮陽·山川>

'怾'의 독음이 '기'임은 전례 <晝永篇下>에도 나타나 있지만, '只'가 <訓蒙>이나 <瘟疫方> 등에 '기'로 나타나 있고[43], 또한 人名에 주로 쓰인 '只'(玉只·夫只·則只)도 그 독음이 '기'이다. 따라서 '岳只·阿只' 등 구한말까지 쓰였고, 특히 鄕樂文獻에는 허다한 용례가 있다는 것은 인명표기에서 밝힌 바 있다. '奴也只(노야기) 衰也只(쇠야기) 每作只(미자기) 季奴只(계로기)' 등이 그것이다. <신자전>에 '怾기怾怛山名산이름見地誌'라 하였고, 현행 제 자전에 '산이름달(-怛)'이라 하였다.

亇

'亇'는 '수'와 같은 뜻으로 지명을 비롯하여, 사물의 名稱에 두루 쓰인 國字임을 알 수 있다.

> 辛禑三年二月北元遣 豆亇達來 祭敬孝大王始行北元宣光年號 <麗史·辛禑傳>

43) 南廣祐(1969), 『朝鮮(李朝)漢字音硏究』, 동아출판사, p.55.

廣州牧佳亇嶺 <輿地勝覽 卷六·廣州>

靈光郡亇知島阿只亇島 <輿地勝覽 卷三十六·靈光>

亇音마◯上繫下垂曰亇如赤亇駕亇之亇◯亇當作亇輿地勝覽廣州有佳亇嶺靈光有亇知島 <吏讀便覽>

赤亇치마◯裳也◯亇皆作亇北路 <吏讀便覽>

擎子亇赤粟 경즈마치조 <衿陽雜錄>

<新字典>에는 '亇 마鐵鎚마치又地名見輿地勝覽胡名見野史初本粟名擎子亇赤見農事直說'이라 하여 '鐵鎚'(마치)의 뜻으로 풀이하였다. 이는 '木亇 방마치◯砧具也亦有亇尙小船' <이두편람>에 기인할 줄 믿는다.

현행 자전에 '마치'(鐵鎚), '땅이름(佳亇嶺: 在京畿道)'라 풀이하였다.

椧

'椧'(명)은 지명에 쓰였고 또한, '홈통'의 뜻으로 일찍부터 쓰였음을 다음으로 보아 알 수 있다.[44]

北椧寺在府南三十里今爲閭閻俗稱椧谷石塔猶在 <東京雜誌>

李睟光曰金時習遊金鰲錄有北椧寺看牡丹詩椧字不見韻書今俗以刳木引水爲椧卽方言所謂䔿音 <吏讀便覽>

椧村全北茂朱 <五萬分地圖>

我國多字書所無之字……木梘稱椧音명……<書永篇下>

---

44) 졸고(1972), 「固有漢字(國字)攷(1)」, 『국어국문학』 55~57, 국어국문학.

> 椧명筧也方言篭音芝峯類說曰金時習梅月堂集遊金鰲錄有北椧寺看牡丹詩寺在嶺南慶州府 <五洲衍文長箋散稿>

<新字典>에 '筧也홈통叉寺名慶州北椧寺'라 하여 '홈통명'이라 풀이하였고, 현행 자전에 '홈명·홈통명'으로 풀이한 것은 위 기록의 '方言所謂篭音'에서 연유된 것이라 하겠는데, <遺事 권一·辰韓>에 '椧南宅'이라는 기록으로 보아 일찍부터 사용된 듯하다.

炑

'炑'은 字典不載로 경상도 창녕의 古地名 '比自火'를 '比自炑'로 표기한 것이다.

> 四十九年平定比自炑南加羅喙國安羅多羅卓淳加羅七國 <日本書紀·神功紀>
>
> 十年以大山下授達率谷那晋首閑兵法木素貴子閑兵法炑曰比子贊波羅金羅須解藥 <日本書紀·天智紀>
>
> 火王郡本比自火郡一云比斯伐眞興王十六年置州名下州二十六年州廢景德王改名今昌寧郡 <三國史記 卷三十四·地理一>

전술한 바 있지만, '炑'은 古地名 등에 허다히 쓰인 '伐·弗·發·夫里' 등의 차용에서 형성된 듯하다. '炑'은 또한 <日本書紀·天智紀>에는 백제의 人名 '答炑'이 나타나 있는데, 이 점에 대하여는 인명표기에서 밝힌 바 있다.

鐥

'鐥'(선)은 '대야'를 뜻하는 固有漢字임을 다음으로 보아 알 수 있다. 그런데 '鐥'은 '鐥島'라는 섬이름에서 또한 찾아볼 수 있다.

我國多字書所無之字……量酒升稱鐥音션故黃州有鐥島 <晝永篇下>

鐥者量酒之器吾東之造字也今郡縣餽贈以酒五盞謂之一鐥中國無此字方言謂之大也惟大小不同耳按匜者酒器亦稱盥器然則去鐥從匜不害爲書同文矣 <雅言覺非 卷之二>

鐥다야션 <倭解下14>

我國以容酒四盃之器爲一大也也字或是匜字之譌歟一大也亦稱一鐥鐥字字書無之高麗史世家忠宣王三年遣左常侍金之兼如元賀皇太子誕日獻金鐥二盖自高麗己用鐥字俗亦以盥洗盤稱大也與酒器名同而大小縣殊 <盎葉記>

北鐥뒷다야○鍮厠鐥也 <吏讀便覽>

<新字典>에 '鐥 션容酒四盃之器복자見官簿'라 하였고, 현행 제자전에 '복자'(容酒四盃之器)라 풀이하였다.

'鐥'은 <倭語類解下14>에 '다야션'이라 하였는데[45] 古語에 있어서 '다야'에 대한 用字例를 살펴보면 다음과 같다.

다야爲匜 <訓正解例 · 用字例>

다야우盂 <訓蒙中十九>

45) 拙稿(1975), 「固有漢字(國字)攷(3)」, 『語文硏究』 9, 일조각.

盂曰大耶 <雞林類事>

<큰사전>에는 '다야'(大也)라고 하였는데, 이는 近世의 吏讀表記가 굳어진 것이 아닌가 생각된다.

泶

'泶'(수)는 '杆城'의 古地名 '泶城'에서 찾아볼 수 있다.

> 豢猳縣本高句麗猪泶穴縣景德王改名今因之 <三國史記 卷三十五·地理二>
>
> 猪泶穴縣一云烏斯押 <三國史記 卷王十五·地理二>
>
> 守城郡本高句麗泶城郡景德王改名今杆城縣 …… <三國史記 卷三十五·地理二>
>
> 本高句麗泶城郡一云加羅忽新羅改守城郡 …… <輿地勝覽 卷四十五·杆城沿革>
>
> 本高句麗泶城郡一云加羅忽新羅改稱守城高句麗改杆城縣令 …… 本朝因之別號水城屬縣一 …… <世宗實錄 地理志 卷一五三·江原道·杆城>
>
> 我國多字書所無之字地名杆城稱泶音수城 …… <晝永篇下>

지명 '杆城'은 '泶城-守城-水城'으로 변천되어 왔다. 그러나 '泶城'은 개정 이전부터 쓰인 지명임을 알 수 있는데, '泶'의 독음은 形聲으로 보아 '수'임을 알 수 있으나, 그 字義는 알 수 없다. 현행 제자전에는 '땅이름 수'라 풀이하였다.

氶

'氶'(승)은 다음과 같이 지명 '沙氶'에서 찾아볼 수 있다. 그러나 그 독음은 形聲으로 보아 '승'임을 알 수 있으니, 그 字義는 알 수 없다.

我國多字書所無之字地名杆城稱迿音㑚城又其邑里稱沙氶漸氶 …… <晝永篇下>

'氶'은 <삼국유사>에는 '丞'으로 되었으며, 原字는 '氶'인 것이다.[46] 따라서 '氶'은 현행 자전에 수록되지 않았다.

篒

'篒'(식)은 현지명인 전북 옥구군 미면 篔篒島里에서 찾아볼 수 있는데,[47] 이는 이미 '固有漢字의 槪念'에서 밝힌 바 있으므로 생략한다. 따라서 '篒'은 古韻書뿐만 아니라 현행 제자전에 전혀 수록되어 있지 않은, 近世에 형성된 固有漢字이다.

倻

'倻'(야)는 다음과 같이 지명 '伽倻'에서 찾아볼 수 있는 고유한

46) 柳在泳(1979), 「이름表記의 한 硏究」, 『논문집』 제13집, 원광대.
47) 졸고(1973), 「固有漢字(國字攷(2)」, 『논문집』 제18집, 중앙대.

자이다. '伽倻'는 당초 '加羅·呵羅·加良·駕洛·假落·駕落'을 비롯하여 '加耶·珈琊' 등으로 쓰였다.

金海小京古金官國一云伽落國一云伽耶 <삼국사기 권三十四·지리지一>

羅古記云加耶國嘉悉王 見唐之樂器而造之 <삼구사 권三十二·악지>

古記云萬魚寺者 古之慈成山也……榜有呵囉國 <遺事 卷三 魚山佛影>

珂琊山 <慶尙道地志 星州牧>

그런데 '伽耶'가 '伽倻'로 다음과 같이 記寫된 것은 '伽'의 部首인 '亻'이 '耶→倻'로 바뀌어 형성된 것이다.

守令行祭所一岐音江伽倻津溟所之神 <慶尙道地志 桂城縣>

伽倻山(德山) <世宗實錄·地志>

이러한 類推現象은 고유한자의 형성 과정에서 허다히 찾아볼 수 있으며, 특히 다음과 같은 것은 일반 한자어의 의미를 보다 구체화하기 위한 것이라 하겠다. 즉,
'居刀→艍舠·衣對→衣襨·代地→垈地·麻魚→鰢魚·衣藏→衣欌·箕食島→箕篒島' 등이 그것이다. 현행 <국어사전>에 '가야금'을 '伽倻琴'으로 표기하였다.

篔

'篔'(오)는 다음과 같이 地名 '篔城'에서 찾아볼 수 있는 固有漢字이다. 따라서 '篔'는 音 '오', 字義는 '고리'(篔筀)임을 알 수 있다.48)

我國多字書所無之字……靈光稱篔音유城……<晝永篇下>

篔食島在縣西四十里周十五里有牧牛場 <輿地勝覽 卷三十四·沃溝·山川>

篔峴里江原道伊川 <五萬分地圖>

篔音吳柳器曰篔筀也見戶曹定例又地名篔城見輿地勝又粟名農事直說有都籠篔粟 <五洲衍文長箋散稿>

都籠篔粟도롱고리조 <衿陽雜錄>

상기 <晝永篇下>에는 '篔'의 독음이 '유'로 나타나 있는데 반하여, <新字典>에는 '오'로 나타나 있다.

篔 오篔筀버들고리 見戶曹定例又地名篔城見輿地勝覽又粟名農事直說

'篔'의 독음이 '유'가 아니라, '오'임은 粟名 '篔粟'(오조)와 상기례 '篔飡島'가 현 행정구획에서 '오식도리'(全北沃溝郡米面)로 부르고 있는 점이라 하겠다.

48) 졸고(1972), 「固有漢字(國字)攷(1)」, 『국어국문학』 55~57, 국어국문학회.

琓

'琓'(완)은 다음과 같이 '琓夏國'에서 찾아볼 수 있는 고유한자이다.

我本龍城國人 亦云正名國 或云琓夏國 琓夏或作花廈國 龍城在倭東北一千里 <遺事 卷一 紀異·第四脫解王>

橴

'橴'(자)는 다음과 같이 지명 '橴木城'에서 찾아볼 수 있는 固有漢字이다. 鮎貝房之進[49]은 '橴'는 고구려 俗字(國字)라 하였다.

鴨綠水以北己降城橴木城 <李勣奏狀>

我國多字書所無之字……鴨錄北有橴音未詳木城……<晝永篇下>

'橴'는 '音未詳'이라 하였는데, 이는 形聲으로 보아 그 독음을 '자'로 類推할 수 있다. 그러나 그 字義는 알 수 없다. 현행 자전에 '땅이름 자'라 풀이하였다.

硳

'硳'(적)은 다음과 같이 지명 '硳城'에서 찾아볼 수 있는 고유한

49) 鮎貝房之進, 『前揭書』, p.194.

자이다. '䂞'은 '赤一作磧又作䂞'으로 그 音은 '적'임을 알 수 있으나, 그 字義는 미상이다. 따라서 '䂞'은 개정지명에서 형성된 것이다. 이는 字義의 구체화에 있는 듯하다.

> 訪䂞城兪先生不遇夫人邀入客位具酒飡甚厚又請登後園小山四望……長湍南畔䂞城西山擁茅茨水泊堤中有主人三俓在卜隣五欲共携提……<牧隱集>
>
> 牧隱又有詩曰長湍南䂞城西䂞字字書闕攷䂞城似是積城沿江皆石壁按姓譜有䂞城白氏 <盎葉記>
>
> 赤城廢縣在郡東十五里赤一作磧又作䂞本百濟礫坪縣 <輿地勝覽 卷三十九·淳昌>
>
> 我國多字書所無之字……淳昌有䂞音적城……<晝永篇下>

'䂞'은 <盎葉記>의 '磧城沿江皆石壁'으로 보아 '石壁'의 뜻이 아닌가 생각된다. 따라서 '䂞城'은 '磧·赤·䂞'으로 音의 代用에서 형성된 지명이다. <新字典>에 '䂞적地名싸이름[李穡詩] 長湍南畔䂞城西又姓譜有䂞城白氏'라 하였고, 현행 제자전에 '땅이름 적'으로 풀이하였다.

岾

'岾'(점)은 다음과 같이 地名에서 찾아볼 수 있는 고유한자이다.

> 我國多字書所無之字……金剛山一名 怾音기怛又其中有楡岾音졈寺……<晝永篇下>

楡岾寺在金剛山東距郡六十餘里寺大殿曰能仁 <輿地勝覽 卷四十五·高城>

岾音齊地名又峴名佔畢齋遊頭流山記有永郎岾登龜岾其他山經地誌地名多以岾稱者高城楡岾寺之岾以占爲在音 <五洲衍文長箋散稿>

<晝永篇下>에 '岾'의 音이 '졈'으로 나타나 있는데, <新字典>에는 '재'와 '졈'의 2音으로 나타나 있다. 즉 '峴'을 뜻하는 音으로는 '재'이며, 지명으로는 '졈'이다.

岾재 峴也고개金宗直頭流山記有永郎岾登黽岾又地名音졈高城有楡岾寺

'岾'의 音이 '峴'(고개)을 가리키는 音으로 '재'라 한 것은 오류인 듯하다. 그것은 <三國遺事·輿地勝覽·大東輿地圖> 등에 허다히 쓰인 '岾'은 모두 '재'의 뜻으로 쓰인 점이라 하겠다.

申命神鬼千就乘岾 <遺事 卷二·紀異·駕洛國記>

自院西行六千步至牟尼岾古伊峴外 <遺事 卷二·塔像·臺山五萬眞身>

草岾(在慶尙道), 押岾山(在忠淸道) <大東輿地圖>

또한 古地名에 사용된 '城·嶺·峴·峰·只' 등은 '岾'과 같이 모두 '재'로 訓借되었다.

本高句麗牛岑郡一云牛嶺……<輿地勝覽 卷四十二·牛峰>

本百濟多只縣新羅改多岐爲務安郡……<輿地勝覽 卷三十六·咸平>

'牛岺'(牛嶺·首知衣)의 '牛'는 訓借 '소', '首'(音수)와 같이 '소'(松)의 音借이며, '岺'(嶺)은 '首知衣'의 '知衣'에 해당하는 '재'(城·峴)이다. 그러므로 '牛峰'은 '소재'(松峴)라 할 수 있다.

'多只'는 '大谷郡'을 '多知忽'이라 하였는데, 이 '多知'는 '한재'이므로, '多只'도 '한재'(大城)이다. 그러므로 '岾'은 뜻으로는 '재'일지라도, 그 音만은 '점'이 옳을 듯하다.

檑

'檑'(추)는 다음과 같이 지명 '檑城'에서 찾아볼 수 있는 固有漢字이다. '檑'는 '音未詳'이라 하였으나, <新字典>에는 '檑추郡名 골이름 見地志'라 하여 그 音이 '추'로 나타나 있다. 따라서 그 字義는 '싸리'(檍)가 아닌가 생각된다.

渤海國之鴨綠南海扶餘檑城四府並是高麗舊地也自新羅泉井郡至檑城府三十九驛 <三國遺事 卷一·靺鞨·渤海>

渤海國南海鴨綠扶餘柵城四府並是高句麗舊地也自新羅泉井郡至柵城府凡三十九驛 <三國史記 卷三十七·地理四>

檑城郡本百濟檑郡 …… <三國史記 卷三十六·地理三>

構郡伐首只縣餘村縣沙平縣 <三國史記 卷三十七·地理四>

汚川郡本百濟柤郡新羅改爲楂城郡 …… 本朝太宗十三年發己例改爲汚川 <世宗實錄地理志 卷一四九>

> 榰都 榰城榰俗作樞或作杻非 <輿地勝覽 卷十九·沔川·郡名>
> 我國多字書所無之字 …… 沔川稱樞音未詳郡 …… <晝永篇下>

<新字典>에 '樞'의 音을 '추'로 풀이한 것은, '杻'[50]의 類推가 아닌가 생각된다. 그러나 상기례 <輿地勝覽>에는 '樞或作杻非'라 하여, '杻'가 아니라 하였다.

특히 '樞或作杻非'라 한 것은 <世宗實錄 地理志>에 '榰(樞)城'을 '杻郡'이라고 한 오류를 시정한 것이라 하겠다.

또한 동일 지명인 '樞城'이 <三國史記>에는 '榰·構·栅'의 세 가지로 나타나 있고, <世宗實錄 地理志>에는 '杻', <三國遺事>에는 '樞'으로 나타나 있다. 더욱이 상기례 <三國遺事>와 <三國史記>의 내용이 일치하면서 그 지명만은 '樞城'과 '栅城'으로 달리 나타나 있다. 어쨌든 상기 <輿地勝覽>의 '榰城榰俗作樞非'라는 기록으로 보아, '榰·構·栅' 등은 모두 오기라 하겠다.

그런데 辛兌鉉 교수[51]는 <三國遺事>에 '樞城'의 지명이 나타나 있음으로 '榰·構'는 '樞'의 오기이며, '樞'는 '杻'과 동일자임을 <세종실록>의 記寫例로 추지할 수 있다 하였다. 또한 '杻'의 音은 '뉴'라 하였는데, 이는 이미 앞에서 밝힌 바와 같이 '추'로 韻書에 기록되어 있고, '杻串山'(輿地勝覽卷九·富平·山川), '杻城山'(輿地勝覽 卷十六·淸川) 등의 지명으로 허다히 사용되었다.

鮎貝房之進[52]은 '杻'은 '樞'의 省文이라 하였으며, 이는 신라

---

50) 『集韻』 敕九切, 『訓蒙字會』 두드레(手械) 츄, 『新字典』싸리(檍) 축 등으로 수록되어 있다.

51) 辛兌鉉(1958), 「三國史記 地理志의 硏究」, 『논문집』 제1집, 신흥대.

시대에 형성된 것이나, 그 音義는 알 수 없다 하였다. 字典에 그 旁인 聿나 丑가 나타나 있지 않으며, 단지 한자 '芻'의 俗字 聿가 있다. 또한 <鄕藥集成方>에 地膚子鄕名唐杻가 있는데, 이는 <東醫寶鑑>에 '地膚子대발'이라고 하여 '杻'와 '橻'에 대하여 설명하였다. 此際에 한 가지 더 첨가할 것은 <大漢韓辭典>(장삼식)에 고유한자로서 '𣏹'(땅이름 추)가 수록되어 있는데, 이것도 또한 전기 '橻'의 오자가 아닌가 생각된다.

이상 지명에서 찾아볼 수 있는 國字(造字)에 대하여 살펴보았다. 다음은 國語의 종성표기에서 형성되어 주로 지명표기에 쓰인 固有漢字에 대하여 살펴보기로 한다.

먼저 '乙'(ㄹ) 종성표기로 형성된 '乫·乬·乽·乮·乯·乷·乼·乺·乻·乭·乲·乸·乶·乤'에 대하여 각기 살펴보기로 한다.

乫

<新字典>에 '乫갈 地名 싸이름 有乫波知僉使見搢紳案'이라 풀이되어 있고, 현행 자전에도 지명으로 풀이되어 있다.

> 加乙獻川 <世宗實錄·地理志>
> 加乙頭 <輿地勝覽 卷三·漢城府·山川>

상기 제례로 보아 '乫'은 근세에 형성된 고유한자로, 현지명에 '乫吊'(慶南·統營), '新乫'(咸南·三水) 등이 있다. '乫'의 字義는

52) 鮎貝房之進, 『前揭書』, pp.194~202.

'乫波知'라는 지명을 비롯하여, '牛乫非一代·乫具里'<고문서> 등으로 비추어 보아, '가른다'(岐)에 있지 않나 생각된다. 또한 '乫'은 인명에도 쓰였는데, 이는 전술한 바 있으므로 생략한다.

乬

'乬'(걸)은 지명 '乬吾洞'(豆滿江北)에서 찾아볼 수 있을 뿐만 아니라, '乬麵床'에서도 찾아볼 수 있다. <新字典>에 '乬걸掛也걸喪禮補有一麵床'이라 하여 '乬'의 字義는 '걸다'(掛)에 있는 듯하다. 또한 '乬金'(걸쇠)·'乬環'(걸고리)<고문서> 등의 고유어 표기도 있다. '乬'은 또한 '[illegible]'(걸)로 표기된 예도 있다. 현행 자전에 '걸(乬麵床), 땅이름(乬吾洞)'으로 풀이하였다.

乲

'乲'(놀)은 <大東輿地志 四 京畿道 楊根>의 '乲味縣 北五十里洪川界'와 같이 지명 '乲味'에서 찾아볼 수 있다. 다음과 같은 현행 지명을 찾아볼 수 있다.[53]

乲味(忠北·槐山)
乲味山祭堂(忠北·槐山)
中乲味(忠北·槐山)

53) 『한국지명총람』(충북편), 한글학회 참조.

'乽'은 현행 자전에 전혀 밝혀 있지 않다. 그런데 '乽'은 또한 '乽夫'와 같은 노비명에도 쓰였다는 것은 전술한 바다. 따라서 '乽'의 字源은 '느리다'([illegible])에 있다고 본다.

乭

'乭'은 비단 인명뿐만 아니라, 다음과 같이 지명에도 쓰였다.

曲乭(江原·淮陽)
大乭(咸南·北靑)
小乭(咸南·洪原)
上乭(咸南·北靑)

'乭'은 <신자전>에 '乭돌 石也돌又兒名奴名多用之俗書'라 하여 인명에 대해서만 풀이하였고, 地名에 대하여는 주석이 없다. 따라서 '乭'은 비단 인명이나 지명뿐만 아니라,

'乭丁'(돌정)·'乭五目'(도루묵) <고문서> 등과 같이 고유어 표기에도 쓰였다.

乷

'乷'(살)은 비단 奴婢名 '亶乷·鯊乷'에만 쓰인 것이 아니라, 현행 지명 '乷味(忠北·中原)'에서도 찾아볼 수 있다.[54] '乷'은 古韻

54) 『한국지명총람』(충북편), 한글학회 참조.

書나 현행 자전에 밝혀 있지 않다.

乷

'乷'(살)은 '乷浦'<대동여지도 제四 端川>에서만이 찾아볼 수 있다.

乺

'乺'(솔)은 '塗刷具'(솔)만을 지칭하는 것이 아니라, 다음과 같이 지명에도 쓰였음을 알 수 있다.

> 方言呼省爲所所或作蘇 …… 所又轉爲所乙今嶺南之省峴俗號所乙峴是也 <文獻備考 卷七十一·歷代國界下>
>
> 乺下川(咸鏡·慶源) <大東輿地圖>

'乺'은 또한 노비명에도 쓰였다는 것은 전술한 바다. <신자전>에는 '乺솔塗刷具솔見公私文書'라 풀이하였고, 현행 자전에 '솔(塗刷具), 땅이름(乺下川)'으로 풀이하였다.

乶

'乶'(볼)은 노비명 '乶德伊' 등에서 찾아볼 수 있으나, 또한 지명 '乶下'(咸鏡·會寧) '乶音島'(京畿·江華)에서도 찾아볼 수 있다.

'乶'은 현행 자전에 '폴'로 풀이되었으나, 이는 '볼'의 잘못이라 하겠다. ‘乶’은 <신자전>에 수록되지 않고 <새字典>(金敏洙)·<大漢韓辭典>(張三植) 등에 수록되어 있다.<東國輿地勝覽 卷五十·會寧·關防>에 ‘甫乙下鎭’, <度支準折·肉物>에 ‘牛乶只 一隻’ 등이 소개되어 있다.

乻

‘乻’(얼)에 있어서, ‘於’는 근세 지명에 ‘느·늘’ 등으로 訓借되었으나, 古借字로는 다음과 같이 주로 ‘어’로 音借되었다.

交河郡本高句麗泉井口縣一云於乙買串 <麗史卷57·地理2>
溫泉一在縣西於乙洞 <世宗實錄地理志·平安道·龍岡>

乻阿隅(江原道·華川) <五萬分地圖>
乻木里(江原道·江陵) <五萬分地圖>

‘乻’의 字義는 지명 ‘泉井口縣一云於乙買串’에서 찾아볼 수 있다. ‘於乙買’는 ‘얼미’, ‘얼’은 ‘泉井’의 古訓인데, ‘泉·井’의 古訓이 ‘얼’임은 다음으로 보아 알 수 있다.[55]

第二十二代智證王於始祖誕降之地奈乙創立神宮以享以 <三國史記 卷三十二·祭祀志>

去年秋九月大臣伊梨柯須彌殺大王 <日本書紀 卷廿四 皇極天皇元年>

55) 梁柱東, 『前揭書』, p.142.

'乻'은 현행 지명 '乻魚里'(忠北 · 中原), 노비명 '乻仁' 등에서도 찾아볼 수 있다. '乻'은 현행 자전에 '땅이름 얼(乻魚里)'로 풀이하였다.

乯(⿱五乙)

'乯'(올)은 비단 인명뿐만 아니라, 다음과 같이 지명에서도 찾아볼 수 있다. 특히 '乯'은 다음의 예증으로 보아 근세에 형성된 듯하다.

> 吾乙味串 <輿地勝覽卷九 · 水原>
> 末吾乙浦 <輿地勝覽卷九 · 江華>

그런데 상기 지명 '吾乙味'와 下記의 인명 '乯味'가 일치하고 있다.

> 宋太山乯味池淨 …… <晝永篇下>

이미 밝힌 바 있지만, '乯'은 '올콩 · 올벼 · 올밤'의 접두사 '올-'에 字源이 있다 하겠다. '올-'은 열매가 자라거나 익은 정도가 빠름을 나타내는 접두사인데, <고문서>에 '乯'을 '⿱五乙'로 표기한 곳도 있다.

乽

'乽'(잘)은 지명 '加乽峰' <大東輿地圖 제三 富寧>에서 찾아볼

수 있는 고유한자이다.

乼

'乼'(줄)은 비단 지명뿐만 아니라, 인명에도 쓰였으며, 또한 '繩條'(줄). '줄'(鑢), '주름'(摺疊) 등의 뜻으로도 쓰였다.

> 注乙音 즐음摺疊縫造如帖裏下裳也 <吏讀便覽>
> 注乙洞 <輿地勝覽 卷十·揚州>
> 各里中乼使令指示人供饋 …… <新補受敎輯錄·戶田·量田>

<신자전>에 '乼줄繩條줄見公私文簿'라 풀이하였고, 현행 제 자전에 '줄'(繩條)이라 풀이하였다. 따라서 오늘날 '뭇줄계'의 取音語 '東乼契'가 쓰이고 있으며, 현지명으로 乼吉里(江原·춘성)가 있다.

⿱生乙

'⿱生乙'(줄)은 지명 '⿱生乙溫川'<大東輿地圖 제四 鏡城>에서만이 찾아볼 수 있는 고유한자이다.

乤

'乤'(할)은 지명표기에서 찾아볼 수 있다. '乤浦'(在咸鏡道)가

<새字典>(김민수)·<大漢韓辭典>(장삼식)에 수록되어 있다. '乤浦'는 <東國輿地勝覽 卷五·會寧·烽燧>에 '高嶺鎭下乙浦烽燧'라 소개되어 있다.

다음은 '叱'(ㅅ) 종성표기에서 형성된 고유한자로, 주로 지명표기에 쓰인 '⿸广叱·⿱去叱·⿱赤叱·⿱艹⿰石叱(⿱艹⿰石叱)·⿸串叱·⿱艹⿰金叱·⿰斤叱·⿸亭叱·⿱罒叱' 등에 대하여 각기 살펴보기로 한다.

⿸广叱

'⿸广叱'(곳)은 다음과 같이 '處所'를 가리키는 고유한자임을 알 수 있으나, 구체적으로 地名에 쓰인 예는 찾아볼 수 없다.

> 串 곳◯輿地勝覺作串今吏文或作⿸广叱卽處之方言也 <吏讀便覽>
>
> 一日耕六卜五束⿸广叱果後洞員伏在俶字田二作合一卜五束⿸广叱…… <土地賣買文記>

⿱去叱

'⿱去叱'(것)은 지명표기에서 찾아볼 수 있다. '⿱去叱串嶺'이 <새字典>(김민수)·<大漢韓辭典>(장삼식)에 수록되어 '땅이름 것'이라 풀이하였다.

乯

'乯'(끝)은 비단 인명뿐만 아니라, 지명표기에서도 찾아볼 수 있다. 현행 지명으로 京畿道 江華郡 西道面에 '乯島'(끝섬)이 있다. 그런데 이 '乯島'은 <東國輿地勝覽 卷十二·江華 山川>에는 '末島'으로 표기되어 있다. 이는 '末'의 釋借로 사용해 오다가 釋借 말음표기가 근래에 첨가되었을 줄 믿는다.

이미 '乯禮·乯金·乯女……' 등의 인명표기에서 밝힌 바 있지만, 韓國漢字音에 없는 종성을 표기하는데 성공한 종성은 '-ㅅ(叱)'뿐이다. 나머지 종성 'ㅁ, ㄹ, ㅂ, ㄴ, ㅇ' 등은 원래 漢字音에 있는 음절들이다.56)

芿(莻)

'莻'(늣)은 비단 인명표기뿐만 아니라, 지명표기에서도 찾아볼 수 있는 고유한자이다. 지명으로 '莻盆島'가 있다. 먼저 '芿'는 '仍'과 같이 그 音이 '잉'(古音싱)이나, 古地名에 모두 '느·너'에 음차되었다.57)

> 仍 如乘切 <說文>, 如蒸切 音芿因也 <集韻·韻會>
> 槐壤郡本高句麗仍斤內部 <三國史記 卷三十五·地理二>
> 陰城縣本高句麗仍忽縣 <三國史記 卷三十五·地理二>

---

56) 崔範勳, 『前揭書』, p.125.

57) 梁柱東, 『前揭書』, p.782.

穀壤縣本高句麗仍伐奴縣 <三國史記 卷三十五·地理二>

'仍斤內'는 '늣닉·는닉', '仍忽'은 '느릅ㅅ골'의 축약 '늡ㅅ골', '仍伐奴'는 '녯블닉·닛블닉'의 俗轉 '너블닉', '進仍乙'은 '긴느리'의 俗音 '진느리'이다.

다음 '芿'도 '艿·仍'와 같이 原音이 '잉'이나 '늣'으로 音借 사용되었다. 그러나 '仍'는 '乃'에 유추되어 후세에 '芿'로 전용되었을 줄 믿는다.

芿 乃洞 <正字通>

木麥花 芿藏伊 모밀느정이 <救荒撮要十一>

洪州屬島有芿늣盆島 盆者悲之謂也 -名鳴呼島 <晝永篇下>

'芿'가 '늣'으로 음차 사용되었다는 것은 사실이지만, '芿·艿'이 우리 고유의 고유한자라는 <晝永篇下>의 기록은 오류인 듯하다.

我國多字書所無之字 …… 又有有音無意之字芿音늣 …… <晝永篇下>

'莻·蒊'은 '艿·芿'에 '叱'을 합성하여 근세에 형성된 것으로 특히, 인명에 일반적으로 쓰였다.

<신자전>에 '莻늣 晩也느질兒名奴名多用之見俗書'라고 소개되어 있으며, 현행 자전에 '늦을 늣'으로 풀이하였다.

⿱甫叱

'⿱甫叱'(봇)은 지명표기에서 형성된 고유한자이다. 지명 '⿱甫叱乭岩'이 <새字典>(김민수)·<大漢韓辭典>(장삼식)에 수록되어 있다.

旕

'旕'(엇)은 비단 地名뿐만 아니라, 인명표기 또는 시조명에도 쓰이고 있는 고유한자이다. 인명표기로는 전술한 바와 같이 '旕節·旕切·旕折' 등의 노비명이 있고, 時調名으로는 '旕時調'가 있다. 지명으로는 '旕每'가 있는데, <새字典>·<大漢韓辭典> 등에 수록되어 '엇(-시조), 땅이름(-每)'라 풀이하였다.

⿱夕叱

'⿱夕叱'(욋)은 지명 '⿱夕叱怪'에서 형성된 고유한자이다. <신자전>에 '⿱夕叱 욋地名-怪 싸이름-⿱夕叱萬戶見搢紳案'이라 하였다. <새字典>(김민수)에는 '땅이름(-怪留防)'이라 풀이하였다. 그런데 <새字典>의 '⿱夕叱怪留防'의 '留防'은 '關防'의 잘못인 듯하다.

⿱直叱

'⿱直叱'(짓)은 지명표기에서 형성된 고유한자임을 다음으로 보아 알 수 있다.

乫洞 <續大典 卷之四·兵典·平安道>
乽軒洞乫洞 <大典通編 卷之四·兵典·平安道>

巼

'巼'(팟)은 비단 지명표기뿐만 아니라, 인명 '巼金·巼男'에서도 찾아볼 수 있는 고유한자이다. 지명 '巼亇'는 <새字典>·<大漢韓辭典>에 수록되어 '땅이름팟'이라 풀이하였다. 그런데 '巼'은 <東國輿地勝覽 卷三十七·珍島>에는 '巴叱亇島'라 하였으니, 이는 근세에 형성된 것이라 하겠다.

'ㄴ'(卩)종성표기로 형성된 고유한자에는 주로 지명표기에 사용된 '斜(斜)'이 있다. '斜'은 '斜'에 '隱'의 略體 '卩'(구결 약자)이 합자하여 이루어진 것이다.

斜

'斜'(산)은 다음과 같이 지명표기에서 형성된 고유한자이다.

斜音山地名有斜洞見搢紳案 <五洲衍文長箋散稿>
斜산地名ᄯᅡ이름斜洞萬戶見搢紳案 <新字典>

'斜'은 <새字典>, <大漢韓辭典>에 '땅이름산'이라 풀이하였다. <새字典>에는 '斜'으로 수록되어 있으나, 이는 '斜'과 同字이다.

이상 지명에 쓰인 고유한자에 대하여 그 몇 가지만 살펴보았다. 다음은 지명에 쓰인 국음자에 대하여 각기 살펴보기로 한다.

國音字에는 '串·只·丹·亍·旀·洑·歛·苫·召·杻·陜' 등이다.

串

'串'(곶)은 지명표기에서 형성된 국음자이다. 따라서 '串'은 '⿸广串'과 같이 '處所'의 뜻으로 쓰였다. 그러나 '串'의 原音은 <集韻>에 '古患切'이라 하였다.

串 곶○輿地勝覽作串今吏文或作⿸广串卽處之方言也 <吏讀便覽>

右明文段矣身以要用所致內倉員伏在穡字田 一日耕六卜五束⿸广串果後

洞員伏在俶字田二作合一卜五束⿸广串 …… <土地賣買文記>

상기례와 같이 '⿸广串'은 '處所'를 가리키는 國字로 공사문서에 사용되었음을 알 수 있다. 그런데 '⿸广串'의 형성과정을 살펴보면 '⿸广串'은 처음에 '處'의 뜻으로 郡·縣·鄕·部曲 다음가는 '小部落'의 칭호로 특수 산업지(陶磁器所·鹽所·金銀所)를 가리키는 '庫'에서 형성된 것이다. <大明律>에는 '處·所'를 의미하는 음차로 '庫'의 용례가 허다하다.

公私處所屬山枝·水梁·草枝·金銀銅錫鐵冶等庫乙奪占爲在乙良 <大明律 卷五·四>

高麗時又有稱所者有金所銀所 …… 紙所瓦所炭所 …… 之別而各供其物 又有稱處者 <輿地勝覽 卷七·驪州牧·古跡>

이미 앞에서 밝힌 바 있는 '串今吏文或作䆁'이라는 기록으로 보아 '串'은 '䆁'과 같이 '處所'의 뜻으로 쓰였음을 알 수 있다. '串'은 '登山串·城山串·暗林串' 등 허다한 지명에 쓰였다.

<신자전>에서 '串'에 대하여 '곶地名岬也꼬지有長山串月串箭串'이라 하였고, '䆁'에 대하여는 '곶 處也곶見俗書'라 하였다. 현행 제자전에서는 '串 곶'이라 하여 국음자라 하였다. 따라서 현행 지명으로 '長山串'(황해도), '宋串之(平北·熙川)' 등이 있다.

垌

'垌'(동)은 다음과 같이 비단 지명표기뿐만 아니라, '동막이'(堤防)의 뜻으로도 쓰인 국음자이다. '垌'의 원음은 <玉篇>에 '拕孔切'이라 하였다.

垌谷平安南道江東 <五萬分地圖>
垌幕平安南道江西 <五萬分地圖>
垌機平安南道平壤西部 <五萬分地圖>

<신자전>에 '垌동鑿池貯水동맥이見公私文簿'라 하였고, 현행 제자전에 '동막이 동'이라 풀이하였다.

亇

'亇'(마)는 다음과 같이 지명표기에서 찾아볼 수 있는 국음자이다. 그러나 '亇'가 國音字가 된 연유는 알 수 없다. 단지 '亇'의 국음자 형성은 國字 '㐃·仐'(마)가 '亇'와 字形이 유사한 데 있지 않나 생각된다. '亇'는 <集韻>에 '丑玉切'이라 하였으며, <說文>에는 '丑 步止也'라 하였다.

亇音麻也地名潭陽有亇入谷面平壤有亇島詳見輿地勝覽 <五洲衍文長箋散稿>

亇마地名짜이름潭陽有亇入谷平壤有亇島見輿地勝覽 <新字典>

'亇'는 현행 제자전에 '땅이름 마'로 풀이하고, 국음자라 하였다.

旀

'旀'(며)는 다음과 같이 지명에 쓰인 국음자임을 알 수 있다. 이에 대하여는 '吏讀表記와 固有漢字'에서 상론하기로 한다.

馬邑縣本百濟古馬旀知縣 <三國史記 卷三十六·地理二>

娚者零妙寺言寂法師在旀姉者照文皇太后君旀在旀 <葛項寺石塔記>

我國多字書所無之字 …… 又有有音無意之字 …… 旀音며 …… <晝永篇下>

<晝永篇下>의 '旀'(며)가 國字라 함은 오류라 하겠다. 이는 梁柱東 박사도 지적한 바 있거니와 '旀'는 '彌'의 약체라 하겠다. 즉 '弓'이 '方'으로, '爾'는 '尒'로 약서된 것이며, 古地名 등에서 '미'(彌)가 '며'(旀)로 轉音借된 것이라 하겠다.58)

馬邑縣本百濟古馬旀知縣 <三國史記 卷三十六·地理三>
古馬彌知縣 <輿地勝覽 卷十八·扶餘>
旀老谷烽燧 <輿地勝覽 卷十一·永平>
彌老谷 …… <輿地勝覽 卷十一·抱川>

'彌'는 또한 '弥'로, 전례 葛項寺 석탑의 '㜷'는 '妳'로 약서되었다.

召忽縣一云彌趨忽·弥趨忽趨 -作鄒買召忽 <輿地勝覽卷九·仁川>
弥秩夫城, 彌秩夫城 <輿地勝覽 卷二十二·輿海>

그러므로 '旀'는 '彌'의 약체로 기존의 한자에 새로운 의미를 부여하여 轉音借한 국음자라 하겠으며, 그 轉音 관계는 원음대로의 '미'와 轉音借한 '며'로 읽힌 듯하다.

建文三年 …… 妾生女子旀致亦中文字成給爲臥好事叱段 <列聖御筆·太祖賜淑愼翁主書>
宇努首百濟國君男旀奈會富意旀之後也 <姓氏錄·大和國諸蕃>
田宮中比旀布利比旀命 <釋日本紀 卷十三>

58) 梁柱東, 『前揭書』, p.458.

'旀致'(미치-민희)는 淑愼翁主의 이름으로 '末女'의 뜻인데, 古地名에 허다히 사용된 '彌知'(믿)의 '彌'는 그 音의 촉급음화로 '믿'(底·下)의 음차라 하겠다. 그리고 '日本書紀·釋日本紀·萬葉集·姓氏錄' 등에 사용된 '彌'는 '意旀'(오미), '比旀'(히메)와 같이 '미·메'로 음차되었다.

<신자전>에 '旀며 句讀하며見吏讀又地名新羅有旀知縣'이라 하여 고유한자로 소개되었고, 대부분의 현행 자전에 '하며며'로 풀이되어 있는데, 이는 國字(造字)가 아니라, 국음자라 하겠다.

洑

'洑'(보)는 비단 지명표기뿐만 아니라, '보'(引水灌田)를 뜻하는 국음자로 쓰였음을 알 수 있다. '洑'(보)는 <集韻>에 '房六切, 伏流也'라 하였다.

> 鑿渠之役必先遏灘也方言謂之洑 <經世遺表>
> 光山縣穴洑院 <輿地勝覽 卷三十五·光山>
> 洑坪里全羅南道海南 <五萬分地圖>
> 中洑洞黃海道銀波里 <五萬分地圖·鳳山>

<신자전>에 '洑보引水灌田보맥이與湺字之義同'이라 하였으며, 현행 자전에 '보마기보'로 되어 있으며, 충북 槐山에 '支石洑(굄돌보)·朴達洑·中洑·上洑' 등이 있고, '洑垌·洑稅·洑水稅·洑主' 등의 어휘가 있다.59)

歙

‘歙’(삽)은 현행 지명 ‘歙谷’(삽곡)에서 찾아볼 수 있는 국음자이다. ‘歙’(삽)은 다음의 예증으로 보아 丹陽縣名 ‘섭’의 유추로 인한 변이가 아닌가 생각된다.

> 歙地名丹陽有歙縣 <說文>
> 歙흡縮鼻歛氣 셥義同丹陽縣名 <全韻玉篇>
> 歙흡縮鼻歛氣 셥義仝縣名 <字典釋要>

‘歙谷’은 현재 강원도 통천부에 있어 休戰線 이북에 있으며, ‘흡곡’이라 한 문헌이 많으나, 이는 ‘삽곡’의 잘못이라 하겠다. 鮎貝房之進은 ‘歙’(삽)을 속음자라 하였다.[60] ‘歙’(삽)은 <集韻>에 ‘迄及切, 縮鼻也’라 하였다.

苫

‘苫’(섬)은 다음과 같이 ‘섬’(島嶼)을 지칭하는 국음자임을 알 수 있다. <集韻>에는 ‘詩廉切, 茨屋也’라 하였다.

> 苫者編草以覆屋也 …… 吾東公穀十五斗爲一石私穀二十斗爲一石又以石爲苫蓋以東俗編草爲蕢而納粟米斯之謂苫於是粟米

---

59) 『한국지명총람』(충북편), 한글학회.

60) 拙稿(1980), 「鮎貝房之進의 『俗字攷』에 대한 分析考察」, 『蘭汀南廣祐博士華甲記念論叢』, 일조각.

既瀉名之曰空石豈不誣哉苫本音蟾셤誤讀如占졈故不知苫卽苫也崔致遠崇福寺碑云益丘壟餘二百結酬稻穀合二千苫注云東俗以一十五斗爲一苫○方言島亦曰苫本音셤大明一統志朝鮮山川有江華島紫燕島菩薩苫紫雲苫春草苫苫苫跪苫注云圖經小於島而有草木曰苫俱在全州南海中 …… 今按方言穀包曰苫島嶼亦曰苫然穀苞之苫平聲島嶼之苫去聲 <雅言覺非 卷之三>

橫嶼在群山島之南一山特大亦謂之案苫 <高麗圖經 卷三十六·海道>

<신자전>에 '盛穀蒿篅섬又島嶼稱全州海中有菩薩苫'이라 하였으며, <새字典>에 '섬섬'이라 하였다.

召

'召'는 古地名 기타에 '죠·조'와 속음 '쇼'로 일찍부터 사용되었다.

德積島在南陽府海中召忽島죠콜셤南六十里許 <龍歌 卷六·五八>

加祚本加召縣召之變而爲祚以方言相近也 <世宗實錄地理志·慶尙·居昌>

召史 조이○閭巷女人之稱號 <吏讀便覽>

未鄒尼 今一作味 又未祖可未召 <三國遺事 卷一·王曆>

買召忽縣一云彌鄒忽 <三國史 卷三十七·地理四>

黃潤縣本召羅縣 <三國史記 卷三十四·地理一>

聞韶郡本召文國今義城府 <三國史記 卷三十四·地理一>

召史 소사良民之妻稱召史 <羅麗吏讀>

이와 같이 '召'는 '조·소'에 음차되었고, 또한 '초'에 通借되어 지명 및 기타에 쓰였음을 알 수 있다. 그런데 '召'는 <全韻玉篇>에 '召죠 俗쇼', <三韻聲彙·奎章全韻>에 '召쇼 죠', <華東正音>에서 '召죠', <唐韻>에는 '直小切', <集韻·韻會>에는 '直笑切, 時照切, <說文>에는 '召評也从口刀聲'으로 되어 있으며, <類合下六>에는 '召브를쇼'로 되어 있다.

兪昌均 교수[61]는 지명 '召文國→聞韶', '買召忽縣→邵城縣'를 중심으로 字互用의 계열을 '召→韶→邵'라 하였다.

그런데 <新字典>에는 '召조棗也대초見醫方'으로 되어 있으며, <大漢韓辭典>(장삼식) <漢韓大辭典>(동아출판사) 등의 현행 제 자전에 그대로 '대추 조'로 풀이되어 있다. 이는 어디까지나 <漢醫方>에 근거를 둔 주석일 줄 믿는다.

주지의 사실이지만 한약재명이 <鄕藥救急方·三和子鄕藥方·鄕藥採取月令·東醫寶鑑> 등과 일본에서 가장 오래되고 방대한 <本草綱目啓蒙>에 唐材名과 吏讀가 병기되어 있는 점으로 비추어 보아, '棗'를 '召'[62]로 표기한 것은 단순한 吏讀式 음차에 지나지 않다 하겠다. 그런데 <세종실록 지리지>에는 '丹棗俗訛稱丹召又稱丹金'<世宗地志 卷一四八·京畿·積城>이라는 지명이 있다.

---

61) 兪昌均(1969), 「韓國古代漢字音硏究」, 『학술연구 조성비에 의한 연구보고서 어문계1』, 문교부.

62) 漢醫方에서 현재 '棗'를 '召' 또는 '㕣'로 표기하고 있다.

'㶚'를 '召'로 표기함은 단순한 음차로 지명상에서는 訛稱이라 하겠으나, 漢醫方에서 아직도 쓰이고 있으므로 國義字라 하겠다.

杻

'杻'(축)은 地名表記뿐만 아니라, '檍也'(싸리)의 뜻을 가진 국음자라 하겠다.

杻◯說文械也或从丑 <集韻>
杻檍 <爾雅 釋木>
杻音檍也荊也俗訓撒里見各司官薄 <五洲衍文長箋散稿>

'杻'은 '械·檍'의 뜻으로 쓰였음을 알 수 있고, 그 音은 <集韻>에 '忍九切·敕九切'의 二音으로 나타나 있으며, <訓蒙中 十五>에는 '두드래츄 手械'[63]로 나타나 있어 '축'은 <集韻>의 '或从丑'의 유추라고도 할 수 있겠으나, 다음과 같이 일찍부터 地名 등에 사용해 온 국음자인 듯하다.

杻串山 在府西十五里 <輿地勝覽 卷九·富平·山川>
杻城山 <輿地勝覽 卷十六·淸安>

<新字典>에 '杻축檍也싸리見各司官簿'라 하였고, 現行 지명에 **'싸리골'**(杻洞)(忠北·中原), **'싸리재'**(杻峴)(忠北·中原), **'쌀내'**(杻川

63) 異本에는 '杻 두드래튜 手械'로 기록되어 있다.

里)(江原・三陟), '싸리치'(杻峙)(江原・原城) 등 허다하다.

陜

'陜'(합)은 <俗字攷>[64]에서 正音은 '협', 俗音은 '합'이라 하여, 俗音 '합'은 '陜川(경남 합천)'의 경우를 들었다. 古韻書를 비롯하여 현행 자전 중 오직 <大漢韓辭典>(장삼식)만이 이를 '國音 합'이라 하였고, 餘他의 자전에서는 '협'音만이 밝혀져 있다. '합'은 오직 '陜川'의 경우뿐인데, 그 근거는 알 수 없으나, 이는 현행 지명임으로 國音字로 인정해야 되겠다.

이상 지명에 나타난 국음자에 대하여 살펴보았다. 다음은 國義字에 대하여 살펴보기로 한다. 지명표기에 나타난 國義字는 檍, 詷, 㬢, 遷, 浿, 評 등이다.

檍

<신자전>에 '檍 덕地名싸이름關西寧邊府古名高將檍關北甲山府白頭山地名多檍字見白頭山記'라 하여 '檍'[65]을 國字(造字)라 하였는데, 이는 國義字라 하겠다. 따라서 현행 제자전에서 이를 '國字 땅이름 덕'이라 한 것은 <신자전>의 인용이라 하겠다.

'檍'은 국의자로서 지명에 쓰였음을 다음으로 보아 알 수 있다.

---

64) 鮎貝房之進, 『前揭書』, p.339.

65) <正字通>에 '檍同㝵㭆字之譌'라 하였다.

참고로 몇 가지만을 예거하기로 한다.

> 㯖音德關西寧邊府古名高將㯖關北甲山府白頭山地名多㯖字見白頭山記 <五洲衍文長箋散稿>
> 上㯖平北慈城 <五萬分地圖>
> 雲㯖平北慈城 <五萬分地圖>

그런데 鮎貝房之進[66]은 다음과 같이 '高阜曰㯖'을 들어 '㯖'을 國義字라 하였다.

> 門曰烏剌山峰曰嶂高阜曰㯖邊涯曰域墻壁曰築淺灘曰膝猫曰虎樣貰牛曰輪道里鳥網曰彈狹戶曰生契南曰前北曰後 <北塞紀略>

遷

'遷'의 原字義는 '徙也移也'[67]인데, 우리나라 古地名 등에서 '벼ᄅᆞ'로 훈차되어, '兩崖迫水之路'의 뜻으로 쓰인 국의자라 하겠다.

> 淵遷쇠벼ᄅᆞ <용비어천가>
> 遷方言別吾 <雅言覺非 卷之二>
> 빙애或云벼로(地灘) <譯語上七>

'벼ᄅᆞ'의 현대어는 '벼랑'이다.

---

66) 鮎貝房之進, 『前揭書』, p.192.
67) 『說文』, 遷登也, 『廣韻』, 遷去下之高又賤徙也.

浿

'浿'는 지명표기에 쓰인 국의자임을 다음으로 보아 알 수 있다. 특히 成元慶 교수68)는 '說文解字上 韓國漢字'에서 '浿'를 다음과 같이 국의자라 하였다

浿水出樂浪鏤方東入海 段氏注云 水經曰 水出樂浪鏤方東南過臨浿縣 東入於海 …… 逕故樂浪朝鮮縣亦卽樂浪郡治而西北流故地理志曰 浿水西至增地縣入海 水今朝鮮國之大通(同)江 在平壤城北 平壤城卽古王儉城漢之朝鮮縣也 隋書曰平壤城南臨浿水 <說文解字注十一篇下 卷二十五張>

기타 '說文解字上 韓國漢字'로서 특히 지명표기에 쓰인 것으로 成教授는 '誧·䑌'를 들었다.

誧: 樂浪有誧邯縣 <同三篇上 卷二十四張>

䑌: 樂浪有東䑌縣 段氏注云樂浪郡東䑌見地理志 樂浪今朝鮮國地 …… <同七篇上 卷六張>

評

'評'은 '郡'(고을)의 뜻으로 쓰인 국의자이다. 특히 鮎貝房之進69)은 內外史籍의 예증을 들어 '評'이 다음과 같이 지명표기에

68) 成元慶, 「前揭論文」.

69) 鮎貝房之進, 「前揭書」, pp.133~134.

쓰였다고 하였다.

新羅語言待百濟而後通　其俗呼城曰健牟羅　其邑在內曰啄評在外曰邑勒 <梁書·新羅傳>

二十四年毛野臣聞百濟兵來迎討背評　背評地名亦熊備巳富利傷死者半 …… <日本書紀·繼體紀>

新羅에 있어서 '郡'(고을)에 해당하는 '評'字를 『梁書』에서는 '在內曰啄評'이라 하였다. 그러나 과연 신라에 '啄評'(喙評)이란 熟語가 있었으냐 하는 것은 분명치 않으나, 단지 신라시대에 郡邑의 뜻으로 '評'이 쓰였다는 것은 귀중한 자료가 될 것이다. 따라서 다음의 隋書의 '內評外評'과 高句麗紀의 '評者'라는 직관의 '評'은 同義로서 '內評外評'은 '內邑外邑', '評者'는 '邑主'와 同義라 하겠다. 그리하여 鮎貝房之進은 '신라와 고구려가 다같이 '評'을 '郡邑'(고을)의 뜻으로 사용한 듯하다' 하였다.

故國川王十二年中畏大夫沛者於卑留評者左可慮皆以王后親戚執國權柄 <三國史記·句麗紀>

隋書云高句麗官有太大兄次大兄次小兄 …… 凡十二年後內評外評五部褥薩 <三國史記·職官>

이상 地名表記에 나타난 고유한자를 國字·國音字·國義字로 분류, 주로 그 用字類에 대하여 살펴보았다. 이를 다시 그 字類上의 특징에 대하여 살펴보기로 한다. 먼저 國字(造字)에 대하여 그 몇 가지를 지적하고자 한다.

무엇보다도 舊地名 때부터 사용해온 지명이 많다. '迲城·怾怛·亇知島·北椧寺·鐥島·漸泳·篢城·㯎木城·楡岾寺·櫑城' 등이 그것이다.

그 반면 固有漢字 지명이 개정 이후에는 일반 한자화한 지명이 있다. 이는 兪昌均 교수가 밝힌 '音의 代置'와 같은 현상으로 '迲城-守城-水城'을 들 수 있다.

또한 景德王의 지명 개정 이후 그 변천과정에서 國字化한 지명이 있다. '赤城-磧城-䃱城'과 '篢食-篢䉷' 등인데, 이는 그 지명의 구체성을 밝힌 것이다. 환언하면 그 지방의 특성을 밝힌 것이니, '䃱城'은 <盎葉記>의 '䃱字字書闕攷䃱城似是積城沿江皆石壁'으로 보아 알 수 있으며, '篢䉷'은 현 全北沃溝郡米面篢䉷島里인데, '篢䉷島'에는 대나무(竹)가 많고 따라서 그 생산품이 많다고 한다.70) 또한 '篢'가 國字이니만큼 같은 국자로 '䉷'을 造字하였는지도 모른다.

그런데 이러한 고유한자는 대부분 그 音義가 미상이다. 音은 대체적으로 고유한자의 形聲에 의하여 유추가 가능했지만, 字義에 대해서는 미상인 경우가 많다. '迲(자래)·亇(마치)·椧(홈통)·鐥(대야)·篢(고리)' 등은 고문헌에서도 그 字義를 찾아볼 수 있고, 현행 제자전에 대부분 밝혀 있다. 또한 지명의 변천과정에서 '䃱'과 '櫑'는 그 字義를 유추할 수도 있을 듯하다.

국어의 종성표기에서 형성된 고유한자는 그 대부분이 '乙'(ㄹ)과 '叱'(ㅅ) 첨가의 고유한자가 많다. 字音은 人名表記에 있어서

70) 졸고(1973), 「固有漢字(國字)攷(2)」, 『論文集』 제18집, 중앙대.

와 같이 평이한 일상의 한자에 '乙·叱'이 첨가되어 있어서 난해한 것이 없으나, 역시 字義에 있어서는 특수 造字의 경우와 같이 미상의 것이 있다. 그러나 인명표기에 있어서와 같이, 우리의 고유어를 표기한 것으로 '乬(걸-)·⿱老乙(늘-)·乭(돌)·乺(솔)·乻(얼)·⿱亐乙(올-)·乼(줄)·乶(볼)·⿱去叱(끝)·⿱芿叱(늣-)·旕(엇-)' 등이 있다. 따라서 종성표기에서 형성된 고유한자는 지명과 인명에서 거의 공통으로 쓰이고 있는 듯하다. 이 점에 대해서는 '吏讀表記와 固有漢字'에서 재론하기로 한다.

國音字에 있어서는 먼저 국음의 형성과정이 미상인 것들이 있다. 그러나 漢字音의 변천에서 형성된 것도 있고, 또한 지명의 변천에서 형성된 것도 있다. 즉 '丹'(단>란)은 <東國正韻>序에 '端之爲來 不唯終聲 如次第之第 牡丹之丹之類 初聲之變者 ……' 에서 찾아볼 수 있다. '歃'(삽)·'陜'(합)은 '歃谷'(삽곡) '陜川'(합천)에서 형성된 것으로, 이는 전술한 바 있다. 그리고 '串·只·亍·旀' 등은 吏讀表記에서 형성된 것들이다. 이는 다음 '吏讀表記와 固有漢字'에서 상론하기로 한다.

國義字로서 형성된 지명은 주로 외국 史籍 중심의 것만을 소개했다. 전술한 바와 같이 '誹·陑·淏·評' 등인데, <說文>·<梁書 新羅傳>·<日本書紀> 중심의 지명표기를 살펴본 것이다.

이상 고유한자 地名의 解讀에 대하여 살펴보았다. 역시 해독상 미비한 점과 독단이 없지 않을 줄 믿는다. 보다 나은 후속연구가 있을 것을 기약하면서, 이상에서 얻은 몇 가지 사실을 정리해 보려 한다.

① 固有語 地名으로서의 특징을 내포하고 있다.

②字義 미상의 고유한자가 많다.

③고유한자 地名은 지역적 특징을 구체화하였다.

④國音字 형성을 지명변천에서 찾아볼 수 있다.

⑤固有語人名과 地名에 공통된 고유한자가 많다.

끝으로 지명표기 固有漢字 一覽表를 소개하면 다음과 같다.

( )는 國音字, *는 國義字이다.

	ㅏ	ㅑ	ㅓ	ㅕ	ㅗ	ㅛ	ㅜ	ㅠ	ㅡ	ㅣ	ㅐ	ㅚ
ㄱ	乫 坤		乬 法 乬		(串)				㐎	怾 (只)		
ㄴ					乷				莻			
ㄷ			橀		乭 (垌)							
ㄹ	(丹)											
ㅁ	乛 仒 (亍)			椧 (旀)								
ㅂ	炑				乶 乶(洑)							
ㅅ	斜 乷 乷(歙)		鐥 (苫)		乺		迲		浻	篒		
ㅇ		鄕	乻 旕		*䛐	玩 篔 乭				*暁		乽
ㅈ	櫒 乽		硳 岾		(召)		乼 乼			啚		
ㅊ			*遷				橻 (杻)					
ㅋ												
ㅌ												
ㅍ	毘			*評							*涀	
ㅎ	乤 (陜)											

2) 人名·地名 표기의 字類上의 특징 비교

인명표기에 있어서도 마찬가지였지만, 지명표기에 있어서의 고유한자의 분포와 빈도는 매우 빈약하다. 李崇寧 교수의 '新羅時代의 表記法體系에 관한 硏究'에서 '地名表記法의 用字體系'라든가, '人名表記法의 用字體系'[71]에 비한다면, 너무나도 빈약하고 미미하다. 따라서 지명어휘의 의미상의 내용분석은 어려운 문제라 하겠다. 그것은 무엇보다도 전술한 바와 같이 지명에 쓰인 고유한자의 字義의 미상이 대부분이기 때문이다.

그러나 지명어휘의 의미 내용상의 몇 가지 특징을 지적할 수 있다 하겠다. 먼저 國字(造字)로 형성된 '伽倻·居尸坤·迲村·鐥島·篔篢·琓夏國·㮠木城·硋城·橉城' 등을 비롯하여 국어의 종성표기에서 형성된 고유한자로 이루어진 '厺島·曲㐋·乭未串·長山串·菩薩苫' 등에서 찾아볼 수 있는 것은 지리적 특성이라 하겠다. 지명어휘에서 찾아볼 수 있는 지리적 특성은 비단 고유한자 地名뿐만 아니라, 신라의 지명어휘에서도 마찬가지라 하겠다. 그 몇 예를 들어보면 다음과 같다.[72] '今勿(곰믈)·巨老(거루)·阿莫(아막)·屈阿火(구블)·麻彌良(마밀)·達句(달구)·知品(딮)·助比(조비)·居陁(걸)·生西良(ᄉᆡᄂᆡ)·多沙(다ᄉᆞ)' 등이다.

---

71) 日本의 高木은 『古事記』의 人名數 1560에서 統計를 내어, 日本音韻에 맞추어 소개하였고, 李崇寧은 『三國史記』, 『三國遺事』를 주로 하여, 약 2,000의 人名을 정리하였다. 또한 千素英(1990)은 『古代國語의 語彙硏究』(부록2 古代人名 일람)에서 2000餘의 인명을 소개하였다.

72) 姜錫潤, 『前揭論文』.

李崇寧 교수의 '人名表記法의 用字體系'와 '地名表記法의 用字體系'에 보면 고유한자인 '亇'(마)가 '馬 摩'와 같이 나타나 있고, 또한 국음자인 '只'(기)가 '奇·己·岐'와 같이 나타나 있다. 餘他는 찾아볼 수 없다.

인명표기에 있어서도 마찬가지지만, 지명표기에 있어서도 국어의 종성표기 고유한자에서 고유어 地名을 표기한 것이 많다. 이는 주로 'ㄹ'(乙) 종성표기의 '乫·乬·乮·乶·[illegible]·[illegible]·[illegible]·[illegible]·[illegible]·[illegible]·[illegible]·[illegible]·[illegible]' 등이며, 'ㅅ'(叱) 종성표기에서 형성된 '[illegible]·[illegible]·[illegible]·[illegible]·[illegible]·[illegible]·[illegible]·[illegible]' 등이다.

이상을 중심으로 지명표기와 인명표기의 字類上의 특징을 몇 가지 비교 고찰해 보기로 한다.

① 고유어 人名表記나 地名表記는 國字(造字)와 국어의 종성표기에서 형성된 고유한자로 이루어져 있다는 점이다. 그런데 國字(造字)에 있어서는 공통으로 쓰인 고유한자가 한두 字에 지나지 않으며, 終聲表記에서 형성된 고유한자는 대부분 공통으로 쓰이고 있다. 이는 첫째는 固有語 표기라는 점일 것이며, 둘째는 한국어의 음절말음이 7終聲으로 되어 있기 때문일 것이다.

② 고유어 人名表記에 있어서는 글자만 固有漢字(國音字)를 썼을 뿐, 실질적으로는 中國式(作名法)이라 할 수 있으며, 지명표기에 있어서는 경덕왕의 改定 지명과 같이 漢字語式 지명이라 하겠다.

③ 지명표기나 인명표기에 쓰인 固有漢字(國字)는 대부분 音義 미상이 많다. 단지 이를 形聲과 類推에 의하여 音義를 추정할 것이 많다.

④국어의 終聲表記에서 형성된 固有漢字는 인명표기의 경우는 대체적으로 7終聲을 갖추고 있으나, 지명표기에 있어서는 주로 'ㄹ'(乙)과 'ㅅ'(叱) 종성표기의 固有漢字가 대부분이다.

⑤국어의 종성표기에서 형성된 고유한자로 이루어진 인명이나 지명은 주로 고유어표기라는데 일치하고 있다. 따라서 同字의 고유한자가 많으며, 일상의 쉬운 한자가 종성표기하여 造字하였다.

⑥國音字에 있어서 國音의 형성은 지명 변천이나 吏讀表記에서 형성되었다고 하겠다.

⑦國義字는 지명표기에서만 몇 가지를 찾아볼 수 있었다. 어쨌든 지명과 인명은 고유명사라는 점에서는 같으나, 語彙의 범주면에서는 다르다. 따라서 이 兩者는 固有語 표기체계를 온전하게 後代에 전승하지 못했다. 그것은 지명은 경덕왕 이래 한자어화하였으며, 인명은 일찍이 삼국시대부터 상류계급에서부터 시작되어 하류계급에 이르기까지 中國式(作名法)으로 바뀌었다는 것은 주지의 사실이다. 단지 노비나 하류계급에서 固有語人名과 그 표기법을 계승하여 그 전통성을 보여 주었을 따름이다. 고유명사에 있어서 우리의 漢字借用方法은 주로 音借法이었으나, 한국 漢字音으로 固有語音을 표기할 수 없을 경우에는 부득이 訓借法을 활용하였다. 기타 音借末音添記法과 訓借末音添記法이 있다.73)

끝으로 地名과 人名에 공통으로 쓰인 고유한자를 소개하면

73) 崔範勳,『前揭書』, p.164.

'乫·乽·乭·乶·乷·乺·乼·亘·㐊'과 '畓·茻·㙒·昆'의 주로 국어의 종성표기에서 형성된 고유한자이다. 그리고 전술한 바 있지만, 國字 '亇'와 國音字 '只'가 있는데, 이는 신라시대의 人名·地名의 표기체계에서도 찾아 볼 수 있는 고유한자이다.

3. 官職名表記와 固有漢字

漢字가 수입된 초기에는 비단 人名이나 地名뿐만 아니라, 관직명까지도 한자의 音訓을 借用表記했다는 것은 주지의 사실이다.

따라서 신라 中期에 이르러 지배계급과 한학자들에 의하여 國號나 왕호, 왕명 또는 人名 등이 漢字語로 바뀌면서 관직명도 점차 한자어로 바뀌게 되었다는 것 또한 전술한 바다.[74]

그런데 이러한 官職名에는 몇 가지의 고유한자가 나타나 있다. 그것은 주로 신라시대의 관직명에서 찾아볼 수 있는 것으로, 音借表記된 관직명과 尊卑稱號에 나타나 있다. 이를 그 몇 가지만 각기 소개하면 다음과 같다.

柔

'柔'(말)[75]은 '奈麻' 곧 '乃末'의 합성자이다. 이는 다음과 같이 신라의 관직명으로 쓰였던 것이다.

---

74) 金亨奎, 『前揭書』, p.42.

75) '柔'은 音義를 '벼슬말'로 한다. 그것은 허다한 고유한자가 未詳音義를 形聲으로 유추했기 때문이다.

一曰伊伐飡二曰伊尺飡 三曰迊飡 四曰波珍 …… 十曰大奈麻 自重奈麻至九重奈麻 十一曰奈麻 自重奈麻至七重奈麻 <三國史記 卷三十八·職官上>

在家弟子中缺 州官 郎中 旻會⿱乃末 金舜⿱乃末 侍郎興林⿱大末 <興法寺·眞空大師塔碑>

十一曰奈麻奈末 <三國史記 卷三十八·職官上>

匠人本彼部强古乃末 <三國遺事·芬皇寺·藥師>

釋眞表完山州萬頃縣人父曰眞乃末母吉寶娘姓井氏 …… <三國遺事·眞表傳簡>

學□卿韓明寔奈末 <龍頭寺鐵幢記>

'⿱乃末'은 신라 제11위 직관으로 <삼국사기>의 '奈麻·奈末'과 <삼국유사>의 '乃末·乃末'의 합성 造字이다. '乃·奈'는 '川·壤'의 뜻의 '내·ᄂᆡ', '末'은 '上·宗·頭'의 뜻의 'ᄆᆞᄅᆞ·말'이다. 따라서 伊伐飡·迊飡·波珍飡'(셜찬·잣찬·바ᄃᆞᆯ찬)이 각각 '京長·城長·海官'의 뜻임으로 '奈麻'(乃末)은 '川官'의 뜻일 것이다.[76] 그런데 鮎貝房之進은 '⿱乃末'(乃末)은 고려 肅宗朝까지 踏襲한 관직명이라 하였다.[77]

'⿱大末'(말)은[78] 신라 제10위 관직명인 '大奈末'의 '奈'를 생략하고,

76) 梁柱東, 『前揭書』, p.111.

77) 鮎貝房之進, 『前揭書』, p.30.

78) '⿱大末'의 音義를 '벼슬말'로 한다.

'大末'의 2字를 1字化한 것이다.

在家弟子中缺州官 郎中 旻會朶 金舜朶 侍郎 興林柰 秀英柰 上柰 信希夲 <原州興法寺眞空大師塔碑陰記>

儒理王九年十七等 一曰伊伐湌 …… 十曰大奈麻或云大奈末自重奈麻至九重奈麻 十一曰奈麻或云奈末自重奈麻旨七重奈麻 …… <三國史記 卷三十八·職官>

韓奈末金利益 韓奈末金池山 大奈末金楊原 奈末甘勿那 大奈末金原升 大奈末金壹世 大奈末金釋起 大奈末金長志 <日本書紀·天武紀>

'大奈末'(柰)은 '한내말'로 '奈末'보다 一位가 높은 관직인 것이다.

夲

'夲'(등)[79]은 '朶·柰'과 같이 2字가 결합하여 이루어진 국유한자로 金石文 등에 허다히 쓰였다.

在家弟子中缺州官 郎中 旻會朶 金舜朶 侍郎 興林柰 秀英柰 上奈 信希夲 <原州興法寺眞空大師塔碑陰記>

當寺令釋紬大德　檀越兼令金希一正朝金守ㅁ○○同釋希○○金寬謙監司上和尙信學○○前侍郎孫熙夲　前兵部卿慶柱洪柰學卿韓明寔奈末時司慶　奇俊大舍學院郎中孫仁謙鑄大○○　<淸州龍頭寺幢竿記>

79) '夲'의 音義를 '벼슬 등'으로 한다. 그리고 韻書에 '夲'이 있으나, 이는 '小船梢木'의 뜻으로 쓰이는 別字이다.

'⿱大朩'은 관직명 '大等'의 '等'이 '朩'로 약서되어, '⿱大朩'이 된 것이다. 즉 '大等'은 '⿱大朩', '上大等'은 '上⿱大朩'으로 표기되어, 이는 신라시대부터 麗初에 걸쳐 관직명으로 사용되었다.

> 法興王十八年 …… 拜伊湌哲夫爲上大等摠知國事上大等官始於此如今宰相 …… 法興王十九年金官國主金仇亥 …… 以國帑寶物來降王禮 待之授位上等以本國爲食邑子武力仕至角干 …… <三國史記 卷四·新羅本紀第四·法興王>
>
> 大等興軍主憧主道使與外村主審○○ 大等喙末得○尺干 上州行使 大等沙喙宿欣智及尺干下州行使大等沙喙春夫智大奈末 西阿郡使大等喙北只智大奈末 <昌寧碑>
>
> 成宗二年改州府郡縣吏職 以兵部爲司兵 倉部爲司倉 堂大等爲戶長 大等爲副戶長 郎中爲戶正 員外郎爲副戶正 執事爲史 兵部卿爲兵正 筵上爲副兵正維乃爲兵史 倉部卿爲倉正 <麗史·選擧三銓注>(방점 필자)

'等'의 약체로 '才' 혹은 '木'로 쓰였다는 문헌적 例證을 <俗字攷>[80]에서는 다음과 같은 제례를 들었다.

> 繼願成畢爲才 犯由白去乎才用良 <淨兜寺石塔造成形止記>
>
> 僧傳云憲安王封爲二朝王師號照咸通四年卒與元聖年代相朩未知執是 <三國遺事·緣會逃名>(正德本)

신라 官職名 '一吉湌·乙吉干'은 다같이 '웃길 찬·울길 한'으로 제10官等 '吉士·吉次'(길치)에 대한 '上吉干'과 같이 '웃길

80) 鮎貝房之進, 『前揭書』, p.26.

찬·웃길 한'으로 풀이할 수 있다.[81)]

이상 관직명에 쓰인 고유한자 '㮈·㮊·㭾'에 대하여 살펴보았다. '㮈'은 '奈末·乃末'(내말)로 '川官'의 뜻이며, '㮊'은 '大奈末'로 '한내말'이며, '㭾'은 '上大等'으로 '웃길찬·웃길한'(제7等位)이다. 그런데 신라의 관직명 語彙는 신분에 대한 높낮이의 표현이 많다고 한다.[82)] 즉 '한(大)·얃(下)·앛(次)·웃(上)·싀(新)' 등으로 이는 전술한 '大奈末(한내말)·上大等(웃길찬)'에서도 찾아볼 수 있다. 참고로 몇 가지 관직명을 소개하면 '伊伐飡(쐴한)·伊尺飡(잋한)·迊飡(잣한)·阿飡(앛한)·沙飡(쇳한)·級伐飡(급한)·奈麻(나모)·造位(재)' 등이다.

다음은 국음자 '干·尺·赤'에 대해서 각기 살펴보기로 한다. 이는 관직명에도 쓰였지만, 주로 칭호로 쓰였던 것이다.

干

'干'(한)은 신라시대에 왕명이나 관직명으로 쓰였다.

> 三國史記亦作翰○李齊賢曰新羅時其君稱麻立干其臣稱阿干至於鄉里之人例以干連名呼蓋相尊之辭 <吏讀便覽>
>
> 始祖姓朴氏諱 …… 號居西干辰宮王(或云呼貴人之稱) <新羅本紀第一·赫居世居西干>
>
> 因名赫居世王蓋鄉言也或作弗矩內王言光明理世也位號曰居

81) 梁柱東, 『前揭書』, p.427.
82) 姜錫潤, 『前揭書』, p.48.

瑟邯或作居西干 …… 自後爲王者之尊稱 <遺事 卷一 新羅始祖>

이와 같이 '干'이 尊稱으로 사용되었음을 알 수가 있다. 그런데 이러한 '干'(한)이 조선시대에 와서는 다음과 같이 卑稱으로 바뀐 것이다.[83]

李睟光曰我國方言謂種蔬者爲園頭干漁採者爲漁夫干造泡者爲豆腐干大抵方言以大者爲干故也○今通稱賤人爲干皆名分僭訌之致故俗用則代以漢學 <吏讀便覽>

家人伴黨舍主爲頭處干(小作人)等亦威勢乙憑伏良民乙侵害爲族 <大明律>

烽火干・田干 <李朝史誌>

時浦邊有一嫗名阿珍義先乃赫居世王之海尺之母 <三國遺事 卷一・脫解王>

그럼 어째서 이 '干'이 尊卑稱에 두루 쓰이게 되었는가 하는 것은 아직 이렇다는 자료를 얻어 보지 못했으나, 여기서 한 가지 밝히고자 하는 것은 '干'이 尊稱으로 사용한 시대는 오직 신라시대뿐이며, 麗朝부터는 전연 찾아볼 수 없는 현상이다. 그것은 吏讀文이 사용하기에 불편하다는 점도 없지 않겠으나, 무엇보다도 漢字의 영향이 큰 줄로 생각한다. 그리하여 제반 稱號에 있어서도 漢字 그대로의 것을 취하게 되었으니, 一例를 들어 신라시대에 왕의 稱號로 사용하였던 '麻立干', '居西干', '尼師今' 등은 겨우 22代 지증왕 때까지 사용하고, 23代 법흥왕 때부터는 중국식의

83) 졸고(1959), 「卑稱에 관한 一考」, 『文耕』 제7집, 중앙대 문리대.

칭호인 '王'으로 변경되어 줄곧 이어 써내려 왔던 것이며, 관직명에 있어서도 역시 신라시대 吏讀로서 표현하였던 것이 麗朝에 와서는 전부 중국식 관직명으로 바뀌고 단 몇 가지의 칭호가 이어 내려왔던 것이다. 그런데 이 '干'의 어원은 '漢-汗-干'의 과정을 밟아 바뀐 것으로서, '漢'과 '汗'이 同義語로 볼 수 있음을 다음의 기록으로 보아 알 수 있다.

> 芝峯曰按我國方言干音汗如謂種蔬者爲園頭干漁採者爲漁夫干造泡者爲豆腐干大抵方言以大者汗故謂干爲汗亦此也 <古今釋林 卷二十七>
>
> 東俗呼大爲漢爲汗爲干……如呼祖父曰한아비者大父也 <頤齋遺藁>
>
> 大方言與漢汗干同音義 後凡言大池大澤大川之類 皆倣此 <東國輿地勝覽>

위에 보인 바와 같이 '干'은 '園頭干'(원두한) '漁夫干'(어부한) '豆腐干'(두부한)과 같이, 채소나 과일을 가꾸어 팔고 생선이나 팔며 또한, 두부를 만들어 파는 사람들에게 이 '干'(한)을 卑稱으로 사용하였던 것이다. 그런데 이 '干'이 뒤에 와서는 'ㅎ'音이 탈락하여 '원두안', '어부안', '두부안'으로 바뀌어, 최근까지 사용한 흔적을 찾아볼 수 있다.

尺

'尺'(자이)는 다음과 같이 신라시대 주로 관직명에 쓰였던 尊稱

임을 알 수 있다.

阿飡或云阿尺干或云阿粲 <三國史記 卷三十八·職官上>

一尺干 及尺干 沙尺干 <三國遺事·昌寧碑>

伊伐飡或云伊罰干或云角干或云角粲 <三國史記 卷三十八·職官上>

伊尺飡或云伊飡 <三國史記 卷三十八·職官上>

기타 '迊飡·波珍飡·大阿飡·一吉飡·沙飡·級伐飡' 등이 있는데, 이 '飡'은 그 音이 '尺干'(자한)의 合音 '찬'으로서, '干'과 마찬가지로 尊卑稱에 쓰였는데, 그 까닭은 알 수 없다.

그런데 이 '찬(飡)'을 <삼국유사>에는 '喰'으로 기록하였으나, 이는 '飡'과 同義語인 것이다.

海官波珍喰 <三國遺事 卷二·萬波息笛>

新羅官爵凡十七級 其第四曰波珍喰 亦云阿珍喰也 <三國遺事 卷二·原宗興法>

重阿喰全忘誠·愷元伊飡·薩喰聰敏 <遺事 卷三·南月山>

'尺'(자이) 는 또한 다음과 같이 賤人들의 특수한 職業을 가리키는 칭호로 쓰였음을 알 수 있다.

笳尺·舞尺·尺羅時樂工皆謂之尺 <三國遺事 卷三十二·樂志>

水尺무자이○外邑汲水漢也○亦有山尺今爲炮手산자이 <吏讀便覽>

墨尺먹자이○監察陪隷也○新羅時樂工謂之尺如曰琹尺舞尺

笳尺歌尺而外此又有食尺鉤尺弓尺之稱故云 <吏讀便覽>

墨尺司憲府隸 有墨尺之名卽監察漆門時使令者 <古今釋林 卷之二十七>

倉庫上直官員及斗尺庫直人等七只不送心(倉庫直宿攢笳斗庫子不覺盜者) <大明律 卷七·八>

刀尺칼자이○外邑治膳漢也 <吏讀便覽>

刀尺今外邑掌廚供者謂之刀尺俗云칼자이 <古今釋林 卷之二十七>

墨尺·刀尺·津尺·水尺·楊水尺 <高麗史>

揚水尺傺說我國妓種出於楊水尺楊水尺者柳器匠也 麗朝攻百濟時所難制之遺種也 素無貫籍賦役好逐水草遷徙無常惟事田獵編柳爲器販鬻爲業後 李義旼之子至宋遂籍其名於妓妾紫雲仙而徵貢不已至榮死崔忠獻以紫雲仙爲妾 計口賦斂滋甚故遂降於丹兵矣 後隷邑男爲奴女爲奴女爲婢多爲守宰○寵故飾容裝習歌舞曰之以妓 <古今釋林 卷之二十八>

尺三國史樂志有琹尺歌尺舞尺羅時樂工皆謂之尺 <古今釋林 卷之二十五>

鉤尺三國史古官家典憧四人鉤尺四人 <古今釋林 卷之二十七>

'尺'(자이)가 賤人들의 특수한 職業을 가리킨다는 것은 위의 기록과 같이 '羅時樂工皆謂之尺'이라든지, '柳器匠也'나 '今庖奴名曰刀尺'으로 보아 알 수 있다. 이 '尺'(자이)가 변천하여 오늘날의 '쟁이'·'지기'가 되었는데, 이는 최근까지 '고리쟁이'·'대목쟁이'·'산지기'·'나루지기'라는 칭호를 써 왔던 것이다.

赤

‘赤’(치)는 다음과 같이 관직명에 쓰였음을 알 수 있다. 그런데 이 ‘치’는 北方系語의 ‘赤’(치)와 동의어인 것이다.[84] 그것은 <羅麗吏讀>에 ‘赤本元時語’로 보아 알 수 있다.

吹螺赤됴라치動駕時御前鼓吹手宣傳官員役 <吏讀便覽>

怡自此置政房手干私第選文士屬之號曰必闍赤 <高麗史 卷一·列傳·崔怡>

다라치·차지·모도치·아올라치(農夫·司茶人·木匠·司小人) <金史語解·元史語解>

筆帖式비지치 <漢淸文鑑>

이 ‘치’(赤)는 또한 高麗 때부터 사용된 듯하다.

元制必闍赤闍音含掌文書者華音秀才也今淸呼筆帖式東俗所謂色吏者自高己然呼非赤也卽必闍二合聲 <頤齊遺稿 卷之三十五>

赤치○如鞍赤吹鑼赤赤本元時語 <羅麗吏讀>

芝峯曰我國鄕語奴婢收貢者謂之達化主此則因胡元達魯花赤而訛傳云 <古今釋林 卷之二十八>

위의 기록 가운데 ‘元制必闍赤’, ‘今淸呼筆帖式’, ‘赤本元時語’며 또한, ‘因胡元達魯花赤’ 등으로 보아, 이는 北方系語임을 재확인할 수 있다.

---

84) 梁柱東,『前揭書』, p.157.

'赤'에 대해서는 '吏讀表記와 固有漢字'에서 재론하기로 한다. 이상 관직명에 쓰인 국음자 '干·尺·赤'에 대하여 살펴보았다. 관직명이라기보다는 尊稱辭라 하겠다. 그런데, 이 '干·尺·赤'는 한결같이 후세에 와서는 卑稱으로 바뀐 것이 특징이다. 이 점에 대해서는 전술한 바 있으므로 생략한다.[85]

85) 졸고(1959), 「卑稱에 관한 一考」, 『文耕』 제7집, 중앙대 문리대.

四. 吏讀表記와 固有漢字

훈민정음 鄭麟趾 서문에 '昔新羅薛聰 始作吏讀 官府民間 至今行之. 然皆假字而用 或澁或窒. 非但鄙陋無稽而已 至於言語之間 則不能達其萬一焉'이라 하여 吏讀가 문자로서의 불완전성과 鄙陋無稽하여 언어적 非通達性을 지적하였다. 그러나 朝鮮은 이를 버리지 못하고 갑오경장 때까지 公私文簿 등에 관용하였던 것이다. 그것은 5세기 중엽에 완성된 吏讀가, 石塔記·종기 등 불교 유물에서 찾아볼 수 있는 바와 같이, 고유문자 창제 이전부터 관용되어 오랫동안 表記手段이 되었다는 점일 것이다. 朝鮮朝에 들어와서도 吏讀는 漢文 해독의 보조수단으로, <大明律直解>와 근자에 소개된 <養蠶經驗撮要> 등에서 찾아볼 수 있는 바와 같이 관용화되었다는 점일 것이다. 그리하여 훈민정음이 창제된 이후에도 의연히 통용되었으니, 이것이 한글의 실용을 쉽게 토착화하지 못한 요인도 될 것이다. 이러한 점에서 吏讀가 가지는 의의는 자못 크다 하겠다.

그리하여 그동안 吏讀에 대한 연구는 장족의 발전을 했다. 吏讀의 제작설을 위시하여 발생 연대·표기법·자료의 개발 등, 가

령 최초의 이두문은 慶州 <南山新城碑>(591)라고 보기 쉽지만, <平壤城石壁石刻>(446, 449)과 경주 <瑞鳳塚銀合杅>(451) 등 앞선 것이 있다는 것은 이미 밝힌 바다.

그런데 吏讀에 있어서 가장 핵심 課題라면, 무엇보다도 표기법 체계가 아닌가 생각된다. 그리하여 근자에 이러한 표기법 체계가 다각도로 연구 진전되었다는 것은 주지의 사실이다.[1] 그러므로 필자는 본 연구에서 표기법체계의 일환으로 音訓借 중심의 차자법[2]의 관점에서 이두표기에 나타난 고유한자에 대하여 살펴보고자 한다.

이미 <固有漢字의 形成과 發達>[3]에서 밝힌 바 있지만, 우리의 고유한자는 허다한 글자들이 한자의 音訓借表記에서 그 制字方法을 찾아볼 수 있는 점이다. 물론 중국의 六書와 같은 制字原理가 고유한자에 없는바 아니나 특히, 고유한 人名이나 地名·官職名 등에 사용된 한자의 音訓借表記에서 고유한자가 형성되었다는 것은, 固有文化의 특성과 국어표기의 한 主體性이라는 점에

---

1) 李崇寧(1955), 「新羅時代의 表記法體系에 관한 試論」, 『論文集』 제2집, 서울대.
金根洙(1961), 「吏讀硏究」, 『亞細亞硏究』 통권7권, 고려대 아세아문제연구소.
都守熙(1975), 「吏讀史硏究」, 『論文集』 제II권 제6호, 충남대 인문과학연구소.
崔範勳(1977), 『漢字音訓借用表記體系硏究』, 동국대 한국학연구소.
南豊鉉(1982), 『借字表記法硏究』, 단국대 출판부.

2) 金根洙는 「前揭論文」에서 吏讀에 있어서의 漢字用法을 義字와 借字로 대별하고, 義字는 音讀·訓讀·義訓讀, 借字는 音借·訓借·義訓借로 분류하였다. 都守熙는 「前揭論文」)에서 音借法·訓借法·訓音借法·訓과 音의 竝借法·造字法 등의 차자법을 들었다.

3) 졸고(1975), 「六堂의 新字典에 관한 硏究」, 『아카데미論叢』 제3집, 세계평화교수아카데미.

서 의의가 있다 하겠다.

吏讀表記에 나타난 고유한자를 기술함에 있어서 근세 吏讀書에 실어 있고, 吏讀에서 고유한자를 抽出함은 물론, 그동안 필자가 공사문서에서 蒐集한 고유한자를 중심으로 살펴보기로 한다. 그러나 여기에서는 <삼국사기>나 <삼국유사> 등에서 찾아볼 수 있는 吏讀式表記法(音訓借表記)은 생략하기로 한다. 이는 '固有名詞表記와 固有漢字'에서 이미 밝힌 바 있다.

1. 吏讀表記와 國字(造字)

먼저 다음과 같은 국어의 終聲表記에서 형성된 國字(造字)를 소개하기로 한다. 이는 주로 人名·地名 등의 吏讀表記에서 형성된 것들이다.

終聲	-ㄱ	-ㄴ	-ㄹ	-ㅁ	-ㅂ	-ㅅ	-ㅇ
漢字	叱	隱	乙	音	邑	叱	應

-ㄱ(叱) 終聲表記에서 인명에 '注叱德'(東國新續三綱行實圖), 物名에 '臥叱多太'(衿陽雜錄) 등에서 '-ㄱ'(叱) 종성표기가 있으나, 구체적인 國字는 없다. 그러나 이는 한글 'ㄱ' 종성표기의 몇 가지 예를 찾아볼 수 있다. '畓巪·巪劫' 이외에 <신자전>에 나타나 있는 '林㐊正'과 기타 '加ㄱ順·今ㄱ釗·耆ㄱ德·耆ㄱ西非·耆ㄱ生' 등, <고문서>에서 찾아볼 수 있는 노비명이 있다.[4] 이는 이미 '人名

表記와 固有漢字'에서 밝힌 바 있다.

'ㄴ'(隱) 終聲表記에서 형성된 國字에는, <고문서>에서 찾아볼 수 있는 노비명 '〓乭·〓今' 등이 있으며, '斜·㝵'은 종성의 '隱'이 口訣인 'ㄗ'으로 略體化하여 형성된 것이다.

斜 : <신자전>에 '斜산地名싸이름斜洞萬戶見搢紳案'이라 하였다. <大漢韓辭典>(장삼식)의 '〓'은 '斜'과 同字이다.[5]

㝵 : <儒胥必知>의 '㝵喩ᄒᆞᆫ지', '㝵所ᄒᆞᆫ바'에서 찾아볼 수 있다.[6]

'ㄹ'(乙) 終聲表記에서 형성된 國字는 <新字典>에 수록된 '乫·乬·乭·乶·乽·乼' 등을 비롯하여 人名·地名 등에 쓰인 '〓·〓·〓·〓·〓·〓·〓·〓·〓·〓·〓·〓(〓)·〓·〓·〓·〓·〓' 등이 있으며, 기타 公私文書에 쓰인 '〓·〓·〓·〓·〓·〓·〓·〓·〓·〓·〓·〓·〓·乥·〓·〓·〓·〓' 등이 있다.

이는 이미 밝힌 바 있으므로[7] 생략하고 '乥'에 대하여만 살펴보기로 한다.

乥 : 吏讀의 '是乎乙是'에서 '乎乙'이 합성된 造字라 하겠다. 이는 다음과 같이 <左捕盜廳謄錄 十四>에서 찾아볼 수 있다.

> 自本營多發校卒使之各別譏詗是乥加尼本營捕校尹興國監考邊明得捉得總角一人 …… <左捕十四>

---

4) 졸고(1979), 「鮎貝房之進의 『俗字攷』에 대한 分析考察」, 『논문집』 제23집, 중앙대.

5) 졸고(1975), 「固有漢字攷(3)」, 『語文硏究』 9, 한국어문교육연구회.

6) 졸고, 「前揭論文」.

7) 졸고(1982), 「固有漢字攷(3)」, 『논문집』 제26집, 중앙대.

'ㅅ'(叱) 終聲表記에서 형성된 國字는 <新字典>에 있는 '乺·乶·乼(㐘)' 등을 비롯하여, 人名·地名에 쓰인 '㐎·㐐·㐑·乷·乽·乹' 등이며, 기타 公私文書에 쓰인 '乫·乬(㐊)·乭·乮·乯·㐆(㐇)·乲·乴·乵·乸·乿·亇·亍·亐·亽·亾' 등이 있는데, 이는 이미 밝힌 바 있으므로 생략한다.[8]

'ㅂ'(邑) 終聲表記에서 형성된 國字는 이미 밝힌 바 있지만[9], 노비명 '㐝·㐝乙里' 등에서 찾아볼 수 있는 '㐝'과 '㐝乙里' 등에서 찾아볼 수 있는 '㐝'이 있는데, 전술한 바 있으므로 생략한다.

'ㅁ'(音) 終聲表記에서 형성된 國字는 역시 노비명 '䎹末·䎹不里' 등에서 찾아볼 수 있는 '䎹'이 있다. '䎹'은 '검다'(黑)에서 형성된 人名인데, '검다'라는 표기의 인명의 異表記는 무려 20餘例가 있다. 또한 한글 字母 'ㅁ'이 합자하여 형성된 '者·㕘' 등이 있는데, 전술한 바 있으므로 생략한다.

이상 대체적으로 국어의 終聲表記에서 형성된 國字를 소개하였다. 이미 앞에서 밝힌 것이 대부분이기 때문에, 아직 밝히지 못한 吏讀表記에서 형성된 國字만을 그 예증을 통하여 그 몇 가지만 살펴보기로 한다.

侤

'侤'(고)는 吏讀表記의 '侤音'(다딤)에서 형성된 國字(造字)로,

---

8) 졸고, 「前揭論文」.

9) 졸고, 「前揭論文」.

<欽欽新書>에 나타나 있는 바와 같이 '供辭' 또는 '服罪之文'으로, '自白書' 또는 '陳述書'를 뜻한다.[10] 이는 동사 '다디다'의 명사형 '다딤'을 음차 표기한 것으로 그 확실한 시기는 알 수 없으나, 다음의 예증으로 보아 근세에 형성되어 널리 쓰였음을 알 수 있다.

各人等 侤音乙良 備局以 上送爲白臥乎事 <瀋陽·癸未>

言官指囑發論之語 劫捧侤音方言供辭謂之侤音 <王朝實錄·肅宗四十五·己亥八月>

手本之不足 又納侤音服罪之文也 <欽欽八·二十>

同逢授人乙 本縣以 侤音捧上 移文爲良在等 <紹修書院>

遺棄兒收養人限內 呈官受立旨色掌 捧上侤音以 防奸僞 <受敎三五二>

私養主金家好子處 捧上侤音上下 何如事依稟 <華城四·四十六>

또한 吏讀書에는 다음과 같이, '다짐'과 '다딤'으로 나타나 있다.

	羅麗	典律	語錄	儒胥	便覽	吏襍	集成
侤音	다딤	다짐	다짐	다짐	다딤	다딤	다짐

동사 '다디다'의 명사형은 '다딤'과 '다짐'의 두 가지로 나타나는데, 이는 위와 같이 연대가 빠른 <儒胥必知> 등에는 '다짐', 연대가 늦은 <吏讀便覽> 등에는 '다딤'으로 나타나 있다. 그리고 古文獻에는 '다짐'과 '다딤'이 다 같이 쓰이고 있음을 다음으로 보아

10) 洪淳鐸(1974), 『吏讀硏究』, 光文出版社, p.36.

알 수 있다.

다짐을 호되 <신속·속孝 三十>
추열 다짐 시비 장단 <普勸 三十二>
다짐 밧고 내여 주되 <字恤 五>

과부들 자바 다딤주딕(執筆者劾) <內三·三十九>
붓을 잡아 다딤쓰되 <內重三·三十二>
다딤(招供) <譯上·六十五>
詭異흔 힝뎍이라 흐야 주구려 저주거늘 다딤두딕(以詭行捕鞠將戮之 自華供白) <續三綱·孝子圖·自華盡孝>

전술한 바와 같이 '다디다'는 원래 '供辭' 또는 '服罪之文'의 뜻이었으나, 오늘날의 '다지다' 또는 '따지다'로 이어져 내려왔다. 그러나 기록이 없어 확실한 연대나 制字原理나 字源을 알 길이 없으나, 근세 吏讀文獻에만 나타나는 것으로 보아, 근세에 형성된 造字인 듯하다. 여기에 대하여는 梁柱東과 小倉進平의 두 견해를 소개하기로 한다.

梁柱東은 '다딤'은 근세 吏文에 '侤音'으로, '取調·對質·自白·確認' 등의 의미로 사용되며, '侤'字는 東國造俗字로 '人'을 '拷問·考查'라는 의미로 '侤'를 作한 것이라 하였다.[11)]

小倉進平은 '다짐'이란 '自白을 증명하는 것', '手形을 증명하는 것'을 '於音을 다진다'라고 하며, '侤'는 한국 造字로 音을 '고'라고 한다. '사람을 考調하는 것'을 '考人'이라고 하니, 여기에서 '侤'字

11) 梁柱東(1956), 『古歌硏究』, 博文社, p.512.

가 형성되었을 것이라고 하였다.12)

<吏讀辭典>(장지영 · 장세경)에는 '맹세 · 증언', '틀림없이 맹세하는 것, 죄인이 죄상을 자백하고 사실과 틀림없다고 다짐하는 것'이라 하였다. 현행 字典에서는 '侤'를 한결같이 '다짐고'로 주석하였다.

閪

'閪'는 '失物'의 뜻을 가진 國字(造字)로 下記와 같이 일찍부터 쓰였음을 알 수 있다.

向屋賜尸朋 知良閪尸也 <諸佛往世歌>

官物乙誤錯亦毁損閪失爲乎事(誤毁遺失官物之類) <大明律卷一 · 十七>

執事廳規式 番二次掌務交 所領什物不傳授日後閪失則新舊掌務罰 <攷事要覽>

我國多字書所無之字 …… 倥偬失物稱閪音셔失 …… <書永篇下>

閪音西俗訓遺失曰閪失 <五洲衍文長箋散稿 · 土俗字>

梁柱東(1956)은 '閪'는 '閪失'에 專用되며, 근세음은 '셔'이나 古音은 '西'와 같이 '세'라 하였으며, '셔'의 뜻은 미상이나 혹 '싀'(漏)의 音轉이며, 현행어 '셔두르'의 '셔'와 同義語가 아닌가 하였다. 사실 '閪'의 音은 '西'의 유추로 보아 '셔'(서)가 틀림없겠으나, 그

12) 小倉進平(1929), 『鄕歌及吏讀の硏究』, 京城帝國大學 法文學部紀要 第一, p.314.

字義(字源)는 '閪'가 西門이라는 샤머니즘에서 형성된 것이 아닌가 생각된다. 지금도 우리 민간에서는 주택에 있어 西門을 금기하고 있는 것이다. 그런데 金完鎭(1980)은 '閪'字를 '醫'字의 轉訛로 보았다. 따라서 '閪尸也'는 어미가 아니라, '고틸이여'로서 '고침이여'의 뜻이 되어 譯詩의 '請經沙劫利人天'에서의 '利'字에 대응된다 하였다.

<新字典>에 '閪셔失也일을俗遺失曰閪失'이라 하였고, 현행 諸字典에 '잃을 서'라 주석하였다. 따라서 그 어휘는 오직 '閪失'만이 古文獻이나 현행 字典에 한결같이 수록되어 있다.

㵟

'㵟'에 대해서는 이미 여러 차례 밝힌 바 있지만, 이는 오직 鄕歌의 <永才遇賊歌>의 '㵟陵'에서만이 찾아볼 수 있는 國字(造字)로, <均如傳>에는 이와는 달리 2個所나 모두 '善陵'으로 표기되어 있다는 것은 전술한 바 있다.

> 阿耶 唯只伊吾音之叱恨 㵟陵隱 <遇賊歌>
> 向乎仁所留善陵道也 <均如傳·總結無盡歌>
> 一切善陵頓部叱廻良只 <均如傳·普皆廻向歌>

어쨌든 '㵟'이 <遇賊歌>에서만이 찾아볼 수 있는 國字(造字)로, 그 使用例가 유일하여 比較·對比시킬 대상이 없어 이를 단정키는 좀 어려운 듯하나, '㵟'이 단순한 戱書가 아니라는 것이 拙見이다. 필자가 수집한 固有漢字 가운데 '氵'을 덧붙여 造字한 것은 人名에 쓰인 '沽·浕'와 地名에 쓰인 '涿'(沙涿·漸涿)이 있으나, 여기에 대하여는 이미 밝힌 바 있으므로 생략한다.

따라서 論外의 일이지만, '潽陵'(善陵)의 해독 문제는 梁柱東의 '義訓借說·戲書說'을 중심으로, 그야말로 十人十色의 이설이 제기되고 있으나, 이에 대한 근본 문제는 무엇보다도 '潽'에 대한 정확한 풀이에 있을 줄 믿는다. 그런데 金完鎭(1980)은 '潽陵'이 <普賢十願歌>에 두 번 나오는 '善陵'과 同一한 단어의 표기라는 점에 대해서는 종래의 해독자들과 의견을 같이 하지만, 이를 '이든'의 표기라고는 보지 않는다. 또 著者는 '潽'字를 梁柱東이 본 것처럼 戲書라고도 생각하지 않는다. 著者의 추정은 이러하다. 문제의 名詞는 均如가 보였듯이, '善陵'으로 표기되는 전통이 서 있었던 것인데, <遇賊歌>의 原表記者는 이 전통과는 달리 삼수변(氵)이 붙은 어떤 글자를 '善'字의 위치에 적었던 것을 '善陵'의 表記 傳統을 아는 사람이 옮겨 적을 때에 그 字의 나머지 部分이 '善'字인 것처럼 의식하며 사전에도 존재하지 않는 '潽'字를 결과시켰던 것으로 생각하는 것이다. 그 張本人이 一然인지 혹은 그 이전의 어떤 인물인지는 다른 轉訛의 경우들과 같이 알 수 없는 일이지만, 부득이한 사정이 '潽'의 造字를 낳은 것이지, 결코 戲書는 아니었으리라고 생각한다. 그러면 그 본래의 글자는 무슨 字이고 '善陵' 또는 '潽陵'은 어떤 명사일까. 著者는 이 노래에서의 원래의 표기를 '淸陵隱'으로 想定하며 '묽-릉-은'으로서 '믈른'(므ᄅ+은)을 나타냈던 것으로 본다. '淸'은 義訓借요 '善'은 正訓借라는 말이 되는데, '善陵'의 표기에 익숙한 사람이 '淸陵'의 표기를 보면서 '譱陵'으로 인식했으리라는 것이 筆者의 論理다. '淸'에서의 '靑'의 筆寫體와 '善'의 그것은 상당히 가까운 모습으로 나타난다. 여기서의 'ᄆᆞᄅᆞ'의 의미는 小倉進平이 "先驗的으로 假定한 '善業'에서 멀지 않을 것으로 필경은 '義'字의 訓으로 후세에 기록되고 있는 'ᄆᆞᄅᆞ'와 동일어이리라고 본다."라 하였다.

2. 吏讀表記와 國音字

전술한 바 있지만, 허다한 固有漢字가 한자의 音訓借表記에서 그 制字原理를 찾아볼 수 있다. 특히 이는 고유한 人名이나 地名·官職名 등의 표기에서 형성된 것이다. 그런데 國音字에 있어서도 허다한 글자들이 漢字의 音訓借表記過程에서 형성되었음을 알 수 있다. 환언하면 吏讀文獻에서 허다한 國音字를 찾아볼 수 있다는 사실이다. 이는 곧 國音字가 吏讀表記에 있어서 漢字音訓借 중심의 借字法이라는 한 표기체계를 이루고 있음을 증명하는 것이라 하겠다. 이런 점에서 都守熙(1975)[13]는 이두의 借字法에 있어서 造字法을 인정한 바 있다. 사실 吏讀에 차용된 漢字의 總數는 늘잡아 300字(都守熙는 265字 제시)를 넘지 못한다면, 필자가 이미 발표한 國字와 國音字·國義字를 都合하면 吏讀文獻에 나타난 固有漢字만 치더라도 100餘字나 되는 것이다. 이러한

13) 都守熙, 「前揭論文」.

점에서 固有漢字가 이두표기에 있어 가지는 의의는 자못 크다 하겠다.

필자는 그동안 필자가 수집한 고유한자를 註釋, 주로 고유한자 與否를 밝혔다.[14] 그때 國音字에 대하여 밝힌 바 있으나, 本稿에서는 주로 이두표기의 借字法과 연관하여 이두의 表記法 體系에 기여하고자 한다.

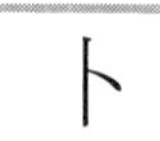

‘卜’(짐)은 <新字典>에서 ‘卜 짐馬駄之稱짐바리見公私文簿’라 하여 國音字로 인정한 바 있고, 또한 鮎貝房之進의 <俗字攷>에서도 밝힌 바 있다.

‘卜’은 원뜻과는 관계없이 ‘지다’(負)의 動名詞 ‘짐’에 해당한다. 이 ‘卜’이 ‘負’의 省文이라는 이론은 일찍부터 있었으나, 그 字形上으로 보아 믿기 어려운 점도 없지 않다.

> 卜本負之勹點詳見前篇卜馬卜駄皆從本音非是 <吏讀便覽>
>
> 卜音짐俗訓馬駄之名見公私文簿 <五洲衍文長箋散稿 卷四十四·東國土俗字辯證說>

그러나 ‘卜’이 ‘지게’의 상형문자라는 鮎貝房之進의 說[15]은 근

14) 졸고, 「固有漢字攷」, 『국어국문학』 55~58』; 『中央大 論文集』 제18·23·26집; 『語文研究』 제9호; 『아카데미論叢』 제3집.

15) 鮎貝房之進(1931), 『俗字攷』, 圖書刊行會.

거가 없다 하겠으며, 더욱이 <雅言覺非>의 '任'이 轉해서 '朕'이 되고, '朕'이 '占'이 되고, '占'이 '卜'이 되었다는 것은 牽强附會에 지나지 않는다.

任者擔也人所負也 …… 東語任轉爲朕以朕爲占以占爲卜東語占曰卜於是一負曰一卜二負二卜車輜重之馱曰卜馬裝䭾之載曰卜物任重曰卜重官馱曰官卜私裝曰私卜用之書啓載之法典 <雅言覺非 卷之二>

따라서 '卜'은 일찍부터 '짐'으로 音借되어 쓰였다는 것은 주지의 사실이다.

卜定디졍卜役딘역 <儒胥必知>
量田時 匿田十卜以上者 處死 <高麗史 卷七十八·二十八>
十七日內官趙邦壁 覺持 卜物 無事入來爲白有齊 <瀋陽丁丑 12/20>
卜船將三人三卜船各一人 <萬機財 一九七>

또한 '卜'이 일찍부터 土地 面積의 單位로 쓰였는데, 이 경우는 '負'로 正書하는 것이 일반적인 듯하다.

後人奉使來 審檢厥田 才一結二十負一束也 <三國遺事·駕洛國記>
田分六等 每等田尺各異 皆以方十尺爲負百負爲結 <磻溪隨錄 一·十一>

…… 十把爲束十束爲負或稱卜今每一負出租一斗百負爲結俗音먹 …… <萬機財 九十七>

負 질부 十束爲一負 百負爲一結 <字會上二十四>

地字第一畓一負二束幾斗落 <儒胥必知 四十>

'卜'으로 형성된 吏讀語는 '卜物·卜馱·公卜·卜馬·騎卜馬·卜軍·卜船' 등이 있는데, 이 '卜'의 音讀은 다음과 같이 근세 吏讀書에 '딘·지·디·짐' 등 네 가지로 나타나 있다.[16]

	羅	典	語	儒	便	吏	集
卜役		딘역		딘역	딘역	진역	딘역
卜定	디뎡	디뎡		지졍	디뎡	지졍	디뎡
卜數			짐슈				딤슈

'짐'은 '지다'(負)의 동명사로, '진'은 관형사형으로. '卜數'는 '짐슈'이며, '卜定·卜役'은 '진뎡·진역'이며, 상기 吏讀書의 '卜定'의 '디뎡'(지졍)의 '지'는 '지다'(負)의 語幹이라 하겠다.

上

'上'(차)가 <吏讀便覽>에 '上下 차하財官輸出給也如貢物上下之類'라 하였고, <三國史記 卷三十七·地理四>에는 '車城縣本高句麗上(一作車)忽縣'이라 한 점으로 보아, '上'의 國音이 '차'임

16) 洪淳鐸(1974), 『吏讀硏究』, 光文出版社, pp.87~90.

을 알 수 있다. 따라서 다음과 같이 널리 쓰였음을 알 수 있다.

其矣捧上上下爲如乎錢粮亦 <大明律七·九>
官物乙捧上上下不平爲在乙良 <大明律十·三>
石工等居住姓名上下米錢並以修成冊 <華城三·二十九>
節該事知理馬乙用良 相當藥材上下賽持刻日下送 <牛馬方·一>
華西衛將安山郡守 並依前差下爲白乎矣 <華城二·四十五>
本府境內堂下朝官 或出身宣部守有薦者差下是白遣
<華城二·四十五>

'上下'(차하)를 <吏讀便覽>에 '官財出給也 如貢物價上下之類'라 하여, '上下'를 '支佛', '支給'의 뜻으로 쓰였다. 그 語源은 확실히 알 수 없으나, 梁柱東은 '差下'를 '上下'로 戱書한 것이라 하였으며,[17] 小倉進平은 '差下'의 轉訛라고 하였다.[18] '差下'란 임금이 신하에게 벼슬을 내려주는 것을 뜻한다는 것은 주지의 사실이다.

'上'(차)의 音借를 알아보기 위하여 참고로 '上'의 쓰임을 近世 吏讀書를 중심으로 살펴보면, 다음과 같다.[19] 먼저 여기에 인용한 吏讀書를 소개하기로 한다.

[羅] 羅麗吏讀　　寫本吏讀資料集成
[典] 典律通補　　〃　　〃
[語] 語錄辯證說　　〃　　〃

17) 梁柱東, 「前揭書」, p.714.
18) 小倉進平, 「前揭書」, p.391.
19) 小倉進平, 「前揭書」, p.391.

[儒] 儒胥必知　木版本(한글 13권3호)
[便] 吏讀便覽　寫本吏讀資料集成
[吏] 吏文襍例　五洲衍文長箋散稿
[集] 吏讀集成　朝鮮總督府中樞院

	羅	典	語	儒	便	吏	集
上	자						자
上下	차하		ᄎᆞ하	ᄎᆞ아			차하
上典			항것				
上項			운목				운목
外上						외자	
捧上		밧자	밧자	밧자		밧자	밧자
紙筒上						지동자	
庫城上					고정자		
還上					환자		

상기 吏讀書에는 '上'의 音借가 '자·차'의 두 가지로 나타나 있다. '上下'의 경우는 '차'인데, '外上·捧上·還上'의 경우는 '자'다. <羅麗吏讀>에 '還上捧上上皆曰자'라 하였는데, 이는 小倉進平의 견해처럼 '外上·還上'는 '外子·還子'의 音借表記에서 형성된 것이 아닌가 생각된다.[20] 洪淳鐸(1974)은 '佐贊縣本上杜佐魯縣本上老' <三國史記 卷三十七>의 대응에서 '上'의 '古音'이 '자'이었을 가능성을 시사하였다.

20) 洪淳鐸, 「前揭書」, p.92.

下

이미 밝힌 바 있지만,[21] '下'는 '하'와 '햐'의 2音으로 쓰였다.

下下異音上下曰하唯讀不筋下筆曰햐 <雅言覺非 卷之一>
外人亦起揭 下手次良中 同意加功爲敎 <大明律廿·十三>
其的府使判官以使不得下手盛陳 <農三·十九>
質子李金化徽祚下處有書冊改爲事 <瀋陽己卯 一·二十四>
내 햐쳐에 가쟈(我下處去) <老乞大下·三>
우리 햐쳐로 보내어라(我下處送來) <老乞大下·十八>
郡守爲上使事 行下內乙用良 <紹修書院>
凡各司帖給標紙稱行下 <正祖實錄十年丙午十二月>

'하'는 <訓蒙下 34·類合 2·石峰 14>에 나타나 있는 바와 같이 朝鮮 한자음 그대로이며, '햐'는 단순한 俗音이 아니라, 어느 시대에 '下'의 중국 近代音 'hsia'가 전입해서 國音을 형성했을 것이다.

下弦 햐현·下年 햐년·下元 햐원 <譯語類解·詩令>
奏下 쥬햐·本下 본햐 <譯語類解·公式>

'下'(햐)로 이루어진 어휘는 '下手·下視·下著·下筆·下待·下處' 등인데, 이를 吏讀書를 중심으로 살펴보면, 다음과 같다.

21) 졸고(1980), 「鮎貝房之進의 『俗字攷』에 대한 分析考察」, 『蘭汀 南廣祐博士華甲記念論叢』, 일조각.

	羅	典	語	儒	便	吏	集
下手				햐(슈)	햐슈		
下手不得						햐슈모질	
下處			햐쳐		햐쳐		
行下	힝하						힝하
上下	차하		ᄎᆞ하	ᄎᆞ아			차하

只

'只'는 地名·人名 및 일반 借字面에서는 '只'(기)의 音讀이 절대적이다.[22] 그러나 吏讀書에 나타나 있는 '只'의 讀音은 여러 가지다. 즉 '이(니·리)·어(러)·기·지·직·딕' 등이다.

	羅	典	語	儒	便	吏	集
戈只	가과이	과글니		과글니		과글니	과글니
幷只	다모기			다무기	다모기	다모기	다무기
役只	격기	격기	격기	격기	격기	격기	격기
的只	마기	마기	마기	마기	마기	마기	마기
唯只	오직	오직	오직			오직	오직
擬只	시기		비기	시기	비기	시기·비기	시기
題只		져기			져기	져기	
進只		낫드리			낫드러		낫드러
最只		안딕기		안ᄌᆞ기	아딕기	안직이	안자(직)기

22) 洪淳鐸, 『前揭書』, p.62.

並只		따목기	아올우지				다무기
爲只					ᄒᆞ기		
始只					비롯		비랏
岐只					가릐기		가르기
惟只				아기	아딕		아기
爲只爲		ᄒᆞ기암		ᄒᆞ기암			
爲巴只	ᄒᆞ도로기	ᄒᆞ도로기	ᄒᆞ도로기	ᄒᆞ두록		ᄒᆞ도록	하두록
爲白只爲	ᄒᆞ올기위	ᄒᆞᄉᆲ기암	ᄒᆞᄉᆲ기암			ᄒᆞᄉᆞᆯ기위	

위에서 제시한 여러 吏讀書에 나타나 있는 '只'의 讀音은 결국 '기·디·지'로 주축을 이루고 있음을 알 수 있다. 이는 한 낱말을 표기하는데 있어 비슷한 漢字音의 한자로 표기했을 가능성이 많다. 말하자면, 借字面에서 볼 때, '이' 母音에 선행하는 'ㄱ, ㄷ, ㅈ'의 세 音韻은 다른 음운으로 보아도 무리는 없을 듯하다. 이러한 예는 현대어에도 허다하다는 것은 주지의 사실이다. 그러므로 '只'의 '기·지' 讀音은 이러한 음운환경에서 형성되었을 것이다. 따라서 '只'는 다음의 제례와 같이 '知·智·支·祇·岐·己'와 같은 동일 환경에서 借字되었을 것이다.[23)]

儒城縣~奴斯只縣 <三國史記 卷四十四·地理志>
多岐縣~多只縣 <三國史記 卷四十四·地理志>
遠志~阿只草(아기풀) <鄕藥集成方 七十八>
簡茄~吾獨毒只(오독도기) <鄕藥集成方 七十九>

23) 洪淳鐸, 『前揭書』, pp.60~62.

召

이미 밝힌 바 있지만,[24] '召'는 古地名 기타에 '죠·조'와 俗音 '쇼', 또한 '초'에 通借되어 쓰였다.

德積島在南陽府海中召忽島죠콜셤南六十里許 <龍歌六·五八>
加祚本加召縣召之變而爲祚以方言相近也 <世宗實錄地理志·慶尙·居昌>
未鄒尼叱今一作味炤又未祖又未召 <三國遺事 卷一·王歷>
召音屬蚤也見醫方 <五洲衍文長箋散稿>

그런데 '召'는 <全韻玉篇>에 '召죠俗쇼', <三韻聲彙·奎章全韻>에 '召쇼 죠', <華東正音>에는 '召죠'로 나타나 있으며, <類合 下 六>에는 '召브를쇼'로 되어 있다.

兪昌均(1969)[25]은 지명 '召文國→聞韶', '買召忽縣→邵城縣'을 중심으로 字互用의 계열을 '召-韶-邵'라 하였다. 이는 이미 '地名表記와 固有漢字'에서 밝힌 바 있으므로 생략하고, 근세 吏讀書를 중심으로 字音을 살펴보기로 한다. '召'는 吏讀書에는 '조·소'의 2音으로 나타나 있다.

	羅	典	語	儒	便	吏	集
召史	소사				조이	조이	소사 조이

24) 졸고(1973), 「固有漢字攷(2)」, 『논문집』 제18집, 중앙대.
25) 兪昌均(1969), 「韓國古代漢字音硏究」, 『학술연구조성비에 의한 연구보고서 어문계1』, 문교부.

'史'에 대하여 梁柱東은 <古歌硏究 p.125>에서 상론한 바 있다. 즉 '史'는 音 '亽'로 두음에 音借될 때는 흔히 '사 · 새'에 해당하나, '시'에도 通借된다 하였다.

泗水縣本史水縣今泗州 <三國史記 卷三十四 · 地理一>
新寧縣本史丁大 <三國史記 卷三十四 · 地理一>
悉直郡一云史直 <三國史記 卷三十七 · 地理四>

또한 鄕歌中의 '史'字 용례에서 보더라도 末音에서는 '시 · 싀', 받침으로 쓰일 때는 일반적으로 'ㅅ · ㅿ'音으로 표기한다 하였다.

栢史叱枝次高支好 <讚耆婆郎歌>
命乙施好尸歲史中置 <常隨佛學歌>
臣隱愛賜尸母史也 <安民歌>
迷反群无史悟內去齊 <普皆廻向歌>
耆郎矣皃史是藪邪 <讚耆婆郎歌>

따라서 '召史'(조이)는 '조싀'의 音轉이며, 그 원의는 미상이라 하겠다. 그런데 '召史'의 어원은 <讚耆婆郎歌>의 '栢史'에 있지 않나 생각된다.

<吏讀便覽>에는 '閭巷女人之稱號', <羅麗吏讀>에는 '良民之妻稱召史'라 하였다. 이는 '召史'가 '과부의 稱號'로 쓰였음을 알 수 있고, '召史'는 <東國新續三綱行實圖>에 나타나 있는 허다한 人名에서도 한결같이 '조이'로 나타나 있는 점으로 미루어 보아 '조이'가 옳다 하겠다.

剌

'剌'(라)는 宮中語인 '水剌'에서 형성된 國音字이다. '剌'는 '水剌'가 유일한 예로서 古文獻에 산재하고 있으며, <자전석요>, <신자전>을 비롯하여 현행 제자전에 소개되어 있다.

> 水剌卽進御膳之稱 <中宗實錄 二十五年>
>
> 水剌本蒙古語華言湯味也 <平壤經國大典>
>
> 芝峰曰我國鄕語最不可解者謂御膳曰水剌或云水剌蒙古語也麗末公主爲麗王后宮中習蒙語有此稱云未知信否也 △剌音라 <古今釋林 卷之二十七>
>
> 魂殿水剌間 銀器取色軍四名 <新增受敎 一三八>
>
> 御膳曰水剌 <芝峯類說 十六·方言>
>
> 슈라나 먹어도 마시 업슬가 일ㅋㄹ며 <仁祖王后 諺簡>

그런데 <吏讀便覽>에는 다음과 같이 '水剌슈랄御供進支也'와 같이 '슈랄'로 나타나 있으며, <俗字攷>[26]에서도 '剌'의 正音이 '剌'(랄)이라 하였다. 그러나 이는 '剌'를 '剌'로 착각한 듯하다. 따라서 <康熙字典>에는 '剌·剌'를 二字相似라 하였으나, '剌'와 '剌'는 別字인 것이다.

	羅	典	語	儒	便	吏	集
水剌			슈라		슈랄		

26) 졸고(1980), 「鮎貝房之進의 『俗字攷』에 대한 分析考察」, 『蘭汀南廣祐博士華甲記念論叢』, 일조각.

이미 밝힌 바 있지만[27], '水刺'는 '料理·調理'를 뜻하는 蒙古語 'Siü-La'의 音借表記로, 이는 궁중에서만이 사용된 궁중어라는 것은 주지의 사실이다.

帖

<신자전>에 '帖 체帖紙톄지見公私文字……'라 하여, '帖'(체)를 國音字라 하였는데, 이는 吏讀表記에서 형성된 것이라 하겠다.

	羅	典	語	儒	便	吏	集
帖子	톄ᄌᆞ			톄ᄌᆞ		톄ᄌᆞ	
帖字			톄자				쳿자
帖裏					텰리		

기타 '帖加資·帖文·帖紙·帖下·勿禁帖' 등의 '帖'도 모두 '체'가 그 현실음으로 되어 있다.

그런데 鮎貝房之進은 <俗字攷>에서 '帖'(체)은 어느 시대 중국 近代音의 전입이라 하였다.[28]

또한 <신자전>에서는 '帖 音텹藥一封曰一帖見醫方'이라 하여 '帖'를 國義字라 하였다. 이는 다음의 예증으로 보아 國義字로 인정할 수 없다 하겠다.

---

27) 졸고(1969), 「宮中語小攷」, 『국어국문학』 42·43, 국어국문학회.

28) 졸고(1980), 「鮎貝房之進의 『俗字攷』에 대한 分析考察」, 『蘭汀南廣祐博士華甲記念論叢』, 일조각.

帖愓愜切音貼葉韻 …… ⑧藥一劑日一帖朝聞見錄 寧王每命尙醫止進 一藥戒以不分作三四帖 <辭海>

그러므로 '帖'(체)는 國義字로는 인정할 수 없고, 國音字로만 인정할 수 있는 것이다.

旀

'旀'(며)는 <신자전>에 '旀며 句讀하며見吏讀又地名新羅有旀知縣'이라 하여, 이를 國字(造字)라 하였다. 그러나 '旀'는 '彌'의 略書라는 것은 이미 밝힌 바 있다.

馬邑縣本百濟古馬旀知縣 <三國史記 卷三十六·地理三>
娚者零妙寺言寂法師在旀姉者皇太后君旀在旀 <葛項寺 石塔記>
我國多字書所無之字 …… 有音無音之字 …… 旀音며 …… <晝永篇下>

'旀'의 國音 '며'는 확실치는 않으나, 원음 '미'의 轉音으로, 지명 등에 주로 吏讀에서 사용된 듯하다. 현행 제자전에서는 '旀하며 며'로 주석하였다. 吏讀에서 형성된 讀音을 吏讀音이라 명명할 수 있다면, 현행 자전 등에 이를 '吏讀音'으로 밝히는 것이 좋을 듯하다.

	羅	典	語	儒	便	吏	集
爲旀	ᄒᆞ며		ᄒᆞ며	ᄒᆞ며	ᄒᆞ며		하며
況旀		ᄒᆞ물며	허물며		ᄒᆞ물며	ᄒᆞ믈며	하물며
是旀					이며		이며
爲乎旀			ᄒᆞ오며	ᄒᆞ오며	ᄒᆞ오며	ᄒᆞ오며	하오며
是白乎旀		이ᄉᆞᆲ오며	이ᄉᆞᆲ오며	이ᄉᆞᆲ오며	이ᄉᆞᆲ오며		이삷오며
爲白乎旀	ᄒᆞ올보며						하삷오며

⿱叱分(⿰分叱)

'샌'의 異記로 '叱分 · ⿱叱分 · 分叱 · ⿰分叱'의 네 가지가 있는데, '⿱叱分 · 叱分'이 제대로의 표기인데 반하여, '分叱 · ⿰分叱'은 그 자리가 뒤바뀐 표기라 하겠다. '分叱 · ⿰分叱'은 文獻上 後記에 속하는 것으로, 대체적으로 조선 中期 이후의 발달인 것 같다.[29] 먼저 吏讀書에 나타난 '⿱叱分'의 실태를 살펴보기로 한다. 이는 전술한 바 있는 '叱'(ㅅ) 終聲表記와는 분리하고자 한다.

	羅	典	語	儒	便	吏	集
⿱叱分							샌
⿰分叱					샌		
⿱叱分以							샌으로
⿱叱分不喩							샌아닌지
⿱叱分除良							샌더러

29) 洪淳鐸, 『前揭書』, p104.

⿰分叱不喩	ᄲᅮᆫ아닌지				ᄲᅮᆫ아닌지		
分叱不喩	ᄲᅮᆫ아닌지	ᄲᅮᆫ아닌가	ᄲᅮᆫ아닌지	ᄲᅮᆫ아닌지	ᄲᅮᆫ아닌디		
分叱除良			ᄲᅮᆫ더러				
節⿰分叱亦					디위ᄲᅮᆫ여		
節⿰分叱					디위ᄲᅮᆫ		디위ᄲᅮᆫ
是⿰分叱					이ᄲᅮᆫ		

吏讀書에서 오직 <吏讀集成>만이 한결같이 '⿱叱分'(叱分)으로 표기되었고, 기타 吏讀書에서는 '⿰分叱'(分叱)으로 표기되었다. 주지의 사실이지만, <吏讀集成>은 日帝 강점기(1937)에 간행된 것으로, 이는 'ᄲᅮᆫ'의 원형을 밝혀 적는다는 점에서 '⿱叱分'으로 표기한 것 같다.

'⿱叱分'은 이러한 吏讀表記뿐만 아니라, 다음과 같이 人名에도 쓰였음을 알 수 있다. 특히 노비명에서 허다히 찾아볼 수 있다.

崔老金晶金⿰分叱同金末生 …… <書永篇下>

喩

'喩'는 이두의 '不喩'(아닌지) 등에서 형성된 國音字이다.

'喩'의 讀音을 '지·디'라 한 근거는 확실치 않으나, 梁柱東 박사는 '不喩'의 原訓 '안디'는 근세어 '아니'의 古形이라 하였다.30)

30) 梁柱東(1956), 『古歌研究』, 博文社 p.229.

	羅	典	語	儒	便	吏	集
不喩	아닌지		아닌지	아닌지	아닌디	아닌지	안인지
是喩		인지	인지	인지	인디	인지	인지
㦔喩		ᄒᆞᆫ디		ᄒᆞᆫ지			한지
喩乃	찌나 디나	디나	디나		디나		
爲乎喩					ᄒᆞ온디		하온지

'喩'는 <獻花歌>의 '吾肹不喩慚肹伊賜等'에서 찾아볼 수 있는 바와 같이, 신라시대 吏讀로부터 근세 吏讀에 이르기까지 '디·지'로 관용되었으며, 특히 <大明律直解>에서는 일반화한 듯하다.

<신자전>에 '喩 지不喩아닌지見公書'라 하여, '喩'를 國音字로 인정하였으며, 현행 字典에 '아닌지'로 주석하였다.

印

'印'이 吏讀에서 國音 '끗'(끝)으로 쓰였다.

> 印 音끗凡文簿之末端艸書印字 <五洲衍文長箋散稿>
>
> 印 끗○李晬光曰我國數計之文必以印字終之中國文字亦如此盖凡事皆 有所本矣○或云此是印字異乃是俚語更詳之此不用於吏讀恐當移載於篇末 <吏讀便覽>
>
> 新官畓參斗落只梨谷畓貳斗落只印 <古文書>

吏讀書에는 다음과 같이 <語錄辯證說>과 <吏讀便覽>에만 나타나 있다.

	羅	典	語	儒	便	吏	集
印		끗	끗		끗		

<신자전>에 '官簿之末端書字見官簿俗書'라 하였고, 현행 諸字典에 '끝끝'(官簿之末端書)으로 주석하고 國音字로 인정하였다.

這

'這'의 原字義는 <增韻>의 '這 凡稱此箇爲者箇俗多改用'과 같이 '凡稱'을 뜻하는데, 이를 이두표기에서 '這這'(갓갓)이라 하여 '갓'이라는 國音을 형성한 것이다.

點考時良中名數內不足爲去等這這推捉申聞爲齊 <大明律十三·四>

北道胡亂亦不這這馳報是如連四度推考 <農圃一·五十九>

出沒之賊乙這這勦滅爲白良結互相文移約束 <壬狀九>

各里中差使令指示人供饋而如有責辨酒肉濫觴侵民者自本官這這摘發報監司嚴刑 <新補受敎輯錄·戶典·量田>

<신자전>에 '這 갓條條曰這這갓갓見吏讀'라 하였고, 현행 諸字典에는 '가지가지 갓'으로 주석하였다.

	羅	典	語	儒	便	吏	集
這這	갓갓	ᄀᆺᄀᆺ	갓갓	갓갓	ᄀᆺᄀᆺ	갓갓	져져

古韻書나 玉篇類에 나타나 있는 '這'(저)는 중국 漢字音의 차용이라고 <俗字攷>에서 밝혔다.[31]

這箇月져거워○이돌 這簷子져연즈○이편 <譯語類解>

落

<신자전>에 '落 락畓斗石數마지기見俗書'라 하여 '落'을 '마지기'(斗落只)를 뜻하는 國音字라 하였다. 따라서 이는 고유어 '마지기'를 公私文簿에서 '斗落只'로 표기한 데서 형성되어 오늘날에도 '斗落只'(마지기)가 쓰이고 있다. '마지기'(斗落只)의 수량은 200坪이다.

…… 新官畓參斗落只梨谷畓斗落只印 <古文書>
…… 芥字畓二十斗落只薑字田七卜六束木庫印 <古文書>
無慮千餘石落只是白去等耕種得時其利無窮 <壬辰狀草 四十六>
百兩價乙厥妾母良中指嗾衿川畓五石落只占奪爲白遣 <推案及鞫案五十二>

상기 公私文簿에서 '마지기'를 '斗落只'로 표기한 예를 찾아볼 수 있다. 吏讀書에는 다음과 같이 오직 <吏文襍例>에만이 '落只 지기'라 하였고, <吏讀集成>에는 '落只 락기'라 漢字音 그대로 밝혔다. 그러나 <吏讀集成>의 표기는 잘못된 것이라 하겠다.

---

31) 졸고, 「前揭論文」.

	羅	典	語	儒	便	吏	集
落只						지기	락기

頉

'頉'는 '까닭·연고·이유' 등의 뜻으로 古文獻에 허다히 쓰인 國音字이다.

字細重記頉下施行假捧上爲遣 <大明律直解·戶律>

頉音탈瞞憑曰頉古無此字 <行用吏文>

我國多字書所無之字 …… 事之托故得免稱頉音탈 …… <晝永篇下>

雖非合操亦代行六七月十一十二月頉稟 <大典通編·兵典>

陳頉起墾處三年減稅 <六典條例·戶典>

新舊功臣後孫如有身役則自本府發關頉免 <大典會通·刑典>

按頉字亦字書所無而我國公私文字盛用之章奏亦皆用之至於文人或用之頉卽有故許故之意 <旬五志下>

一一微送事移文經年今始稱頉爲旀 <瀋陽狀啓·癸未九月>

所謂三道沿海括出壯軍名雖載籍雜頉居半其實鮮少 <壬辰狀草四十五>

'頉'은 상기례와 같이 <大明律直解>에서 찾아볼 수 있는데, <삼국사기>, <삼국유사>, <고려사> 등 高麗文獻에 나타나 있지 않은 점으로 보아, 이것이 嚆矢인 듯하다. 그러나 '頉'의 音義는 '有故'를 뜻하는 '탈'인데, 굳이 '頉'[32] 字를 사용한 이유는 아직

미상이다. '頉'은 <字彙>에 '楚革切'(척)이라 하여 原音을 '척으로, <玉篇>에는 '正也'라 하여 '바르다'란 뜻으로 풀이하였다.

<신자전>에도 '有故'의 뜻으로 '頉 탈有故官簿俗書多用之'라 풀이하였고, 현행 字典에도 모두 '탈날 탈'로 풀이하였다. 따라서 <큰사전>에 '頉'字로 이루어진 어휘를 찾아보면, '頉啓 · 頉給 · 頉免 · 頉報 · 頉稟 · 頉下 · 頉田 · 憑頉 · 冐頉 · 懸頉 · 僞頉 · 圖頉' 등이 있는데, 이는 모두가 古制에 쓰인 어휘들이며, 현행어로는 '頉나다 · 頉내다 · 頉없다 · 頉잡다 · 頉하다' 등이 있다.

員

'員'은 '곳도라'(田在處)를 뜻하는 國音字로 公私文簿에 사용되었다.

> 右明文段 矣身以要用所致 內倉員伏在穡字田一日耕六卜五束庶果 後洞員伏在俶字田二作合一卜五束庶 捧價貳拾兩後牌旨二丈井以成文納宅爲平矣 曰後或有雜談是去等持此文下正者 <土地賣買文記>
>
> 右明文事段 移買次自己買得田在威化面下端員奈字行東二十七田一日耕四標段東益煥田 北買主垈田 四標分明遂如 價折則錢文一百二十兩準計捧上是遣 …… <土地賣買文記>

<신자전>에는 '員 곳도라田在處見公私文簿'라 하였고, <새字

32) '頉'에 대하여 『字彙補』에 '與之切音移養也頷也'라 하였다.

典>에도 '곳도라(田在處見公私文簿)'라 하였다. '員'이 '곳'으로 讀音된 근거는 알 수 없으나, 이는 公私文簿에서 형성된 吏讀音이라 하겠다.

牌

'牌'는 '배지'(下書于賤者牌旨)를 뜻하는 國音字이다.

牌子 빅즈 尊者下書于卑者曰牌子 <行用吏文>

牌子者軍令之書傳也軍中本有防牌外面刻畫人獸之面大將以文帖傳令於列校列郡則紙搨牌面下書軍令以示威信昔在萬曆天兵東出李提督名如松楊經理鎬嘗用牌子傳令當時軍校之家尙有傳者乃俗儒錯認凡尊者下書于賤者卽名牌子小紙片札褒颯陋拙之語名之曰牌子以寄吏胥以寄奴僕豈不羞哉○然且牌子亦謂之牌旨嘗見譯書唯皇帝之命稱皇旨詔旨非匹夫所得僭也日本之俗凡相敬處稱殿何以異是 <雅言覺非 卷之二>

'牌子・牌旨'의 경우만이 '배'로 되어 있고, 기타의 경우에는 모두 '패'이다. 따라서 그 現實音도 '牌子・牌旨'의 경우만이 '배'로 읽히고 있다.

牌 簿皆切 牓也 <集韻>

牌 패牓也 <全韻玉篇>

牌 글월패 <訓蒙上 三十五>

牌 패패 <倭解上 四十一>

'牌'의 현실음 '패'는 古音 '배'의 격음화라 하겠다. 한자음에 있어서의 激音化 현상은 허다하니 그 몇 예만 소개하기로 한다.[33)]

婆 바 <供養 四十八·王郎返魂傳>
　 파 <訓上 三十一·倭上 十五·三韻·奎章>
販 반 <類合下 二十九>
　 판 <訓下 三十一·倭上 五十五·三韻·奎章>
偏 변 <供養十·類合下五十七·三韻·奎章>
　 편 <飜小八 : 四十一·重周解二 : 五十三>
浦 보 <訓蒙上六·類合上六·東新續三>
　 포 <東新續三·三韻·奎章>
布 보 <東漢音·六祖中四十六>
　 포 <六祖上三十·訓蒙中三十·三韻>
圃 보 <東漢音·訓蒙上七·類合下二十八>
　 포 <宣論三 : 三十七·三韻·奎章>
幅 복 <訓蒙中十七·類合上三十一·三韻>
　 폭 <倭解上四十六>

위와 같이 한자음의 激音化 현상은 허다한 예시가 있는데, 국어의 激音化現象이 15·6세기의 문헌에서 찾아볼 수 있음에 반하여, 한자음에 있어서도 격음화의 예는 15·6세기의 문헌에서 散見된다.

'牌'는 현행 諸字典에 '배지 배'로 주석하고, 國音字로 인정하였다.

33) 南廣祐(1969), 『李朝(朝鮮)漢字音硏究』, 東亞出版社, p.96.

夕

<신자전>에 '夕 사穀物一勺한움큼見公私文簿'라 하였고, 현행 諸字典에 '한움큼사(一握)'로 주석하고, '夕'(사)를 國音字라 하였는데, 이는 다음의 예증으로 보아 알 수 있다.

> 夕 音思穀物一勺俗訓夕見官簿 <五洲衍文長箋散稿>
> 勺以爲夕 <對六書策>

그러나 다음과 같이 李晬光이나 <高麗史>에서는 '勺之訛夕'라 하여 '勺'의 잘못이 '夕'라 하였다.

> 夕샤○李晬光曰十龠曰合十合曰升或云十勺爲合今俗以龠作夕似無理盖勺字之誤○按龠與勺通其作夕卽非音사則訓蒙字會芍藥之芍釋以샤약작其一證
> 高麗史升合之下又有勺卽勺之訛夕可知 <行用吏文>

그런데 鮎貝房之進은 <俗字攷>[34]에서 일본에서는 '勺'을 일반적으로 '夕'으로 기록하여, 'セキ' 또는 'ツヤク'로 읽는다 하였으며, '夕'가 '勺'의 變體라면, 어느 시대 중국 近代音 'siao'의 轉入이라 하였다. 따라서 <龍龕手鏡>에 '杓'의 變體로 '杪'가 나타나 있는 점으로 보아, 일찍이 '勺'을 '夕'으로 俗用하였음을 알 수 있다 하였다.

---

34) 鮎貝房之進, 『前揭書』, p.13.

㸚

'㸚'(쇼)는 '㸚周'(쇼주)를 뜻하는 국음자이다. '㸚周'는 이두로서 <大明律直解>를 비롯하여 허다한 이두문헌에서 <才物譜>의 '以筆斜抹曰㸚 以筆圈抹曰周'와 같이 '抹消'의 뜻으로 쓰였다. 따라서 '㸚周'(쇼주)는 '효주'의 구개음화이다.

尺

'尺'(자)는 '尺文'(자문)에서 찾아볼 수 있는 국음자이다. <羅麗·語錄·儒胥·集成> 등에 'ᄌᆞ문'으로 수록되어 있으며, 이는 <유서필지>에 '영수증 또는 수표'(證文也)의 뜻이라 하였다.

作

'作'(질)은 '作文'(질문)에서 찾아볼 수 있는 국음자이다. <儒胥必知>에 '官文書也 作文질문'이라 하였는데, 이는 이두에서 '作文'을 '질문'으로 讀音한다. '作'(질)은 '作'의 讀訓 '지을'이 '질'로 축약된 것이라 하겠다.

이상 吏讀表記에 나타난 固有漢字(國字·國音字)에 대하여 그 몇 가지만을 살펴보았다. 이를 圖表로 체계화하여 一覽하면 다음과 같다. 여기에는 이미 발표한 것까지 종합하여 모두 115字(國字 89, 國音字 26)를 소개한다. *는 國音字이다.

	ㅏ	ㅑ	ㅓ	ㅕ	ㅗ	ㅛ	ㅜ	ㅠ	ㅡ	ㅣ	ㅐ	ㅔ	ㅚ
ㄱ	叾 乫 䂺 築 㗇 *這		巪 乬 㐦 㐦		侤 乭 廛 亶 亯 亶 廛 莻 *員 *串		乯 乯 㑯 乯		乽 㐂 *印	*只	㐆 㐆		
ㄴ					耂 乭 者				莻 莻				
ㄷ					乭 乭 閪 㕕 邉		乧 㐓 乽 乭 乯 乭		亼	*落			
ㄹ	*刺												
ㅁ	𠂉			*旀		乮							
ㅂ					乶 㐫		㐊 㕹 㐆 㐆			乶	*牌		
ㅅ	斜 乷 乷 㐌 乷 㐔 *夕		闆 乷 澘 *苫		乺 㐘 乺	*爻	*禾			䑛 穟			
ㅇ		㕣	乻 㐥 㕒	㳣 㐠	乭 乭		㐗	乽 乽		*史			㐆
ㅈ	耆 乽 乽 乽 *尺		乽 乽		*召		乽 乽 乽			*喩 *卜 *作			
ㅊ	*上									*赤		*帖	
ㅋ													
ㅌ	*頉				乭 乭		*套						
ㅍ	㕾												
ㅎ	㕡 乽 *干	*下											

五. 固有漢字語

1. 語彙形成內容

일직부터 중국 문화를 줄기차게 수입해 왔고, 또한 한문의 풍부한 文化語彙를 받아들여 왔으나, 構文이 다르고 音韻組織이 다를 뿐만 아니라, 文化樣相이 다른 우리로서는 부득이 固有漢字語라는 오직 우리 生活에만 필요한 한자어를 생성하게 된 것이다. 그리하여 이러한 고유한자어의 생성도 일반 한자어와 같이 일찍부터 사용되어 왔음을 알 수 있으니, 그것은 <遇賊歌>의 '阿耶唯只伊吾音之叱恨隱潽陵隱'의 '潽陵'이라든가, <諸佛往世歌>의 '向屋賜尸朋知良閪尸也'에서 찾아볼 수 있는 '閪失'이라든가, <三國遺事 卷一·辰韓>의 '…… 梒南定井下宅'의 '梒南宅' 등이다.

고유한자어는 國字로 이루어진 國字語彙와 국음자로 이루어진 國音字語彙, 국의자로 이루어진 國義字語彙를 들 수 있다. 그러므로 固有漢字語를 國字語彙·國音字語彙·國義字語彙로 분류하여 살펴보기로 한다.[1]

---

1) 졸고(1979), 「固有漢字語의 分析考察」, 『省谷論叢』 제10집, 省谷財團.

1) 國字語彙

전술한 바 있지만, 국자어휘는 絶對的으로 국자를 接頭나 接尾의 構成要素로 하여 형성된 어휘이다. 따라서 國字라는 固有性으로 인하여 그 어휘수도 많지 않으며, 또한 그 분포나 빈도도 높지 않다. 더욱이 人名·地名이나 吏讀表記에서 쓰인 국자를 제외하고 보니 더욱 그렇다. 앞으로 계속하여 國字의 발굴 수집이 있어야만 되겠다.

國字語彙의 분석 연구에 앞서 먼저 국자어휘의 用字類에 대하여 살펴보기로 한다. 人名·地名 또는 官職名이나 吏讀表記에서 이미 밝힌 것은 생략하기로 한다.

鐦

'鐦'(간)은 '줄'(銼刀)을 뜻하는 字典不載의 國字이다. 따라서 國字語彙는 다음의 <六典條例>에서 찾아볼 수 있는 바와 같이 '鐦匠'이라 하겠다. 그런데 <신자전>에 '鐗'을 '鑛也쇠덩이見戶曹定例'라 하여 國義字라 하였다. '鐗'의 原字義는 다음 <說文>의 '鐗車鐵也'임을 알 수 있다. 그러므로 '鐦'은 字典不載의 國字이며, '鐗'은 <신자전>의 기록과 같이 國義字로 별개의 글자임을 알 수 있다.

> 內弓房弓箭匠料鐦匠二名各一朔二十五日每日米二升 <六典條例·工典·工曹>

巨音鐦貳箇 <度支條例>

鐗車軸鐵也 <說文>

鐗閒也閒釭軸之閒使不相摩也 <釋名·釋車>

'鐦'과 '鐗'을 同義字로 보는 견해는, '閑'과 '閒'에 있는 듯하다. <說文>에 '閑通作閒'이라 하였다. 그러나 상술한 바와 같이 '鐦'과 '鐗'은 別義字임을 알 수 있다.

轕

'轕'(강)은 '轕軸'에서 찾아볼 수 있는 國字이다. '밀술위'는 '미는 수레'라는 뜻이다.

轕밀술위강. 中施 一輪 一人所推 俗呼 轕軸 <字會中 二十六>

艍

우리말에 돛 없는 '小舟'를 가리키는 말로 '거룻배'가 있다. '거룻배'의 古語는 '걸오'이다.

我國小船曰傑傲 <熱河日記>

즁걸오와 낙걸오며 <漢陽歌>

'걸오'는 '居刀'에 語源이 있는 것으로, 이미 밝힌 바와 같이 한자음 初聲 'ㄷ'이 母音間에서 'ㄷ>ㄹ'로 바뀌는 것은 <東國正韻>

序에 '端之爲來 不唯終聲 如次第之第 牧丹之丹之類 初聲之變者 亦衆'이라 지적되어 있고, 'ㄷ>ㄹ'의 變遷例는 허다하다.

道場도량 <六祖諺解序四 : 一十八>
菩提보리 <六祖諺解書三 : 一十三>
대롱(竹筒) <初杜解十 : 六>
대롱 까온딕 녀코 : 置竹 中 <初內訓一 · 六十七>

'ㄷ>ㄹ'의 變異現象은 오늘날의 'ㄷ' 變則活用에서 엿볼 수 있다. 이는 비단 漢字音에서만이 독립적으로 이루어진 것이 아니라, 우리말에 同化되는 과정에서 형성되었다는 것은 또한 앞에서 밝힌 바 있다. 그러므로 '걸오'는 '居刀'에 어원이 있다 하겠다.

居刀船則小猛船數減半 <經國大典 卷二 · 戶典 · 漕轉>
居刀舡小猛舡減半徵 <經國大典 卷四 · 兵典 · 兵船>

그런데 '居刀'가 '艍舠'로 바뀐 것이 아닌가 생각된다.

居刀 通編會通作艍舠 <經國大典 卷四 · 兵典 · 兵船>
我國多字書所無之字 …… 並見於國史及地志又經國大典有艍音居舠船 …… <晝永篇下>

그러므로 아래와 같이 '艍舠'의 '艍'는 固有漢字임을 알 수 있다.
<신자전>에 '艍거小舟거루見公家文牒'이라 풀이되어 있고, <漢韓大辭典>(동아출판사)에 '거룻배 거(小舟)'라 풀이하였다.

㖀

'㖀'(거)는 '鱸者江魚小者'와 같이 둑중개과의 민물고기인 '꺽정이'(鱸魚)를 '㖀億貞伊'로 표기한 國字임을, 다음으로 보아 알 수 있다. 그러나 '꺽저기'(농어과의 민물고기)와는 魚種이 다르다.

> 鱸者江魚之小者……今之所謂㖀億貞伊 <雅言覺非 卷之三>

碶

'碶'(계)는 音義 미상의 國字이다. '碶'(계)는 '契'의 유추인 듯하다.

> 江都有大青昇天鎭江三大浦可作陂堤而自古稱難築甲辰顯宗五年趙復陽爲留守皆築爲長堤鑿石爲碶時其蓄洩合二十餘里得水陸田數千頃 <文獻備考·田賦堤堰>

'碶'는 他書 용례는 찾아볼 수 없는 國字라 하겠다. 그런데 상기 '鑿石爲碶時'와 같이 '碶'는 岩石을 뚫어 만드는 '水道'의 뜻이라고 <俗字攷>[2]에서 밝혔다.

蒿

'蒿'(고)는 '蔈蒿'(표고)를 뜻하는 國字이다.

2) 鮎貝房之進, 『前揭書』, p.170.

藁䕮 <慶尙道 地理志·慶州府>

'䕮'는 字典不載의 국자이나 記寫例가 上記例뿐이어서, 문헌적 例證이 희박하다. '표고'의 異名 '蔴菰'의 '菰'를 '䕮'로 異書한 듯하다. 그런데 '藁䕮'를 '藁古'로 표기한 예가 있다. 이는 取音表記인 것이다.

莔

'莔'(골)은 '王莔'을 뜻하는 國字이다.

謹案三脊蒲者所以織席也龍鬚草謂之莔三脊蒲方言謂之王莔考諸爾雅本草有香蒲三脊芽諸種皆與此物不同 …… <經世遺表>

'莔'은 莎草科의 草名 '왕골'을 '王莔'로 표기하였는데, 이를 <俗字攷>에서 諧聲造字라 하였으나, 國義字라 하겠다. 따라서 '왕골'의 漢字語는 '莞草'인데, '王莔'은 '왕골'의 取音表記라 하겠다.

莞草권좌 왕골 <譯語類解·花草>

莞草水草以其中莖爲席왕골 <物名考>

莔莖也草名 嶓冢之山有草 焉其葉如蕙 其本如桔梗 黑華而不實 名曰莔容食之使人無子 <大韓和辭典·莔條>

莄

'莄'(길)은 '莄蓇'(도라지)을 뜻하는 國字이다. '도라지'를 가리키는 漢字語는 원래 '桔梗'인데, 이를 俗呼(俗稱) '吉更·吉蓇' 등으로 鄕藥名이나 藥草名에서 쓰였다.

도랏(桔梗) <物譜 藥草·譯語類解下>
莄 도랏길 蓇고랏경 俗呼 莄- <字會上 十三>

위와 같이 <字會上 十三>에는 '俗呼 莄蓇'으로 記寫되었는데, '吉蓇'의 유추로 인하여 諧聲造字된 듯하다.

𫿂(𫿂)

'𫿂'(부)는 우리나라에서 만들어져 쓰인 音義未詳의 國字임을 알 수 있다. 이는 '功'과 '夫'의 合字이다.

其所須工匠 人𫿂及材木等物件 …… 自正月十五日始役其工匠人𫿂三萬五百名 …… <高麗史>

𫿂音功夫俗訓功夫高麗史 元宗朝上書中書省工匠人𫿂三萬五百名卽役工之稱 魏志王肅傳大極己前功夫尙文盖𫿂功夫而麗人合爲𫿂字也 <五洲衍文長箋散稿>

我國多字書所無之字 …… 量定人𫿂之文而未詳音 …… <晝永篇下>

多少量定人𫿂 …… <經國大典 卷六·工典·鐵場>

그런데 <신자전>에는 '巭부功夫공부蓋功夫卽工夫高麗人合爲巭字也'라 하여 '巭'를 國字라 하였는데, '巭'는 전기 <晝永篇下>, <經國大典>의 '㚇'와 同一字가 아닌가 생각된다.

狴

'狴'(광)은 중국 韻書에는 나타나 있지 않고, 오직 <倭語類解下23>에 '狴족접이광'으로 수록되어 있는 점으로 비추어 보아, 이는 우리나라에서 근세에 형성된 國字라 하겠다.

> 狴音廣潛谷金堉筆談作黃狴一作獷黃鼠也卽鼠狼也其尾可作筆獷說文之犬獷不可附也 <五洲衍文長箋散稿>

그런데 <신자전>에 '獷 광黃鼠족제비金堉潛谷筆談有黃狴-作獷'이라 하여 '狴'과 '獷'을 同義字라 하였다. 그러나 '獷'은 '惡皃', '獷獷'의 뜻으로 쓰였음을 아래의 諸例로 알 수 있다.

> 獷犬也 <廣韻>
> 獷惡皃 <集韻>
> 獷犬獷獷不可附也 犬廣聲 <說文>
> 獷犬也○惡貌獷獷 <全韻玉篇>

'獷'과 '狴'이 同義字로 쓰일 可能性은 크지만, 여기에 대한 例證을 아직 찾아보지 못했다. '족제비'에 대한 우리나라에 있어서의 漢字나 漢字語로는 '鼠狼'[3] '鼬鼠', '黃鼪' 등이 쓰였다. 따라서

<새字典>과 <大漢韓辭典>에 '獷'을 國字라 하였으나, 이는 <신자전>의 단순한 引用에 불과하다 하겠다.

乫

'乫'(걸)은 '乫環'(걸고리)에서 찾아볼 수 있는 國字이다. '乫'은 '乬麪床'의 '乬'과 동의자인 듯하다.

> 獅子東海乫環一介 <度支準折 打鐵>
> 乬걸 掛也걸 喪禮補有乬麪床 <新字典>

乺

'乺'(굴)은 '乺介'를 뜻하는 國字이다.

'乺介'의 어원은 '布巾'을 뜻하는 胥吏의 용어인 듯하다. 따라서 아래 <六典條例>의 '乺介次…'의 '次'의 의미는 '用'의 의미로 쓰인 俗語이다.

> 茶房乺介次 八升白苧布七尺 生布五尺 燈燭房乺介次白布生布各三尺 藥房乺介次八升白苧布七尺生布五尺 <六典條例·戶典·濟用監>

3) '족접', 鼠狼(農家月俗).

櫷

'櫷'는 '櫷木'을 뜻하는 國字임을 다음으로 보아 알 수 있다.

櫷音귀櫰木-名黃楡늣티나모 <五洲衍文長箋散稿>

二月以後則田菜山菜橡實松白皮檀葉櫷葉蒿葉等物皆可食檀俗名彭木也櫷木也 <攷事撮要>

그런데 '櫷'는 다음의 예증으로 보아 '龜木'의 2字가 합성하여 근세에 형성된 듯하다.

吾東之俗白楡野生方言之늘읍剌楡衆種方言云늣희 或謂之龜木四月八日取葉作餅亦不知楡葉也或謂之龜木 <雅言覺非 卷之一>

<新字典>에 '櫷귀 槐木-名黃楡늣티나무見官簿'라 하였고, 현행 諸字典에 '느티나무 귀'로 풀이하였다.

乬

'乬'(글)은 '乬介'(글개, 글겅이)에서 찾아볼 수 있다.

乬介 <度支準折·打鐵>

畓

'畓'(답)은 '水田'의 2字를 配合 造字한 國字라 하겠다.

我國多字書所無之字 …… 水田稱畓音답 …… <晝永篇下>

我東有兩字合爲一字者以水田爲畓有一字 <晝永篇下>

畓音답○水田曰畓古無此字 <吏讀便覽>

俗以水田爲畓 <旬五志下>

畓논답 <倭語類解下二>

그런데 이 '畓'이 일찍이 三國時代부터 쓰여 왔음을 다음으로 보아 알 수 있다.

田畓柴 田畓並四百九十四結三十九負 …… <武州桐裏山大安寺寂認禪師碑頌>4)

王若曰 朕欲定置京都 仍駕幸假富之 南新畓坪 是古來閑田 新耕作故云也 畓乃俗文也 <三國遺事 卷第二·駕洛國記>

따라서 '畓'의 字音을 '답'이라 함은 무엇보다도 '沓·踏·誻·偺·騇' 등의 유추가 아닌가 생각되지만, 특히 다음의 地名이나 <盎葉記>의 기록의 '畓'이 참고가 될 줄 믿는다.

河濱縣本多斯只縣-云畓只 <三國史記 卷三十四·地理一>

我國以水田爲畓音沓 松溪漫錄畓字東人所刱 昔人有咏延豊地狹者者曰 牛臥難尋畓鴻飛不見天 詞意俱新而以畓爲疵 不編於詩選 按畓有橫結龍龕載 畊音泉而無義 …… <盎葉記>

4) 鮎貝房之進의 <俗字攷>에 '全羅道求農郡馬山面黃田里 華嚴寺藏寫本新羅景文王十二年壬辰 通十三年 歲次壬辰八月十四日立西紀八七一年'이라 하였다.

<신자전>에 '畓 답水田논見公私文簿'라 하였고, 현행 諸字典에 '논답'이라 풀이하였다.

襨

'襨'(대)는 '上御衣'를 일컫는 國字이다.

> 襨音對尙衣院掌御衣襨高麗史契丹壬衣襨匹緞又見官簿 <五洲衍文長箋散稿>
>
> 尙衣院 …… 掌御衣襨及內財貨金寶等物 <輿地勝覽 卷二·京都下·文職公署>
>
> 上御衣服稱以衣襨襨字不載字書不知何義嘗見高麗史遼君之賜王衣服及王之賜人衣服多稱衣對且或擧衣數不稱襲套等字而輒稱衣對蓋數衣而稱對其時語也或因對傍加衣遂爲御服之名耶 <盎葉記>
>
> 衣襨之稱已自麗時有之 <晝永篇下>

그런데 <고려사>의 '衣對'로 미루어 보아 이는 '衣對'의 合成字로 근세에 형성된 듯하다. 그것은 <고려사>의 '肅宗九年遼主賜衣對'와 상기 <晝永篇下>의 기록으로 보아 알 수 있다.

宮中語에 '胴衣襨'란 말이 있다. '衣襨'에 '胴衣'(동옷) '동저고리'(동옷의 낮춤말)의 '胴'을 덧붙여 사용한 궁중어이다.[5)]

<신자전>에 '襨 대衣也옷감尙衣院掌御衣襨'라 풀이하였고, <漢韓大辭典>(동아출판사)에 '옷감 대(衣)'라 하였다.

---

5) 졸고(1969), 「宮中語攷」, 『국어국문학』 42·43, 국어국문학회.

垈

'垈'(대)는 <신자전>에 '대家垈垈田基也터官簿俗卷多用之'라 하여 '垈'를 國字라 하였다. 그 文獻的 例證은 다음과 같다.

宅廛今所謂家垈也吾洞別作垈字以宅廛 <經世遺表>

掌管內坊里居人非法事及稿粱道路頒火禁火里門警守家垈打量人屍檢驗等事 <大典會通·吏典>

垈音俗訓家基田家垈田多見官簿俗劵按垈字字書見之廣韻集韻韻會竝房越切伐耕起土地韓愈詩豫期拜思後謝病老耕垈 …… <五洲衍文長箋散稿>

<俗字攷>에 지적되어 있지만6), '垈'는 고려시대나 朝鮮初期에는 '代'와 '土'가 各己 써오다가 近世에 와서 '垈'가 된 듯하다.

西文達代 寺代 <淨兜寺石塔造成形止記>

空代 戶代 <太祖大王手書>

이는 '畓'(水田)·'含'(大口)와 같은 字類라 하겠으며, 오늘날 '垈地·家垈' 등에 쓰이는 國字라 하겠다. 이는 人名에도 쓰였다는 것은 전술한 바다.

獤

'獤'(돈)은 '貂皮'의 뜻을 가진 國字라 하겠다. 이는 <董越朝鮮

---

6) 鮎貝房之進, 「前揭書」, p.35.

賦>에 나타나 있는 점으로 보아 일찍이 造字된 듯하다.

…… 土人名貂爲獤貓皮則不識 <董越朝鮮賦>
串衣獤皮 …… 衣襨獤皮 …… <六典條例 · 工典 · 尙衣院>
貂鼠○돈피 <譯語類解 · 走獸>
我國多字書所無之字 …… 貂皮稱獤音돈皮 …… <晝永篇下>

<신자전>에 '獤돈貂皮돈피獤잘見戶曹定例'라 하여 國字로 인정하였고, <漢韓大辭典>(동아출판사)에도 '貂皮'의 뜻으로 쓰인 國字라 하였다.

炍

'炍'(돌)이 <삼국유사>(正德本)에 다음과 같이 나타나 있다.[7)]

…… 百濟王欲幸王興寺禮佛先於此石望拜佛其石自煖因名炍石 <三國遺事 卷二 · 南扶餘 · 前百濟>

그러나 <삼국유사>(大學本)에는 '峡'로 기록되어 있으며, 또한 다른 異本에는 '堗'로, <黃仁儉庚午 燕行錄>에는 '碟'로 나타나 있다.

'堗'에 대하여는 이미 밝힌 바 있지만, 鮎貝房之進의 <俗字攷>에 '온돌'을 뜻하는 國義字로 인정한 바 있으며, 따라서 '溫堗'의 '堗'과 同義字로 字典不載의 '炍 · 峡 · 碟'에 대한 문헌적 例證이

7) 崔南善(1955), 『삼국유사』, 민중서관, p.61.

희박하고, 六堂 선생이 다음과 같이 밝힌 바 있지만, 異本間에는 많은 誤植이 있다 하였다. 즉 鴨綠의 綠與淥, 義湘의 湘與相與廂, 弩札의 奴與弩與努, 味鄒의 未與末與味, 政丞의 丞與承, 阿那의 那與邪與耶 등이 그것이다.

鮎貝房之進의 <俗字攷>에는 '㠶'은 '㶴'의 誤植일 것이며, 그것은 '㶴'이 '火突'의 諧聲造字로 가장 적절하며, '㶴·堗'이 일찍부터 쓰여 왔다 하였다.

㪷

'㪷'(두)는 '穀不滿石'을 뜻하는 國字이다.

> 㪷李晬光曰我國以穀未滿石者爲㪷 俗稱量餘者爲무치是也 <吏讀便覽>
>
> 米穀不滿石爲㪷 …… <旬五志下>
>
> 我國多字書所無之字 …… 穀不盈斛稱㪷音두 …… <晝永篇下>
>
> 我國用字以水田存畓米穀未滿石者爲㪷柴束之大者爲㖌皆意作之 <芝峯類說>
>
> 㪷音斗穀不完石爲㪷見旬五志 <五洲衍文長箋散稿>

'마두리'라는 말은 '마투리·무치'로 지금도 전라·경상 지방에서 '섬(石)을 단위로 셀 때 남는 몇 말'이라는 뜻으로 쓰이고 있다.

<신자전>에 '㪷 두穀不完石마두리見旬五志'라 밝혀 있고, <漢韓大辭典>(동아출판사)에 '무지 두·마투리 두'라 하였다.

嚂

'嚂'(람)은 '虎咥'(씹다·물다)의 뜻을 가진 字典不載의 國字라 하겠다.

嚂以代咥虎又嚂人字典無嚂字 <雅言覺非 卷之三>
燒死人每名祖一石水渰虎嚂壓死並同 <六典條例·戶典·宣惠>
嚂死人渰死人並恤典祖各一石 <攷事要覽>

이는 <字典釋要>에서 '咥也너흐를람'이라 밝혔다.

鰢

'鰢'(마)는 '삼치'(망어)를 뜻하는 字典不載의 國字라 하겠다.

鰢魚 <邑志結城土産>
麻魚 <輿地勝覽·結成·土産>

이는 현행 諸字典에 수록되지 않았다.

魟

'魟'(망)은 '魟魚'를 뜻하는 國字이다.

我國多字書所無之字 …… 魚名有魟音망魚 …… <晝永篇下>

魟魚 <輿地勝覽 卷九·仁川·土産>
魟魚 <邑志仁川海州土産>

'魟'은 옛 韻書나 현행 字典에 전혀 밝혀 있지 않으며, '魟魚'(망둥이)가 현행 <국어사전>에 실려 있다.

魍

'魍'(망)은 '魍魚'를 뜻하는 國字이다.

魍魚一尾價二戔 <攷事要覽>

상기와 같은 文獻的 예증으로 보아 '魍'을 字典不載의 國字라 하겠다. 이는 이미 밝힌 바 있는 '魟'과 同義字이다. '魟'은 <輿地勝覽>, <晝永篇下>를 비롯하여 현행 字典 등에 일반화하였으나, '魍'은 상기와 같이 文獻的 예증이 稀少하다.

洣

'洣'(미)는 '洣水'를 뜻하는 國字이다. 다음의 '므즈미'는 '무자맥질'(자맥질)의 뜻이다. '洣'는 '洣水'의 '水'(氵)의 유추로 형성되었다 하겠다.

洣 므즈밋미 俗呼 -水 <字會中 二>
泳 므즈믈영 <類合下 十五>

纇

'纇'(미)는 다음과 같이 '纇縫'에서 찾아볼 수 있는 國字인데, '彌縫'의 유추에서 형성된 것이다. 즉, '彌'에 '縫'의 부수인 '糸'가 첨가된 것으로 볼 수 있다.

子藩復相 纇縫調護 欲使王父子 慈孝如初 <고려사 105 洪子藩傳>

𣘜

'𣘜'(반)은 三國時代 형성된 國字로, 音義를 '𣘜音般鄕云雨木'에서 찾아볼 수 있다.

觀機 道成 𣘜師𣚚師道義 子陽 成梵今物女 白牛師 讚曰 …… 𣘜音般鄕云雨木𣚚音牒鄕云加乙木 …… <三國遺事 卷五·包山二聖>

字典에 '槃'이 등재되어 있으나, '𣘜'과는 別字이다. '雨木'은 訓借로 '비나무'를 뜻한다.

环

'环'(배)는 다음과 같이 '杯珓'의 同名異記에서 형성된 國字이다.

朱子家禮卜日用环珓擲盤是也 家禮作环珓非也 字典無环字

…… <雅言覺非 卷之三>

'环'는 古韻書나 현행 字典에 전혀 수록되어 있지 않다.

簰

'簰'(배)는 '簰子'(종다래끼)를 뜻하는 國字로 <雅言覺非>에 다음과 같이 기재되어 있다.

> 簰子今者字典無簰字當是簰字之譌然箄者簰屬雖曰捕魚非篊類也 <雅言覺非 卷之三>

'簰'는 古韻書나 현행 字典에 전혀 수록되어 있지 않다.

洑

'洑'(벌)은 國字로 '海洑'은 곧 '개펄'인 것이다. 그런데 '洑'은 '뻘'의 國義字 '垡'(坺)의 國字化라 하겠다. <集韻>에 '房越切 起土也'라 하였다.

> 潟鹵셕로鹹土可煮塩起耕者曰垡俗轉뻘 <名物紀略>
>
> 南海之牙山以上西海之箕島以上海洑嶼草漁場專屬江都收稅 <六典通編·戶典>

㖰

'㖰'(붓)은 다음과 같이 '㖰朴只'(붓바기)에서 찾아볼 수 있는 國字이다.

㖰朴只鎖鑰開金具一部 <度支準折·打鐵>

榌

'榌'(비)는 '木梯'(사닥다리)를 뜻하는 國字이다.

牧隱詩郎舍當年勢絶倫 魚腥銅臭却熏身 更呼小吏書榌字 六故無端續得新 榌字攷字書無之 或曰木梯也 <盎葉記>

榌音飛或曰木梯也牧隱李穡詩更呼小吏書榌字 <五洲衍文長箋散稿>

<신자전>에 '榌 비木梯사다리(李穡詩) 更呼小吏書榌字'라 하였다.

緋

'緋'(비)는 고유어 '누비'를 표기하기 위하여 造字한 字典不載의 國字이다. 借字 '縷飛'의 '飛'에 '糸'를 덧붙인 諧聲造字라 하겠다.

二百兩 縷絲工錢 <宣堂下記>

衲襖 누비옷 <譯語類解·服飾>

橵

'橵'(산)은 '橵子'를 뜻하는 國字이다. <신자전>에 '橵산屋上布木산자見俚俗書'라 하였다. 현행 字典에 '산자 산'이라 풀이하였다.

滲

'滲'(삼)은 '水滲'에서 찾아볼 수 있다. '水滲'의 '滲'은 '水'(氵)의 유추에서 형성된 國字라 하겠다.

水滲重一貫 <고문서·토지매매>

縇

'縇'(선)은 '席筵邊飾'의 뜻으로 쓰인 國字이다.

布苧等各種 …… 苔席縮靑布二尺三寸 …… <六典條例·戶典>

縇音宣俗席筵邊飾曰縇 <五洲衍文長箋散稿>

我國多字書所無之字 …… 衣縁稱縇音션 <晝永篇下>

<신자전>에 '縇선席筵邊飾선두를 見俗書'라 하였고, <漢韓大辭典>에 '선두를선' <席筵邊飾>이라 풀이하였다.

鮎貝房之進은 '縇'의 또 다른 뜻으로 '緞屬'을 지칭한다 하였다. <通文館志 攷事要覽> 등에 나와 있는 '金縇', <文獻備考>의 '縇廛' 등이 그것이다.[8)]

蟂

'蟂'(소)는 '穴舟虫'을 뜻하는 國字이다.

> 我國多字書所無之字 …… 物久蟲蝕食蟂音소 <晝永篇下>
>
> 多大浦 …… 雖十餘尺戰船可以藏置而有蟂蟲 甚於諸港 …… <文獻備考·海防·東萊>
>
> 蟂音素俗訓穴舟蟲見官府文簿 <五洲衍文長箋散稿>

<신자전>에 '蟂 쇼穴舟虫배좀見官府文簿'라 하였고, 현행 諸字典에 '배좀 소'라 풀이하였다.

稤

'稤'(수)는 <신자전>에 '稤 슉各宮所任궁소임又倉名廣州牧有稤倉'라 하여 '稤'을 國字라 하고 그 音을 '슉'이라 하였다.

> 我國多字書所無之字 …… 倉庫稱稤音수 …… <晝永篇下>

---

8) 鮎貝房之進, 『前揭書』, p.177.

凡諸倉庫局院等司稤公斗人使令人等 <大明律直解>

寧海都護府倉稤部曲 <輿地勝覽 卷二十四·寧海·古跡>

稤倉 按音漱不見字字書 猶本國畓媜二字也即戶曹 賑恤廳常平廳三司名穀所蓄庫也 <南漢志>

'稤'의 音이 '수'와 '숙' 두 가지로 나타나 있는데, <신자전>에는 그 音을 '숙'이라 하였다. 그리고 현행 字典에서도 '궁소임 숙'(各宮所任) '창고이름 숙'(廣州牧有稤倉)으로 풀이하였는데, 이는 <신자전> 그대로의 인용이라 하겠다. 그러면 '倉稤'의 '수'와 '稤宮'의 '숙'의 2音이 있는 것인가. '수'는 '稤'의 '禾'로 유추할 수 있으나, '숙'은 이해할 수 없다.

琓

'琓'(완)은 다음과 같이 '琓夏國'의 國名에서 찾아볼 수 있는 國字이다.

我本龍城國人 亦云正名國 或云琓夏國 琓夏或作花廈國 龍城在倭東北一千里 <三國遺事 卷一·紀異·第四脫解王>

忽有琓夏國含達王之夫人姙娠 弥月生卵卵化爲人 名曰脫解 <三國遺事 卷二·紀異·駕洛國記>

'琓'은 近者에 人名에서도 찾아볼 수 있다.

饒

'饒'(요)는 '饒飢'의 뜻으로 쓰인 國字이다. '饒'는 '療飢'의 '療'에 '食'을 더하여 國字化한 것이다. <신자전>에 '饒요飢之不食요기할見俗書'라 하였고, 현행 諸字典에 '요기할 요'라 풀이하였다.

牪

'牪'(우)는 <五洲衍文長箋散稿>의 다음과 같은 기록으로 보아, 國字임을 알 수 있다. 그런데 '音牛'라 하여 字音은 알 수 있는데, 字義는 알 수 없다. 따라서 '牪縑'이라는 漢字熟語도 알 수 없다.

> 牪音牛麗史 高麗忠烈王歲 元賜金方慶牪縑二百 …… <五洲衍文長箋散稿>

喏

'喏'(자)는 '軍中鼓吹·樂器名'을 뜻하는 國字이다.

> 我國多字書所無之字 ……軍中鼓吹有普喏音者哱囉 <晝永篇下>
> 哱囉볼나 軍樂吹要衆兵起身執器站立 <名物紀略·器用樂器>

'喏'는 古韻書뿐만 아니라, 현행 字典에 실어 있지 않고, 오직 <큰사전>(한글학회)과 <국어대사전>(이희승)에 두 짝으로 된 打樂器의 한 가지로, 놋쇠로 둥글넓적하고 배가 불룩하여 弓形이

되었으며, 한가운데 구멍이 있어 가죽 끈을 꿴, 직경 50㎝~60㎝의 크기로, 한 손에 하나씩 가지고 마주쳐서 소리를 내는 인도에서 수입된 樂器名으로 '자바라'(啫哱囉)와 軍中에서 '자바라'를 치는 사람이 '啫哱囉手'가 수록되어 있다.

欌

'欌'(장)은 '欌器'를 뜻하는 國字이다.

正堂當中主壁奉安神欌 <宮園儀>
大君王子君公翁主出閤時三層欌圓盤造作進排 <六典條例·工典>
欌音歲俗訓冊欌衣欌之類 <五洲衍文長箋散稿>

<신자전>에 '欌장欌器장俗訓冊欌衣欌之類見宮園儀'라 하였고, <倭解下12·類合上28>에 '欌 장장'으로 기록되어 있고, <大漢韓辭典>에 '의장 장·장롱 장'(所以衣藏)이라 풀이되어 있으며, <큰사전>·<국어대사전>에 '冊欌·衣欌·印欌' 등이 수록되어 있다.

猠

'猠'(전)은 字典不載의 '염소'를 뜻하는 國字라 하겠다.
'猠皮'(전피)는 곧 羊皮를 뜻한다.

猠皮匠 <經國大典·戶典·尙衣院>
猠皮匠염쇼가죽

狗皮心兒虎皮邊猠皮裏何多介臺坐 <善隣國寶後記>

魟

'魟'(정)은 '魟魚'를 뜻하는 國字이다.

我國多字書所無之字 …… 鰲魚稱魟音뎡魚 …… <晝永篇下>
魟魚 <輿地勝覽 卷三十四·咸悅>
魟魚 <邑志·咸悅臨陂土産>

'魟'이 古韻書뿐만 아니라, 현행 字典에도 전혀 나타나 있지 않고, 또한 '가물치'를 '魟魚'라 하였다. 이는 다른 예증을 얻어 볼 수 없어 미상이지만, '가물치'의 별칭으로는 '鮦魚·水厭·鱧魚·鰲魚·黑魚' 등이 있다.

穇

'穇'(조)는 固有語의 '조'(粟)를 한자로 표기한 데서 형성된 國字라 하겠다.

稷者粟也方言粟曰穇爾雅粢稷之注曰江東人呼粟爲粢疏云粢也稷也粟也正是一物曲禮云稷明粢 <雅言覺非 卷之一>

'穇'는 '禾'에서 그 意味를 취하고, '조'(粟)를 '穇'로 音借한 것이라 하겠다. '穓'는 古韻書나 현행 字典에 전혀 밝혀져 있지 않다.

艓

'艓'(종)은 '船隻'의 단위로 쓰였던 '綜'을 國字化한 것이다. '綜'에 대해서는 國義字로 이미 밝힌 바 있다. 古文獻에는 '艓·綜'이 뒤섞여 쓰이고 있다.

船隻一齊作綜漕船每運以三十隻作一綜 …… <大典通編·戶典>

自舟橋中央南爲前部北爲後部海三船作一艓前後分五艓 <六典條例·工典·舟橋司>

每艓各置艓長一人 <同上>

糣

'糣'(증)은 다음과 같이 '糣餅'(증병)에서 찾아볼 수 있는 國字이다.

糣餅一兩價錢一戔二分 <度支準折·唐餅果茶膏>

棖

'棖'(탱)은 '枳實'을 뜻하는 國字이다.

枳實卽棖子 <鄕藥集成方·木部>

枳實種小者藥家取木熟者 …… 枳實튕자 <晝永篇下>

'棖'은 古韻書나 현행 諸字典에 전혀 밝혀져 있지 않다.

䭏

'䭏'(편)은 '떡'(餠)을 점잖게 일컫는 '편'을 國字化한 것이다. <신자전>에 '䭏편餠也떡見俗書'라 하였고, 현행 諸字典에 수록되어 있다.

纈

'纈'(협)은 다음과 같이 '纈纈'에서 찾아볼 수 있는 國字이다. 따라서 '纈纈'은 '頰纈'의 유추에 의하여 형성된 듯하다.

五頭品女 …… 金銀泥纈纈 <三國史記 卷三十三 色服志>

夻(吴)

'夻'(화)는 <신자전>에 '夻화魚名大口대구字彙魚之大口者曰吴音화四聲通解漢俗呼東國大口魚曰吴魚'라 하여 '夻'를 國字라 하였다. '夻'는 大口'의 2字가 合爲一字가 된 것으로 國字에 있어서는 허다한 예가 있다.

我東有兩字合爲一字者以水田爲畓有一字分爲兩字者夻魚稱以大口魚 <晝永篇下>

夻魚대구性平味醎與毒食之補氣腸與脂味尤佳生東北海俗名大口魚俗方 <東醫寶鑑>

夻音吴魚名大口字彙魚之大口者曰夻音髀四聲通解漢俗東國大口魚曰夻魚 <五洲衍文長箋散稿>

그런데 '夻'의 音을 '화'라 함은 <新字典>에서도 밝혔지만, '吴'와 同音同意字임을 알 수 있다.

吴大口也 <廣韻>

吴魚之大口者曰吴 <字彙>

'夻'(화)는 현행 字典에 '魚名 大口'라 하였다.

囍

'囍'(희)는 <대한한사전>(장삼식), <새字典> 등에 '쌍희 희'(雙喜)라 하였다.

이상 대체적으로 國字語彙 형성에 쓰인 國字에 대하여 살펴보았다. 새삼스럽게 말할 필요도 없지만, 字類上의 특징을 살펴보면, 人名이나 地名과 같이 特殊造字와 國語의 終聲表記에서 형성된 國字가 대부분이다. 그러나 國字語彙 형성에 쓰인 國字는 역시 特殊造字가 많다. 그것은 무엇보다도 고유어는 固有漢字로 표기해야 되겠다는 主體意識의 발로가 아닌가 생각된다. 그러면 國字로 형성된 國字語彙에 대하여 살펴보기로 한다. 먼저 그 語彙를 소개하면 다음과 같다.

> 啹億貞伊·鐦匠·乫草·轠軸·艍舠·乬麵床·鑋環·侤音·乽介·垌畓·蔈蓇·王萷·厘·庨·乤非·黃犾·乮介·櫷木·苫莄·田畓·胴衣襨·垈地·獤皮·溫堗·上夻·擎子亇赤粟·鯑魚·䰳魚·䰶魚·纙縫·迷水·㮽師·环珓·簰子·海洑·乶朴只·縷緋·橵子·水滲·閪失·鐥子·金縇·潽陵·乼丁·螓蟲·乯·乭丁·倉稤·稤宮·欌木·艌時調·筫笔·饎飢·絆䌹·啫哼囉·衣欌·猠皮·魟魚·穃·䑸長·乼使令·橙餅·棖子·鍽·纇纈·杏魚

이상 國字語彙를 그 몇 가지만을 소개하였으나, 이는 일찍이 三國時代로부터 근세에 이르기까지 주로 國字를 중심으로 하여 형성된 語彙들임을 알 수 있다. 많은 國字가 地名·人名 등에 사용되어, 일반 國字語彙 형성에는 열세인 듯하다. 특히 국어의 終聲表記에 사용된 '乙'·'叱'을 중심으로 하여 형성된 허다한 國字들이 그러하다. 이 점만 보더라도 우리의 固有漢字는 특히 人名·地名·官職名 등의 고유명사를 비롯하여, 우리 고유어를 표기하기 위하여 國字를 制字한 듯하다. 그러므로 이러한 國字는 言語·文字生活의 고유화를 이룩하였다는 점에서 의의있는 일이라 하겠다.

2) 國音字語彙

國音字語彙는 국음자를 接頭·接尾의 구성요소로 하여 형성된 어휘를 지칭한다. 필자는 이를 吏讀語彙 또는 取音語彙라 하여 이미 밝힌 바 있다.[9] 국음자어휘를 吏讀語彙라 한 것은 '吏讀表記와 固有漢字'에서 밝힌 바 있지만, 吏讀表記에서 형성된 國音字가 많고, <儒胥必知>, <羅麗吏讀> 등에서 이두어휘라 하였으며, 또한 일반적으로 吏讀文에서 널리 쓰였기 때문이다. 그러나 吏讀語彙에는 국음자어휘가 그렇게 많은 것은 아니다. 오히려 漢字語式 特殊用語[10]가 많은 것이다. 그것은 吏讀文이 행정·사법·제도상의 특수 명칭으로 이루어져 있기 때문이다. 後述하겠지만, 吏讀文에 나타나 있는 漢字語式 특수용어[11]를 필자는 固有漢字語에 있어서 漢字熟語라 지칭한 바 있다.[12]

국음자어휘는 國字語彙에 비하여 어휘수가 많지 않다. 물론 國字가 특히 人名·地名 등의 고유명사에 널리 쓰였으며, 고유어의 國字語彙化, 일반 한자어의 國字를 통한 具體化, 고유문화의 독자적 특성 등으로 國音字語彙에 비하여 많은 편이다. 國音字語彙에서 찾아볼 수 있는 國音字는 이미 전술한 人名·地名이나 이두표기에서 밝힌 것이 많다. 그러므로 이러한 字類는 本項에서는 제외하고 아직 밝히지 못한 國音字에 대해서 그 몇 가지만 살펴보기로 한다.

---

9) 졸고(1979), 「固有漢字語의 語彙論的 考察」, 『省谷論叢』 제10집, 省谷財團.

10) 장지영·장세경(1976), 『이두사전』, 정음사, pp.63~64.

11) 柳在泳(1979)은 「이름 表記의 한 考察」, 『논문집』, 제13집, 원광대에서 '韓國漢字語'라 하였다.

12) 졸고, 「前揭論文」.

干

<신자전>에 '干 강薑也생강見醫方'이라 하여 '干'이 '생강'을 뜻하는 國音字라 하였다. 이미 '召'(조)에서 밝힌 바 있지만, '干'은 지금도 漢醫方에서 '干三召二'(간삼조이)라 하여 '새앙 세 조각과 대추 두 개'라는 뜻으로 사용하고 있으므로, 國音字라 하겠다. <大漢韓辭典>(장삼식)과 <漢字大典>(李家源 · 張三植)에 '생강강(生干)'이라 풀이하였다.

丹

'丹'이 '牧丹'(모란)의 경우에 '란'으로 읽힌다 하여 <새字典>을 비롯하여 현행 제자전에서 國音字로 인정하였다. 주지의 사실이지만, 漢字音 초성 'ㄷ'이 모음간에서 'ㄷ>ㄹ'로 바뀌는 것에 대해서는 '艍'에서 밝힌 바 있으므로 생략한다.

狀

'狀'의 正音은 '장'으로 '狀啓 · 答狀 · 狀達 · 訴狀 · 行狀' 등의 경우에 쓰이며, '形狀 · 狀態 · 狀貌' 등의 경우에 읽히는 '상'은 <俗字攷>[13]를 비롯하여 <새字典> 등 현행 제자전에 '모양상'이라 하여 國音字로 인정하였다.

13) 鮎貝房之進, 『前揭書』, p.337.

그러나 <訓蒙上35>에는 '얼굴 장', <奎章>에는 '장 類也·形容·札也·牒也'로 되어 있다.

苫

'苫'(섬)은 '穀苞·島嶼·石爲苫' 등으로 일찍부터 쓰인 國音字임을 다음으로 보아 알 수 있다.

> 崔致遠崇福寺碑云益丘壟餘二百結○稻穀合二千苫 …… <慶州崇福寺碑>
>
> 小於嶼而有草木則曰苫 <高麗圖經 卷三十四>
>
> 麗俗謂刺○毛爲苦苫 <高麗圖經 卷三十六>
>
> 苫者編草以覆屋也 …… 吾東公穀十五斗爲一石私穀二十斗石又以石爲苫蓋以東俗編草爲蕢而納粟米斯之謂苫於是粟米旣寫名之曰空石豈不誣哉　苫本音蟾셤誤讀如占졈故不知苫卽苫也崔致遠崇福寺碑云益丘碑壟餘二百結酬稻穀合二千苫注云東俗以一十五斗爲一苫 方言島亦曰苫本音셤大明一統志朝鮮山川有江華島紫燕島菩薩苫紫雲苫春草苫苦苫苫跪苫注云圖經小於嶼而有草木曰苫俱在全州南海中宋徐兢使高麗錄曰白衣島亦曰白甲苫跪苫在白衣之東北其山特大於衆苫春草苫又在跪苫之外是日午後過菩薩苫五日丙戌過苦苫苫麗俗謂刺蝟毛爲苦苫此山林木茂盛而不大正如蝟毛故以名之羣山島之南一山特大謂之案苫洪州山又在紫雲苫之東鴉子苫亦名軋居苫　今按方言穀包曰苫島嶼亦曰苫然穀包之苫平聲島嶼之苫去聲 <雅言覺非 卷之三>

<高麗圖經>의 '苦苫'은 中世國語의 '고솜 돋'의 '고솜'을 표기

한 것이다. 이것은 그 동물의 이름이 본래 '고솜'이었고 '돝'(豕)이 뒤에 붙었음을 알 수 있다. <鄕藥救急方>에는 '蝟皮俗云苦蔘猪'라 하였다.14)

<신자전>에 '盛穀蒿篅섬又島嶼稱 全州海中有菩薩苫'이라 하였고, <새字典> 등 현행 제자전에 國音字로 인정하였다.

鉃

'鉃'(석)은 다음과 같이 '無痘痕'을 뜻하는 國音字이다. '鉃'은 '鐵'의 俗字로 <正字通>에 '鉃俗鵬鐵字'라 하였다.

> 鉃音晳俗訓無痘痕見官簿軍籍 <五洲衍文長箋散稿>
> 鉃석無痘痕곱상스러울見官簿軍籍 <新字典>

따라서 현행 제자전에 '곱상스러운 석'이라 하여 國音字로 인정하였다. 그러나 구체적인 그 어휘를 찾아볼 수 없다.

槊

'槊'(소)는 <說文>의 '槊音朔矛也'로 보아 國音字라 하겠다.

> 弓槊木二百三箇高佐木四百八箇 <六典條例·兵典·軍器寺>
> 槊毛契槊毛氈二百浮 <六典條例·兵典·司僕寺>

14) 李基文(1972),『國語史概說』, 민중서관.

槊木三千七十二個 <華城城役軌範>

造瓦濫惡不如法者重論私窯則論罪後本瓦沒官槊木本曹篆烙着標 <經國大典 · 工典>

嶺南漕船三年改槊價米四十石 <六典條例 · 戶典 · 宣惠廳>

상기 諸例로 보아 '槊'는 네 가지의 뜻이 있다. 第1義는 '弓槊'(弓胎), 第2義는 '槊毛', 第3義는 '橫木', 第4義는 '椺栓'이 그것이다.[15)]

<신자전>에 '槊소俗以茵褥裝毛曰一뇨소 修補船版亦曰改一見官司文簿'라 하였다.

'槊'의 音이 '소'임을 '窮槊'(궁소)<譯語類解 · 軍器>, 槊毛(소모)<六典條例> 등에서 찾아볼 수 있다.

爻

'爻'쇼(소)의 '爻周'는 이두어로서 <大明律直解>를 위시하여 허다한 吏讀文獻에서, <才物譜>의 '以筆斜抹曰爻 以筆圈抹曰周'와 같이 '抹消'의 뜻으로 쓰였다. 따라서 '爻周'(소주)는 原音 '효주'의 구개음화라 하겠다.

禾

<신자전>에 '禾 슈馬齒數말니수효見郵驛馬籍'이라 하여, '禾'를 國音字라 하였다.

15) 鮎貝房之進, 『前揭書』, p.161.

典邑署 …… 禾尺七十八, 古官家典 …… 水主六人禾主十五人 <三國史記 卷三十八·職官上>

恭愍王五年遣使諸道刷濟州人及禾尺才人補西北面戍卒 <麗史 卷八十二·兵志二>

禾 수 俗稱馬齒數曰禾一禾二禾是也 <吏讀便覽>

禾音水俗訓馬齒數見馱郵驛馬籍 <五洲衍文長箋散稿>

<高麗史>의 '禾尺'은 '수자이', <雞林類事>의 '倡曰水作'에 해당하는 것으로 '禾'의 古訓은 '수'이다. <訓蒙字會下 三>, <類合上 十>에는 '禾'의 訓이 '쉬'로 되어 있다. '禾尺·禾主'의 '수'나, '馬齒'의 '수'의 어원을 알 수 없으나, '禾'가 '穀類'를 뜻함은 분명하다.[16]

禾 쉬화 穀之總名 <訓蒙字會下 三>

禾 화稼之總名 <全韻玉篇>

禾 嘉穀也 <說文>

그런데 <晝永篇下>에 '禾'의 音이 '셥'이라 하였는데, 그 까닭은 알 수 없다.

我國多字書所無之字 …… 刻鏤有高深者禾셥刻 ……

'禾'(수)는 <새字典>을 비롯하여 현행 제자전에 '말의 이수효(馬齒數) 수'라 풀이하였다.

16) 梁柱東, 『前揭書』, pp.344~345.

媤

媤者女字也古婦人笄而字以稱舅家曰媤父姑曰媤母類 <雅言覺非 卷之三>

媤家訓시집 <吏讀方言>

媤音偲俗訓夫家曰媤家見官簿俗書 <五洲衍文長箋散稿>

'媤'는 <集韻>에 <新慈切>로 나타나 있고, '媤女字或ㅆ司'라 하여 '女'를 뜻하고 있는데, '媤'의 音이 '시'로 바뀐 것이다.

> 싀어미 셤기믈 심히 공근ᄒᆞ디라: 事姑甯氏甚謹 <五倫一·五八>
> 싀어미 잘 셤기라: 善事吾姑 <五倫三·三九>
> 그 夫 死ᄒᆞ고 싀결레예 兄弟 업거든 <家禮解五·四>
> 姑 싀어미고·舅 싀아비구 <類合上 二十>

梁柱東 박사[17]는 '싀집'(媤家)의 '싀'의 原義는 '새'(新)의 原音 '시'의 轉化로, 대개 '싀집·싀아비·싀앗' 等語의 궁극적 원의는 '新家·新父·新妻'에 지나지 않는다 하였다. 따라서 '媤'의 본음 '사'가 '시'로 바뀐 것은, <三國遺事 卷一·辰韓> 소재인 '羅京三十五金入宅中'의 '溪曲宅'(시내구비ㅅ집)을 '思內曲宅'으로 기록한 이두식 표기였지 않을까 생각된다 하였다.

그런데 '媤'가 <신자전>에는 '媤 시夫家시집官簿書多用之'로 풀이되어 있고, 현행 자전에도 '시집 시'라 하여 國字로 인정하였

17) 梁柱東, 『前揭書』, p.45.

으나, 이는 國字가 아니라, 國音字라 하겠다.

谷

'谷'(실)은 <澤堂集>에 '國音谷亦謂之室'이라 하였다.

杌

<신자전>에 '墻壁中間架木외짜지見竹樹槊言'이라 하여 '杌'를 '壁骨'(욋가지)을 뜻하는 國音字라 하였다. 이를 <俗字攷>에서는 다음과 같은 예증을 들어 諧聲造字라 하였다.

壁骨외 俗杌者외 <才物譜宮室>
杌音外墻壁中間架木見具浣竹樹槊言 <五洲衍文長箋散稿>

그러나 '杌'는 國字가 아니라, 國音字라 하는 것은 주지의 사실이다.

杌音孤杌棱也 <說文>
攻乎切 姑華切 <集韻>

'椳'와의 관계는 <신자전>에 '杌與椳同외짜지見繕工監文簿'라 하였다. '椳'는 國義字인 것이다. '椳'에 대해서는 다음의 '椳' 項에서 살펴보기로 한다.

厝

<新字典>에 '厝 움窖也움집權陽村集有厝幕'이라 하여 '厝'을 國音字라 하였다. 이는 고유어인 '움'을 漢字로 표기한 데에서 형성된 국음자인 듯하다.

> 厝音음玉篇於今切音 地名東俗曰厝見權陽村集有厝幕 <五洲衍文長箋散稿>
>
> 漆沮 ᄀᆞᇫ 움홀 後聖이 니ᄅᆞ시니 : 漆沮陶穴 後聖以矢
>
> 赤島 안햇 움홀 至今에 보ᅀᆞᄫᆞ니 : 赤島陶穴 今人猶視 <龍歌 五장>

주지의 사실이지만, '厝'은 원음이 '秦昔切'<集韻>이며, 原意는 '縣名'[18]으로 쓰였는데, 이것이 고유어의 '움'(窖)을 표기하는 國音字가 된 것이다.

茸

'茸'(이)가 그 原音·原義와는 달리 音 '이', 訓 '버섯'을 가리키는 國音·國義字라 하겠다. <集韻>에 '乳勇切, 草生貌也'라 하였다.

> 走筆謝閔祗惠松茸 …… 松山風露近中秋瓊液成形滑似流老病口饞猶不滅尋僧直欲更高游 <牧隱集>

18) 厝縣名在清河(『漢書 地理志』: 清河都伯厝縣)

石茸 票茸 晩茸 松茸 <寧邊邑志 土産菌類>

'茸'(이)는 오직 <俗字攷>에서만이 國音字로 인정하였다.

尺

尺(ᄌᆞ)이 原音 '尺'(척)과는 달리 '羅麗·語錄·儒書·集成' 등에 '尺文'(ᄌᆞ문)으로 수록되어 있으며, 이는 <儒胥必知>에 '영수증 또는 수표(證文也)라 하였다.

作

'作'(질) <儒胥必知>에 '官文書也 作文'라 하였는데, 吏讀文에서 '作文'을 '질문'이라 한다. '作'의 讀音을 '질'이라 함은 讀訓 '지을'의 축약이라 하겠다.

剳

'剳'(차)를 <雅言覺非 卷之一>에는 '剳入聲沓揷切音以別音剳作ᄎᆞ'라 하였고, <訓蒙上35>에는 '잡', <類合·倭解> 등에는 나타나지 않고 <全韻·字典·新字典> 등에는 한결같이 '잡俗차'라 하여 현행 자전에 이어져 있다. 그런데 '剳'는 '차자차'로 되어 있다. '차자'는 '剳子'(갈구리)를 가리키는 것으로, 이는 그 歷史가 오래인 것이다. 그런데 <俗字攷>19)에서는 다음과 같이 '차'는 중국 한자음의 直接借用이라 하였다.

剳付자부剳差帖 立剳리자○行移흔本文 <譯語類解·公式>

厠(厕)

'厠'은 <訓蒙中 六>에 '뒷간ㅊ國音측'으로 되어 있고, <類合上 十二三·倭解上十三十三>에 '뒷간 측'으로 되어 있다. 또한 <宣小六·三十七>, <家禮二·十五>, <三韻·奎章>에도 '측'으로 되어 있고, 現行音으로도 '측'인데, 이는 <訓蒙中 六>의 '國音 측' 이래, 오늘날까지 '측'으로 일관되어 있다.

따라서 오늘날 전라·강원지방의 방언으로 쓰이는 '칙간'의 '칙'은 '측>칙'으로 현실음화한 것이 아닌가 생각된다.

套

<신자전>에 '套 투例也전례○투見俗書'라 하여 國音字로 인정하였다. 이는 類推作用으로 '토>투'로 변이된 國音字라 하겠다.

套 씔토 <訓蒙下 二十>
套토重畓長大 <三韻·奎章·全韻>
套手 토슈 <同文類解上 五十六>

---

19) 鮎貝房之進, 『前揭書』, p.342.

상기 제례와 같이 '套'는 모두 '토'인데, <큰사전> 이래 '套'는 '套語·常套·封套' 등 사전에 모두 '투'다.

그런데 類推作用으로 일어난 한자음의 變異例는 허다하다. 그 몇 예를 들어보면, 다음과 같다.[20]

노>뇌 腦 노 <訓蒙上 28·類合上 21·三韻·奎章·新字典
뇌 <太上感應篇 5:12·總辭>
惱 노 <六祖中 27·三韻·奎章·新字典>
뇌 <總辭·煩惱>
파>패 覇 파 <宣孟 12:17·三韻·奎章>
패 <宣論 3:58>
파 <飜小 8:37·類合上15·三韻·奎章>
패 <總辭以來 各辭典 怕痒樹>
솨>쇄 鎖 솨 <東漢音·訓蒙中 16·三韻·奎章>
쇄 <類合下 43·百聯 24>
소>수 稍 소 <東漢音·訓蒙中 21·三韻·奎章>
수 <新字典 俗音>

喙

'喙'는 眞興王碑의 '沙喙·喙' 등에서 찾아볼 수 있는데, 이는 '梁·沙梁'을 '喙·沙喙'로 표기한 것이다.

20) 南廣祐(1969), 『朝鮮(李朝)漢字音研究』, 동아출판사, pp.127~129.

等喙居七夫智一尺干喙　智一尺干沙喙子力智　千口 <昌寧碑>

喙部非知沙干另人沙喙部尹知奈末 <黃草嶺碑>

沙梁部梁讀云道或作涿亦音道 <遣事 卷一·赫居世>

沙涿漸涿等羅人方言讀涿音爲道故今或作沙梁梁亦讀道 <遺事 卷一·辰韓>

梁柱東 박사[21]는 '梁·喙·涿'은 '터'(基)의 原語인 '도'로, '沙梁·沙喙'는 '새도'(새터·新祉)의 뜻이라 하였으며, 兪昌均 교수[22]는 '梁=道=涿'의 等式이 성립됨을 인정한 나머지 '梁'의 中世訓音이 '돌'(돌량梁·訓蒙上五)임으로 '道'의 字音과 유사성을 가지고 있어, '梁'은 訓音을 이용하였고, '道'는 字音을 이용하여 동일한 音聲의 형태를 표기한 것이라 하였다.

그러나 鮎貝房之進[23]은 '梁'의 방언에 해당하는 國音字는 '喙·喙' 등으로 '涿·啄'은 중국인의 使用字라 하였다.

그런데 <신자전>에는 '喙 달鷄口부리○고달見雞林類事一作喙亦音[달]'이라 하여 '喙'의 音을 '달'로 풀이하고 국음자라 하였다. 이는 雞林類事의 '雞曰喙'에 기인할 줄 믿는다. 특히 圖書集成本에는 '雞曰啄'이라 하고, 그 註에 '音達查字典無此字乃朝鮮土語'라고 기입되어 있다. 그러나 說郛에는 '音達'까지만 기록되어 있는 점으로 보아, 이하의 註는 集成本 編者가 이를 첨가한

21) 梁柱東, 『前揭書』, p.82.

22) 兪昌均(1969), 「韓國古代漢字硏究」, 『학술연구조성비에 의한 연구보고서 어문계 1』, 문교부.

23) 鮎貝房之進, 『前揭書』, pp.125~130.

것으로 볼 수 있다.24)

'㖣'(달)은 <신자전>을 비롯하여 현행 <새字典> 등 제자전에 '부리·고달'이라 풀이하였다.

이상 國音字의 字類에 대하여 살펴보았다. 字類上의 특징이라면 무엇보다도 字音 형성의 원인 규명이 難題라 하겠다. 字類의 各論에서 단편적으로 규명한 것도 있지만, 일반적으로 규명되지 않은 것이 많다. 그러나 전술한 바 있지만, 國音字는 허다한 子音이 漢字의 音訓借用表記過程에서 형성되었다고 하겠다. 즉, 吏讀表記에서 형성된 國音字가 허다하다. 둘째는 고유의 地名表記에서 형성된 國音字가 있다. 이는 '地名表記와 固有漢字'에서 밝힌 바 있다. 셋째는 人名表記에서 형성된 國音字도 있다. 그 가운데 '釗'(쇠)는 역사성으로 보나, 분포와 빈도상으로 보아 人名表記 國音字로 특징적인 것이라 하겠다. 끝으로 國音字는 중국 漢音의 전입이라 하겠다. 이미 밝힌 바 있지만, 중국으로부터 차용된 국어에 있어서의 차용어휘는 中國口語와 국어의 直接的인 접촉에 의하여 수입된 직접 借用語辭와 한문을 배경으로 하여 간접적으로 수입된 간접 借用語辭가 있다.25)

전술한 바 있지만, 國音字가 이두표기에서 형성된 것이 많기 때문에, 國音字語彙도 대체적으로 吏讀語彙가 많다. 먼저 國音字語彙를 그 몇 가지만 예거하기로 한다.26)

---

24) 方鍾鉉(1956), 「鷄林類事硏究」, 『東方學志』 제2집, 東方學硏究所.

25) 南豊鉉(1968), 「15世紀 諺解文獻에 나타난 正音表記의 中國系借用語辭考察」, 『국어국문학』 39·40, 국어국문학회.

這這·生干·水刺·牧丹·按板·牌旨·幅巾·爻周·形狀·苫苫·槊木·禾尺·媤家·柧木·廜幕·松茸·尺文·召史·不喩·作文·卜馱·上下·笴子·帖子·廁間·套手·下處·阿只·無頉·處干…….

그러나 이는 어디까지나 國音字 중심으로 형성된 어휘들이다. 전술한 바와 같이 진정한 의미에 있어서의 吏讀語彙란 이두문에서 주로 行政·司法·制度上의 名稱들로서 漢字語式 特殊用語를 지칭하는 것이다. 앞으로 國義字語彙에서 언급하겠지만, 이것이 固有漢字語의 특성이라 할 수 있는 것들이다.

3) 國義字語彙

이미 밝힌 바 있지만, 國義字란 旣存의 한자에 우리나라에서 새로운 의미를 賦與하여, 우리나라에서만 쓰이는 漢字들이다. 그리하여 이러한 國義字를 중심으로 하여 형성된 어휘를 國義字語彙라 한다.

그런데, 우리의 漢字語는 이미 앞에서 밝힌 吏讀語彙라든가 또는, 軍都目式表記에서 형성된 取音語彙라든가 其他 우리나라에서 형성된 漢字熟語가 있다. 이를 필자는 轉義된 漢字熟語라 하여 이미 밝힌 바 있다.

그리하여 國義字語彙를 국의자로 형성되어 있는 國義字語彙와 吏讀語彙·取音語彙·漢字熟語를 일괄하여 轉義된 漢字熟

26) 졸고(1979), 「固有漢字語의 語彙論的 考察」, 『省谷論叢』第10輯, 省谷財團.

語로 명명, 이를 二分하여 살펴보고자 한다. 먼저 국의자의 字類에 대하여 살펴보기로 한다.

結

'結'은 '量田'(목)을 뜻하는 國義字라 하겠다. 현행 字典 등에 租稅를 계산하기 위한 土地面積의 단위인 '목'을 '몫'으로 표기하고 있는데, 이는 잘못이며 특히, <字典釋要>의 '먹결'은 '목결'의 잘못이라 하겠다.

> 我國量田實績一尺爲把爲束十束爲負 百負爲結此 本麗制而田結 二字起於管子 <行用吏文>

<새字典>을 비롯하여 현행 諸字典에 '결전(結錢) 목'이라 풀이하였다. 다라서 '목'(結)을 나타내는 어휘로는 '結錢·結稅·結食·結價·結木·結米·結卜·結數·結總' 등이 있다.

蓘

'蓘'은 '근대'(莙薘)를 뜻하는 國義字이다. '근대'의 한자어는 다음과 같이 '蓘臺'(곤대)임을 알 수 있다.

> 十月至立春每日蓘臺四殿宮各一丹 <六典條例·戶典·內資寺>
> 莙薘菜근대 <譯語類解·菜蔬>

'蕠'은 고유어 '근대'의 단순한 音借表記인데, 이러한 記寫는 古文書에 허다하다. 더욱이 <軍都目>式 표기나 取音語 등에 많다.

魟

'魟'은 다음과 같이 '가오리'를 뜻하는 국의자이다.

> 魟魚가오리食之益人尾有大毒有肉翅尾長二尺刺在尾中人被刺 …… <東醫寶鑑>

'가오리'(洪魚)를 뜻하는 國義字를 '魟魚 · 洪魚 · 弘魚' 등으로 표기하기도 하는데, '魟'의 原義는 다음과 같이 '魚子'임을 알 수 있다.

> 魟 音拱魚子也 <唐韻>

棵

'棵'는 '琴具'를 뜻하는 국의자이다. <신자전>에 '棵 과琴具괘협見樂學軌範卽玄鶴徽臬'이라 하였는데, '棵'는 琴具로서 玄琴에는 6絃中 3絃 16棵가 있다는 것은 주지의 사실이다.

> 三國史云玄琴 …… 玄鶴來舞遂名玄鶴琴後但云玄琴 按造玄琴之制前面用桐木後面用栗木棵用會木棕木次之粧飾 龍口鳳尾坐○擔棵軫棵雲足柱柱卽俗名岐棵也 <樂學軌範 卷之七 · 玄琴>

檁音果卽玄鶴琴徽臬詳見樂學軌範字書音款狙名與梡字同訓 <五洲衍文長箋散稿>

'檁'가 國義字임은 <신자전>을 비롯하여, 현행 諸字典에 '괘협과(琴具)'라 밝혀져 있다.

藿

<신자전>에 '藿 곽海菜미역[尹圃菴詩]魚藿浦民殘'이라 하여 '藿'을 國義字라 하였다. 이는 무엇보다도 '藿'이 중국 韻書에는 '海菜'의 뜻으로 사용되지 않은 점이라 하겠다.

'海菜'의 고유어로는 '머욕·머육·메육' 등으로 古文獻에 나타나 있다.

海菜 머욕 <譯語上 五十四>

머육과 쌀와 香과 가져다가 주더라: 海菜米香遣之 <續三綱·孝子圖>

머육海菜 <同文解下 三·方藥 二十六>

海菜曰머육者墨楡也海帶曰다시마者塔士麻也 <東言考略下·海菜>

이바 乫藿 메욱덜아 <古時調·靑丘>

海菜卽本國鄕名메육 <吏文輯覽 二:三>

고유어와는 달리 漢字語로는 '藿稅·藿巖·藿田·藿湯……' 등 '藿'이 쓰였고, 특히 宮中에서는 '藿湯'이란 말이 주로 쓰인 듯

하다.[27)]

그러므로 '藿'은 中國韻書에 나타나 있는 '豆葉·藿香' 등의 뜻과는 달리, 우리나라에서는 '海菜'의 뜻으로 쓰인 國義字라 하겠다.

槐

'槐'는 다음의 <雅言覺非>의 내용과 같이 '느티나무'를 뜻하는 國義字이다. 이는 '槐木'(회화나무·홰나무)의 원뜻과는 달리 '槻木·欟木·黃楡' 등과 同義語로 전용한 데 있을 줄 믿는다. 따라서 이미 '欟'條에서 밝힌 바 있지만, '槐'는 '느티나무 귀'라 하겠다.

> 吾東之俗白楡野生方言云늘옵刺楡家種方言云六年或謂之龜木四月八日取葉作餅亦不知楡葉也槐板亦或謂之龜木 <雅言覺非 卷之一>

級

'級'은 수량 '두룹'을 나타내는 國義字이다.

> 東語凡編物至十謂之一級方言曰乾두룹海艾一級乾魚一級魚或以二十爲一級 <雅言覺非 卷之一>

현행 字典에서 '級'을 '두룹 급'이라 풀이한 자전은 <字典釋要>와 <松亭玉篇>이다.

---

27) 졸고(1969), 「宮中語攷」, 『국어국문학』 42·43, 국어국문학회.

鞁

<신자전>에 '鞁급祭鞋제사신經國大典有鞁匠'이라 하여 '鞁'을 國義字로 인정하였다.

> 鞁鞋匠 <經國大典卷 之六>
> 鞁鞋匠 <典律通補>
> 鞁音扱經國大典有鞁鞋匠卽祭鞋也 <五洲衍文長箋散稿>

'鞁'이 일반적으로 '小兒履 · 嬰兒履'를 의미하나, '鞁鞋匠'의 기록으로 보아 우리나라에서는 '祭鞋'의 뜻으로 쓰인 國義字라 하겠다. 따라서 <漢韓大辭典>(동아출판사) · <大漢韓辭典>에 國義字로 밝혀져 있다.

그런데 鮎貝房之進[28]은 '鞁'을 네 가지 面에서 주석하였는데, ①'鞁'의 字音은 '삽'이 아니라 '급'이다. ②중국 鞁鞋와는 현저하게 다르다. ③한국의 鞁鞋는 특히 임금의 御履다. ④'鞁'과 상대되는 '鞰'이 궁중 女用鞋라는 점에서 '鞁'은 분명한 國音 · 國義字다.

娚

'娚'은 '오라비'를 뜻하는 國義字이다. '娚'은 <集韻>에 '尼咸切, 語聲'이라 하였다.

---

28) 鮎貝房之進, 『前揭書』, p.147.

我國多字書所無之字 …… 女之男兄弟稱㚰音남故按有㚰妹島 …… 㚰㚾二字雖載於字書俱非 …… <晝永篇下>

<신자전>에 '㚰 남男兄弟오라비見松溪漫錄又俗稱婦之兄弟曰妻㚰'이라 밝혔는데, '㚰'은 우리나라에서 造字한 國字가 아니라, 종래 사용해 오던 漢字에 새로운 의미를 부여한 國義字임을 알 수 있다.

㚰者語聲也本與喃通唯束皙之賦㚰字呫諵細語也 亦作맘諵東俗妻之兄弟謂之妻㚰不唯是也人有一男一女輒云生此㚰妹高麗史選擧志云文武官許一子蔭官無直子者許姪㚰女婿大抵女子婦人謂其兄弟曰㚰方言兀阿卑無攸據矣 <雅言覺非 卷之二>

'㚰'의 國義字化는 다음으로 보아 그 역사가 오래인 듯하다.

㚰者零妙寺言寂法師在於姉者照文皇太后君於妹者敬信太王在於也 <葛項寺 石塔記>

<大漢韓辭典>(장삼식)에 '오라비 남(姉妹謂男兄弟曰㚰)'이라 풀이하였다.

腩

<신자전>에 '腩 남肝炙간랍見星湖僿說'이라 하여, '腩'을 國義字로 인정하였다. '腩'은 <集韻>에 '乃感切, 肝炙也'라 하여 '肝

炙'의 의미임을 알 수 있다.

…… 肝南或是腩字之偶同而譌而爲南也 <盎葉記>

…… 今俗設肝炙之南謂之肝南所謂羞豆之實也如配食皆是也 <星湖僿說·萬物門·肝南>

'腩'을 현행 諸字典에서 '간납(肝納)'이라 풀이하여 國義字라 하였다. '肝納'은 또한 '干納'으로도 표기하였다.

獺

'獺'의 字義는 '水狗'인데, 다음의 諸例證과 같이 우리나라에서는 일찍부터 '너구리'의 뜻으로 쓰인 國義字이다.

이는 아마 '山獺'(너구리)에서 형성된 것이 아닌가 생각된다.

너고리똥汝古里叱同:獺糞 <牛疫方 一>

獱넝우리빈 獺넝우리달俗呼水一 <訓蒙上 十八>

海獺 地獺 獾 <輿地勝覽 濟州土産>

炟

<신자전>에 '炟 달獷炟獮猴桃달애俚語藤梨謂之炟艾'라 하여 '炟'을 國義字로 인정하였고, 현행 字典에 그대로 인용 수록하였다.

…… 俚語藤梨謂之炟艾藤梨二字甚新 <盎葉記>

炟音達俗訓獮猴桃曰炟艾麗史神字初崔忠獻 …… 俚語藤梨謂之炟艾也 <五洲衍文長箋散稿>

그러나 '다래'의 漢字語는 다음의 諸例와 같이 일반적으로 '獮猴·楩棗·藤梨' 등이 쓰였음을 알 수 있는데, <신자전>에 나타나 있는 '炟艾'는 고유어인 '다래'의 '軍都目式' 표기가 아닌가 생각된다.

楩ᄃᆞ래斜卽獮猴桃漢呼楩棗通作軟又名藤梨 <訓蒙上 十二>
멀위랑 ᄃᆞ래랑 먹고 <樂詞·青山別曲>
楩棗 ᄃᆞ래 <四解下 十二>

橽

<신자전>에 '橽 달檀也박달見戶曹定例'라 하여 '橽'을 國義字라 하였는데, 이는 다음의 예증에서 찾아볼 수 있다. '撻'은 <集韻>에 '他達切, 所以泄水也'라 하였다.

橽皮所十三艮衣八把 <六典條例·戶典>
橽音達俗訓朴橽木卽檀也見戶曹定例 <五洲衍文長箋散稿>

<大漢韓辭典>(장삼식)에 '박달나무 달'(檀木)이라 하였다.

糖

'糖'은 다음과 같이 '수수'(高粱)의 뜻을 가진 국의자이다.

皮糖黍四石十三斗七升 <六典條例·禮典·奉常寺>
糖米 <邑志·安州>

'糖'의 原義는 다음과 같이 '엿'임을 알 수 있다.

糖당飴也엿○沙糖사당 <新字典>
糖飴也 <說文>

刀

<신자전>에 '刀도 升也되見雞林類事及公私文簿'라 풀이되어 있다. 이는 <雞林類事>의 '升曰刀'에서 연유한 것으로 볼 수 있다.

刀音刀俗訓升也見宋孫穆雞林類事又見公私文簿 <五洲衍文長箋散稿>

주지의 사실이지만, '升'에 해당하는 우리말의 '되'를 '刀'로 音借 표기하였던 것이다.

나날太倉앳닷됫쌀를 ; 一糴太倉五升米 <杜解十五·三十七>
升 되승 <訓蒙中 十一·倭解上 五十五·類合上 二十七>

'刀'는 현행 諸字典에 '되(升)'라 풀이하여, 國義字로 인정하였다.

堗

'堗'은 다음의 諸例로 보아 '구들'을 뜻하는 국의자임을 알 수 있다.

> 書香閣溫堗燒木燈油等價 <六典條例·戶典>
> 一邊移屍於房堗達夜點火屍不透軟 …… <關西啓錄>
> 堗匠 <經國大典·工典>

그런데 <雅言覺非>에서는 다음과 같이 '堗'이 '구들'을 뜻하는 國義字라는 것을 부인했다.

> 堗者竈窓也煙所出直堗曲堗吟誦順口而東叟猶稱溫堗方言堗曰窟禿乃以煖炕爲溫堗 <雅言覺非>

그러나 '堗'이 '구들'을 뜻하는 國義字라면, 우리나라에 있어서의 '구들'의 歷史를 밝힐 수 있는 좋은 例證이 될 줄 믿는다. 따라서 우리나라에 있어서의 '구들'의 기원은 다음의 例證으로 보아 오랜 듯하다.

> 百濟王欲幸王興寺禮佛先於此石望拜佛其石自煖因名㷝石 <遺事 卷二·南扶餘·前百濟>(傍點筆者)

'堗'은 '㷝·硋' 등의 國字가 쓰였는가 하면, 심지어 '溫突'이라고 假借表記한 문헌도 있다.

棟

<신자전>에 '棟 동屋脊檼也동자기동'이라 하여 國義字라 하였다. '동자기 동'이란 '童子柱'를 뜻하는 말로 '동바리'를 가리킨다.

棟本屋脊而訓之爲柱方言云者東 <對六書策>

鮎貝房之進은 '棟'은 '기둥'(柱)의 뜻을 가진 諧聲造字로 國字라 하였는데[29], 이는 國義字로 <集韻>에는 '多貢切, 極也'하였으며, <段注>에는 '極者 謂屋至高之處'라 하였다. 즉, '極者'란 '대마루, 한마루'를 뜻한다.

撈

'撈'는 '끙게'를 뜻하는 國義字이다. <集韻>에는 '撈 郎到切, 沈取曰撈'라 하였다.

曳撈覆種撈鄕名曳介多木焉之松枝爲上 <農事直說>
撈音勞農事直說曳介曰撈 <五洲衍文長箋散稿>

<신자전>에 '撈로曳介쓩개見農事直說'이라 풀이하였고, <大漢韓辭典>(장삼식)에 '끙게로'(農具曳介)라 하였다. '쓩게'란 가마때기에 두 가닥의 줄을 메고 위에 뗏장을 놓고 끌어 씨를 뿌린

29) 鮎貝房之進, 『前揭書』, p.123.

뒤에 씨앗이 흙에 덮이게 하는 일종의 農器具이다.

檑

'檑'는 '고무래'(農具)를 뜻하는 國義字이다. <玉篇>에는 '力堆切 硏物也' 즉, '硏物한다, 간다'의 뜻이라 하였다.

> 檑音雷農事直說銅木曰古音波 <五洲衍文長箋散稿>

<신자전>에 '檑木곰배見農事直說'이라 하였고, 현행 諸字典에 '고무래(農具)뢰'라 하였다.

妹

'妹'는 다음의 諸例와 같이 그 原字義가 '女弟'인데, '妹夫'의 경우에는 그 字義가 '姉兄'(妹兄)과 같은 뜻으로 쓰이고 있어 이를 國義字라 하겠다.

> 妹女弟也 <說文>
> 謂女子先生爲姉後生爲妹 <爾雅·釋親>

'妹夫'를 <국어사전>에는 '누이의 남편'이라 주석하였는데, 이는 '妹夫'가 '女兄·女弟'에 공통으로 쓰인다 하겠다. 그런데 <雅言覺非>에서는 이를 오류라 하였으나, '女兄' 通用의 國義字라 하겠다.

妹者女弟也東俗姉夫亦謂之妹夫皆誤 <雅言覺非 卷之二>

<訓蒙字會 上 三十二>에서는 '妹'의 字釋을 구체적으로 區分 說明하고 있다.

妹 아ᅀᆞ누의ᄆᆡ 俗呼一子夫曰妹夫
姉 몬누의 ᄌᆞ

木

첫째 '木'은 다음의 例證과 같이 종래 사용해오던 漢字에 새로운 의미를 賦與하여 '綿布'의 뜻으로 쓰인 國義字라 하겠다.

木 무명○綿布也 <吏讀便覽>

그리하여 오늘날 '布木·廣木·唐木' 등으로 쓰이고 있다.

<신자전>에는 '木 목綿布稱白木미명見官簿'라 하여 國義字로 풀이하였다. 그러나 '무명'은 중국어 '木綿'에서 형성된 외래어이므로, 이를 國義字로 인정할 수 없다 하겠다.

둘째 '木'은 國音으로 '모'이다. 이는 '목과(木瓜)>모과'에서 찾아볼 수 있는 것으로, '공양미(供養米)>고양미', '평양(平壤)>피양' 등과 같은 同音省略現象에서 형성된 國音字라 하겠다.

栢

'栢'의 原字義는 '側栢 · 扁栢(측백나무)'인데, 다음과 같이 우리나라에서는 '海松子'(잣)의 뜻으로 쓰이고 있어, 이는 '海松子'를 뜻하는 國義字라 하겠다.

> 我國所謂栢乃中國之海松非眞栢也接稗史云新羅使者每來多鬻松子名玉角香又名龍牙子以此賂公卿家云蓋卽今俗所稱栢子也 <芝峯類說>
>
> 栢者側栢也汁栢也埤雅云栢有數種其葉扁而 側生者謂之側栢本草所稱側葉子是也其仁曰栢子仁此日用易知之物也海松者油松也果松也 <雅言覺非 卷之二>

그러나 '栢'의 字義를 '側栢 · 扁栢'으로 풀이한 문헌은 <訓蒙字會>, <字典釋要>, <全韻玉篇>, <新字典> 등이며, 반면 '栢'의 字義를 '海松子'로 풀이한 문헌은 주로, 현행 字典들이나 國義字 처리는 전혀 되어 있지 않다. 따라서 참고로 朝鮮朝 문헌을 들어 보면 다음과 같다.

> 자시 이숌 곧ᄒᆞ니(如栢在) <南明下 七十二>
>
> 솔와 잣과(松栢) <朴初二十二 · 四十一>
>
> 잣 남ᄀᆞᆯ 採取ᄒᆞ다마다(採栢動) <杜初八 · 六十六>
>
> 잣송이(栢塔子) <譯補 五十>
>
> 栢 잔빅 <倭解下 二十七>

褓

'褓'는 '褓負商·褓商'의 뜻을 가진 國義字이다. '褓'의 原義는 다음과 같이 '襁褓'임을 알 수 있다. '褓負廳·褓쌈·褓찜만두' 등의 語例가 있다.

> 褓보襁一小兒被포대기 <新字典>
> 褓縷 <說文> 小兒衣也 <集韻>

棐

'棐'는 다음의 '僧輩呼爲棐木'으로 보아, '비목나무'(榧)를 가리키는 國義字임을 알 수 있다.

> 高處樹木不長枝幹卷局有亦赤木側栢海松又有不知名之木僧輩呼爲棐木葉如其身蒼白經多不凋會見楓獄戱靈山赤有之盖佳木也 <遊華嶽記·金壽增>

'棐'의 原義는 <說文>에 '棐 補也'라 하였으나, <字彙補>의 '棐與榧通'으로 보아 '비목나무'(榧木)를 가리킨다 하겠다.

枇

'枇'는 <俗字攷>에서 다음과 같이, 方言 '비나모'에 해당하는 諧聲造字로 國字라 하였다.

報恩枇 價文枇 <邑志·鏡城土産>
枇木巨里 <大東輿地圖·長津>
枇木谷 <五萬分地圖·薪市洞>

그러나 이는 다음의 예증으로 보아 國義字라 하겠다.

枇 枇杷木也从木聲 <說文>
枇 櫛木或書作柴 <集韻>
枇 畢履切音匕與朼同所以載牲體也 <廣韻>

査

'査'는 다음과 같이 '사돈'(査頓)을 뜻하는 國義字임을 알 수 있다. 그 原義'는 <集韻>에 '莊加切, 水中浮木也'이라 하였으며, <正字通>에는 '査俗以爲考察義'라 하였다.

'査頓'은 만주어 'sadun'에서 형성된 어휘임은 주지의 사실이다.

査頓 本朝○婿與婦之父母相呼爲査頓 <東韓譯語>
査字浮木也 以稱姻家女氏婿氏相謂 査頓稱舍兄査弟 <雅言覺非 卷之三>

莎

'莎'는 다음의 諸例證으로 보아 '띠'(茅草)를 나타내는 國義字라 하겠다.

莎土匠 <六典條例 工典 繕工監>

莎草사초小茅也俗訓잔듸 <名物紀略草>

回軍草씌○我東舊俗多以香附子被之墳墓近來一用回軍草遂以씌爲莎草不知也 <物名攷草>

그러나 '莎'의 原義는 다음과 같이 '香附子'를 뜻한다.

莎 莖葉似三稜根周匝多毛謂之香附子一名雀頭香 <爾雅翼>

莎 莎鷄 蟲名 <集韻>

'莎'는 <倭語類解 三十一>에 '뙤사', <字典釋要>에 '잔듸슈'로 되었을 뿐, 國義字로서 처리되어 있지 않다.

柶

'柶'는 우리나라에서는 '擲柶'의 뜻으로 사용하는 國義字이다.

柶音四俗音슛取四木之戲具名金文豹作柶戲圖詳見芝峯類說星湖僿說 <五洲衍文長箋散稿>

我東柶戲亦不知剏自何時而創意所寓不無可言者其法以指大圓木留皮半析長僅數寸外穹內平用比四條擲地取格卽其骰也骰有五格 …… 盖其剏意取於四時日行長短之勢而本無其名或以爲柶戲者爲其以四木爲戲故名而與禮角柶之柶文同而義則殊也松都人金文豹嘗有著說 <晝永篇下>

<신자전>에 '柶사戱具눗俗取四木之義而名金文豹作俗取柶戱圖'라 하였고 <大漢韓辭典>에 '윷사'(擲柶)라고 풀이하였다.

栍

'栍'은 古制에서 '찌'(籤)의 뜻으로 쓰인 國義字이다.

抽簽사슬쏩다○謂抽出簽栍也 <行用吏文>

各邑堤堰 …… 堤堰司間間發松郞廳抽栍擲奸冒耕者科罪 …… <續大典 卷之二·戶典·田宅>

石長栍在延海州間 <文獻備考>

<신자전>에 '栍 생承講書抽籤찌○표지外邑反庫抽籤會計亦稱抽一繕工監有一竹進上里堠曰長栍諺呼長丞'이라 밝혔고, 현행 諸字典에 國義字로 수록하였다.

貰

'貰'의 原字義는 '貸也·賖也'[30]인데, 이것이 오직 <訓蒙字會>에서만이 다음과 같이 '쇤빋'(세·세돈)의 뜻으로 되어 있고, 오늘날 '傳貰·月貰' 등에서 그 字義를 찾아볼 수 있어 '貰'를 '세·세돈'을 뜻하는 國義字라 하겠다.

30) 『說文』 '貸也 수일세', 『類合下 4』 '貸也수일', 『신자전』 '賖也세낼'.

貰 욀빌셰 與賒同意又赦也 <訓蒙下 二十一>
賒욀빌샤 白手取物償直在日一買又遠也 <訓蒙下 二十一>

그런데 <雅言覺非>에서는 다음과 같이 '貰者賒也說又貸也'로 보아, 잘못이라 하였다.

貰者賒也說文云貸也 沛公嘗從王媼武負貰酒謂不錢而賒取之也 東語凡給錢借物謂之出貰雇馬曰貰馬雇轝曰貰轝皆非矣白居易詩云 家醞飮已盡村中無酒貰非 無酒也無貰法也 <雅言覺非 卷之二>

嫂

'嫂'는 '兄之妻'를 가리키는데, 다음의 <雅言覺非>와 같이 '弟妻' 통용으로 쓰인다 하여, 이를 <俗字攷>에서 國義字라 하였다.[31] <集韻>에는 '蘇老切, 兄妻也'라 하였다.

嫂者兄妻也東俗弟妻亦謂之弟嫂 <雅言覺非 卷之二>

叔

'叔'의 原字義는 다음의 諸例와 같이 '夫弟'인데, 이를 우리나라에서는 '夫兄' 통용이라 하여, <俗字攷>에서 國義字로 인정하였다.[32]

31) 鮎貝房之進, 『前揭書』, p.300.
32) 鮎貝房之進, 『前揭書』, p.255.

父之晜弟 …… 後生爲叔父 <爾雅·釋親>·叔季父 <廣韻>·叔伯叔也 <玉篇>·夫之弟爲叔 <爾雅·釋親>

그런데 '叔'의 字釋이 '아주버니'(媤叔)인데, 이는 '夫之兄弟' 즉 '남편과 항렬이 같은 남자'를 뜻하는 말이다. 그리하여 '叔'의 字釋을 <雅言覺非>에서 다음과 같이 밝힌 바 있다.

東俗夫兄亦謂之叔氏呼之曰阿自般伊 <雅言覺非 卷之二>

그러나 <訓蒙字會上 三十一>에서는 '叔'의 字釋을 구체적으로 구분하고 있다.

伯 ᄆᆞᆮ아자비ᄇᆡᆨ俗呼一父又云一一又弟之妻呼夫之兄曰小
叔 아ᄉᆞ아자비슉俗呼一父又稱一一又兄之妻呼夫之弟曰小

䑋(胖)

'䑋'은 '牛胃'를 뜻하는 國義字이다. '䑋'은 또한 '胖'으로 譌作되어 사용되었다.

따라서 '䑋'(양)은 <集韻>에 '如陽切, 肥也'라 하였고, '胖'(양)은 <字彙補>에 '子唐切, 羝羊也'라 하였는데, '羝羊'은 '수 양'으로, '胖'의 部首는 오른편의 '羊'에 있다. 그러므로 '胖吾東之造字'는 잘못이라 하겠다.

我國多字書所無之字 …… 獸胃稱胖音양 …… <晝永篇下>

牛胃味厚食物之美者也東俗牛胃曰䑋吾東之造字也去聲 <雅言覺非 卷之三>

'䑋'은 '䑋'으로 譌作 사용하다가, '牛胃'의 뜻으로 굳어진 것이 '䑋'인 듯하다. <신자전>에 '䑋 양牛胃쇠양見東醫寶鑑獸部又譌作䑋'라 하였고, 현행 諸字典에 '양(牛胃)'이라 하여 國義字라 하였다.

鰱

'鰱'은 '연어'(鰱魚)를 가리키는 國義字라 하겠다.[33] '鰱魚'는 또한 다음의 <本草·鱮魚>와 같이 '鱮魚'(서어)와 동의어임을 알 수 있다.

鰱魚 <輿地勝覽·洪原鏡城富寧 土産>
生鰱魚 <貢膳條例·九月會>
鱮鰱魚時珍曰酒之美者鱮魚之美者曰鱮 …… <本草·鱮魚>

鞰

'鞰'은 '女鞋'를 뜻하는 國義字로서, 다음의 <六典條例>와 같이 內殿 즉, 왕비 이하 諸嬪宮의 着用鞋를 뜻함을 알 수 있다. 따라서 '鞰'은 '韞'의 本字로 <玉篇>에 '烏昆切, 赤也'라 하였다.

33) 鮎貝房之進, 『前揭書』, p.233.

韞鞋大殿靸鞋一部慈殿韞鞋二部中宮殿花韞鞋二部順和宮奉保夫人各韞鞋一部 <六典條例·尙衣院·工曹>

正朝進上內殿黑唐皮結花韞鞋一部 <上同>

'韞鞋'는 <高麗史>, <經國大典> 등에서 찾아볼 수 있는 점으로 비추어 보아, 그 時期는 오랜 듯하다.

椳

'椳'는 이미 앞에서 밝힌 바와 같이 '壁骨'(욋가지)을 뜻하는 國義字로 國音字 '杌'와 同義字라 하겠다.

椳音畏與杌同見繕工監文簿椳木進排 <五洲衍文長箋散稿>
椳木五十五駄 <華城城役軌範>
元貢五千二百三十五箇椳木 <六典條例>

'椳'의 原義는 '椳門樞也'<說文>에서 알 수 있는 바와 같이, '문고리'를 뜻한다.

襦

'襦'는 '襦定'<신자전>에에서 찾아볼 수 있는데, '襦유布笠匠曰襦새끼갓장이又紙衣曰襦衣見戶曹定例'라 하여 국의자로 인정하였다.

仁祖五年命以襦衣五百領落幅紙四百張下送西道軍率歲以爲常 <文獻備考 兵考>

襦衣契紙衣契 <六典條例 · 吏典 · 宣惠廳>

襦笠匠 <經國大典 · 工典>

襦笠匠총겨리겹갓卽御笠頭帽 <典律通補>

<俗字攷>에서 '襦'를 두 가지 뜻으로 풀이하였다. 第1義는 防寒用의 '綿入外套'를 뜻하고, 第2義는 <典律通補>와 같이 '총겨리겹갓'의 뜻으로 쓰이는 國義字라 하였다.

'襦'의 原義는 다음과 같이 短衣(저고리)를 뜻함을 알 수 있다.

襦 短衣也 <說文>

襦 短衣저고리 <新字典>

矣

'矣'는 다음 <吏讀便覽>의 기록으로 보아, '주비'를 뜻하는 국의자이며, '주비'는 '市廛'을 뜻하는 '六注比廛'의 '注比'라 하겠다.

矣주비○官物斂散之時統首謂之矣○民名作夫時輒以筆句圈故取其象形以주비爲矣當從○從夫 <吏讀便覽>

周知의 사실이지만, 朝鮮時代 서울 鐘路에 자리잡고 있던 六注比廛은 역사적으로 여러 가지로 불리워졌으니, '六部廛 · 六分廛 · 六長廛 · 六調備廛' 등이 그것이다. 그런데 '주비'의 어원을

<俗字攷>에서는 '股'(日本語 株カブの義)의 뜻이라 하였다. 그러나 이는 '떼 · 무리'의 뜻을 가진 순수한 우리말을 그대로 音借(注比 · 調備 · 主夫) 表記하거나 또는, 漢字로 轉義(部 · 分 · 長) 表記한 것이라 하겠다.

八部는 여듧 주비니 <月釋 一 : 十四>
須陁洹聖人ㅅ 주비예 드다흔 쁘디라 <月釋 二 : 十九>
道士ᄋᆡ 주비를 道家ㅣ라 ᄒᆞᄂᆞ니라 <月釋 二 : 五十>

上記例로 보아 '六注比廛'에 가장 가까운 명칭은 '六部廛'이라 하겠다.

梓

'梓'는 <說文> '祖似切, 楸也'와 같이 '楸木'을 뜻하지만, 다음의 기록과 같이 '梓'는 '저작'(自作 · 梓作)에 해당하는 國義字라 하겠다.

梓楸柞檟 <定州邑志 土産木類>

檟者楸也檟亦作榎木草云葉大而早脫者謂之楸葉小而早秀者謂之榎爾雅翼郭氏解云大而皵者謂之楸小而皵者謂之榎郭氏遂云椅梓楸檟一物而四名總之吾東之垂絲桐卽梓也 <雅言覺非 卷之一>

梓저俗云梓柞以桐而葉小花紫材莫良于梓故爲百木之長 …… <名物紀略 樹木>

‘梓’는 또한 다음의 ‘柞’와 같이 ‘자작나무’(白樺 · 白椴)를 가리킨다.

柞

‘柞’은 다음과 같이 ‘자작나무’(白樺 · 白椴)을 뜻하는 국의자이다. <集韻>에 ‘疾各切, 櫟也’로 보아 그 原義는 ‘櫟木’(가랑나무)임을 알 수 있다.

白柞木 <邑志 渭原 土産>
柞峴 <五萬分地圖 新溪>
自作板一立長二尺廣八寸厚一寸 …… <六典條例·禮典 校書館>
沙木사무〇ᄌᆞ작나모 <譯語類解 樹木>

輾

‘輾’은 다음과 같이 ‘打稻’(打作)을 뜻하는 國義字라 하겠다. <集韻>에 ‘知輦切, 轉輪治穀’이라 하였다.

… 隨乾隨輾輾 鄕名打作 …… <農事直說>

碾通俗文曰石碢轢穀曰輾後魏書曰崔亮在雍州讀杜預傳見其爲入磨嘉基有濟時用因敎民爲輾今以檷石甃爲圓槽周或數文高逾二尺中央作台植以簨軸上穿幹木木貫以石碢有用前後二碢相遂前備撞木不致相擊仍隨帶攬杷杷畜力輓行循槽轉碾日得米三十斛 <農政全書·碾>

碾밑돌뎐 又碾子卽磨也 <訓蒙中 十一>

'輾'은 '轉輪活轂'(연자매), '石碢轢轂'(밑돌)의 뜻에서 變異한 國義字라 하겠다.

<신자전>에 '輾 전打稻名俗稱打作타작見農事直說'이라 하였고, <大漢韓辭典>에 '輾 타작전'(打稻)이라 풀이하였다.

鞊

'鞊'은 '말다래'를 뜻하는 國義字이다.

鞊匠 <經國大典 · 工典>
鞊匠 ᄃᆞ래 <典律通補>
月乃匠 <六典條例 · 工典>

'鞊'은 <集韻>에 '鞊韘'(안갑)의 뜻이라 하였는데, <經國大典> 등에서 '말다래'의 뜻으로 쓰인 것이다.

<신자전>에 '鞊 점韀也말다래經國大典有鞊匠'이라 하였고, 현행 諸字典에 '말다래'라 풀이하였다.

綜

'綜'은 '一綜'(漕船三十隻)을 뜻하는 國義字임을, 다음으로 보아 알 수 있다.

漕船海運以三十隻作一綜 <大典會通 卷之二·戶典·漕轉>

船隻의 國義字로 '綜'은 또한, '艅'으로 國字化하여 고문헌에 混在하고 있다.

稷

'稷'은 '粟'을 가리키는데, 다음과 같이 '稷'을 뜻하는 國義字라 하겠다.

稷米俗調之田米亦謂之小米稷爲稗也邦人不知以稗爲稷方言讀如皮 <經世遺表>

稷者五穀之長以稗爲稷豈不僭歟 …… 遂以黍稗用充黍稗大不可也 <雅言覺非 卷之二>

稷뫼기장俗謂뫼誤 <物名攷草>

이미 밝힌 바 있지만, '稗'를 뜻하는 國義字로 '稷'가 있다. 따라서 '粟'을 뜻하는 國字(造字)로는 '穝'가 있다. '穝'는 '禾'에서 그 의미를 취하고 '粜'로 音借한 것이다.

侄

'侄'을 <俗字攷>에서 다음과 같은 諸例를 들어, '姪'과 同義의 國義字라 하였으나[34], 이는 國義字가 아니라, '侄'과 '姪'은 단순한 互用字가 아닌가 생각된다.

相避式本宗大功以上親及女夫孫女姉妹夫三寸叔母姪女夫四寸姉妹夫外親緦麻以上親及三寸叔母夫妻親父祖兄弟姉妹夫三寸叔侄叔母姪女夫四寸兄弟婚姻家竝相避出繼者於本生親一體相避 <攷事要覽>

姪訛爲侄尤非也侄者痴也 <雅言覺非 卷之二>

'侄'과 '姪'의 互用은 비단 우리나라뿐만 아니라, 일찍이 中國에서도 그 互用例를 찾아볼 수 있다.

姪陳入聲兄弟之子俗誤作侄侄音質堅也又癡也 <字彙·醒誤>

俗誤以侄爲姪字 <正字通>

侄俗誤以侄爲姪字 <康熙字典>

<雅言覺非>나 <康熙字典>에서는 '侄俗誤'라 하였으며, 또한 或者는 남자에게는 '侄', 여자에게는 '姪'을 使用한다고 하나 아무런 根據도 없는 듯하다.

氅

'氅'은 '旗纛·裘衣·鶖毛' 등 <集韻>의 '齒兩切 折羽爲裘衣'와는 달리, 우리나라에서는 '氅衣'(官人平常服)의 뜻으로 쓰인 것이다. 이는 중국의 사대부들이 '虎裘·狼裘·狼青裘·羊裘' 등을 입었음에 반하여, 우리나라에서는 氅衣를 입은 듯하다. 그러므로

34) 鮎貝房之進, 『前揭書』, p.253.

'氅'은 우리 固有의 國義字라 하겠다.

<한글 큰사전>에 '氅衣 : 벼슬아치가 평시에 입는 웃옷. 소매가 넓고 뒷솔기가 갈라졌음'이라 풀이하였다.

楪

'楪'은 다음과 같이 '乫木'을 뜻하는 國義字임을 알 수 있다. '楪'의 原義는 <集韻>의 '達協切, 屋笮板'과 같이 '산자널'(屋笮板)을 뜻한다.

> 楪音牒鄕云加乙木 <三國遺事 卷五·包山二聖>

<俗字攷>에서 '乫木'은 '갈초'(乫草)와 관계있는 것으로 보았다. 그러나 '乫木'은 <국어사전>의 '갈목'(갈대의 이삭)을 가리키는 말이 아닌가 생각된다.

淸

'淸'은 다음과 같이 '蜜'을 뜻하는 國義字라 하겠다.

> 俗稱蜜曰淸 <吏讀便覽>
> 各邑油淸紙地亦以米貿用 …… <大典會通 卷之二·戶典>
> 淸音靑俗訓蜂蜜見官簿俚俗書 <五洲衍文長箋散稿>

太

<신자전>에 '太태大荳콩見官簿'라 밝힌 바와 같이, '太'는 근세에 형성된 國義字라 하겠다.

그런데 '太'는 '大'에 加點하여 형성되었으며, '太·泰'에 통용되었음을 다음으로 보아 알 수 있다.

> 太 콩○大豆也古無此字○俗稱黃豆爲大盖黃豆豆之大者故於大字下着一點如豆象形以省文也 <吏讀便覽>
>
> 按說文泰古文作夳省作太 …… <正字通>
>
> 夳或作太太泰音義通 …… <集韻>
>
> 太 태大也甚也 太泰通 <全韻玉篇>

그밖에 '太'는 '泰'의 俗字로, <宋元以來俗字譜>에 나타나 있기도 하지만, '太'의 原義는 <全韻玉篇>에 나타나 있는 바와 같이 '大也甚也'로, 이는 근세에 와서 '大豆'의 뜻으로 바뀐 國義字인 것이다.

把

'把'는 다음으로 보아 '발'을 뜻하는 國義字라 하겠다.

> …… 㭠皮所二百四十三良衣二把卜定關北○條所 十三良衣二十把㭠皮所十三良衣八把加數卜定留儲本色 <六典條例·戶典>
>
> …… 元貢八百九十五良衣五把○大東𦯬一良衣長十把重二十

五斤 <六典條例·工典>

<신자전>에 '발張兩臂爲準爲把把발見俗書'라 하여 이를 國義字라 하였다.

그런데 <雅言覺非>에서는 다음과 같이 '把'가 '발'을 뜻하는 國義字가 아니라 하였다.

一把者一握也拱者抱也以一手度圓物其一握者謂之一把以兩手度圓物其一抱者謂之一拱孟子所謂拱把之桐梓亦圓物也說文徐箋云拱者兩手大指相拄也乃東語以一庹爲一把嘗見均役事目其度船長短皆云一把二把讀之如一丈二丈後人何以徵矣 <雅言覺非>

이는 '一把'는 '一握'이라 하였으며, '張兩臂'의 '발'은 곧 '一丈·二丈'이라 하였다. 그러나 公私文書에서 '一丈'(한발)의 漢字語를 '一把'로 表記하고 있는 점으로 비추어 보아 '把'가 '발'을 뜻하는 國義字인 듯하다.

'把'의 讀音을 <俗字攷>에서 '파·바'의 두 가지로 인정한 점이다. 즉 '파'는 田地의 넓이를 헤아리는 單位 '結·負·束·把'로 쓰이는 경우이며, '바'는 '발'의 義訓으로 쓰이는 경우라 하였는데, 이는 國音字가 아니라 國義字이기 때문에 '把'의 讀音은 '파'일 것이며, 다음과 같이 '바'로 읽어야 할 근거는 없다고 본다.

把 蒲巴切 握也 從手巴聲 <說文>
把 자뷜파 <類合下 二十九>

蔈

'蔈'는 고유어 '표고'의 뜻을 가진 國義字라 하겠다. '蔈'는 '표고' 이외의 표기는 찾아볼 수 없다. <集韻>에 '匹沼切, 落也'라 하였다.

蔈古兩殿各三兩兩宮各二兩六錢 <六典條例 · 戶典>
蔈蕫 <慶尙道地理志 · 慶州府 · 貢賦>
蔈古一斗價錢五分 <古文書>
石茸 蔈茸 晩茸 松茸 <寧邊邑志 · 土産菌類>

柀

'柀'는 '피나무'를 뜻하는 國義字임을 다음으로 보아 알 수 있다. '柀'는 <集韻>에 '補靡切 榧也'라 하여 '비자나무'(榧子)라 하였다.

柀水嶺 <大東輿地圖 楚山>
皮木嶺 <五萬分地圖 楚山>
柀木洞 <同上 化川>
椵島在南四十七里周四十一里方言呼椵木爲皮木又名以皮島毛文龍嘗開府於此 <文獻備考 海防鐵山>

稏

'稏'는 다음으로 보아 '稗'를 뜻하는 國義字임을 알 수 있다. '稏'는 <集韻>에 '禾租 · 稅貢'을 뜻한다 하였다.

夫稗者稊稗也 以禾而別不在五穀之列 方言謂之祓 祓與稗聲轉也 <雅言覺非 卷之一>

咊

'咊'는 다음과 같이 '咊匠'의 뜻으로 쓰인 國義字이다.

'咊'는 '和'의 古字임을 알 수 있는데, 우리나라에서 <集韻>의 '胡臥切, 順也合也'의 原義와는 달리 '咊匠'의 뜻으로 사용하였다.

工造一員玉匠咊匠 <經國大典·吏典·雜織>
咊者 셝쟈油煎物淘出者也 <吏讀便覽>
刻鏤有高粱者曰禾셥刻 <晝永篇>
咊匠金銀帶匠俗稱셥쟝 <典律通補>

<신자전>에 '咊화幹長셥수지장見經國大典'이라 풀이하였다.

鮰

'鮰'는 다음과 같이 '민어'를 뜻하는 國義字라 하겠다. <六書攷>에 '戶恢切, 鮰魚不鱗 狀似鮠生 大江中'이라 하였다.

鮰魚生南海味美無毒膘治破傷風正傳○疑是今之民魚俗字 <東醫寶鑑>

鮸魚李氏晩永曰東醫寶鑑鮰魚謂之민어然字書本無鮰字本經石首條有白膘可作膠之說魚條云海鮸卽石首之大者有鱗不腥無細骨可知其爲민어無疑 <物名攷 鱗蟲>

彙

'彙'는 <集韻>에 '于貴切, 類也集也'라 하였는데, '彙'는 '휘'(斛)를 뜻하는 國義字라 하겠다. <신자전>에 '彙 휘入十五斗斛也휘見俗書'라 하여 '彙'를 國義字라 하였다.

말과 휘를 다 됴히 되게 하라 ; 斗斛都要量足 <新朴解一·一四>
斛고곡十斗爲斛 <訓蒙中 十一>
迚音두○斗合而成斛李光洙曰我國以穀未滿石者爲迚○俗稱量餘者爲무치是也 <吏讀便覽>
彙音彙穀十五斗爲一彙斛之譌見俗書 <五洲衍文長箋散稿>

'彙'(휘)는 '斛'의 訓借임을 알 수 있다. <大漢韓辭典>에 '휘휘'라 하였으나, 이는 <신자전>의 인용이라 하겠다.

이상 國義字語彙 형성에 쓰인 國義字의 字類에 대하여 살펴보았다. 字類의 字義上의 특징은 動·植物類가 절대적으로 많고, 魚類도 상당수가 있다. 그러나 民俗·服飾類나 農器具類의 國義字가 특징적이라 하겠다. 이는 固有文化의 측면을 반영한 것으로, 불가피한 文化現象을 國義字化한 듯하다. 특히 國義字語彙는 이를 잘 반영하고 있다. 國義字語彙를 그 몇 가지만 소개하면 다음과 같다.

結錢·菍臺·䱙魚·藿湯·槐木·靸匠·妻娚·肝脑·山獺·炟艾·槥木·糖米·堗石·擂木·末欒·妹夫·白木·縛色·松房·褓

負商·榌木·椞木·火鐥·查頓·莎土匠·擲柶·杉木·長栍·傳貰·蘇魚·弟嫂·媤叔·腎氣·胖·鰱魚·鞰鞋·椳木·褥匠·馹吏·梓柞·鞊匠·侄女·鼈衣·乷木·鯪魚·造淸·寸數·楸木·宕巾·道袍·蕓薹·椴木·咊匠·鮰魚·櫝木·椴木·鯯魚·鯱魚·魦魚·鯝魚·鞠角…….

일반 漢字語의 경우에 있어서도 그러한 例는 허다하지만, 固有漢字語에 있어서는 특히 二字 漢字語 가운데 直譯語가 많은 것이 특징이라 하겠다. 여기서 말하는 直譯語란 語構成에 있어서 주로 竝列方法으로 이루어져 結合의 정도가 좀 낮아서 두 字가 각기 제 본뜻을 지니고 있는 것을 말한다.[35] 위의 國義字語彙는 이러한 類의 漢字語로서, 대체적으로 直譯語가 많은 것이 특징이다. 물론 다음과 같이 轉義된 固有漢字語에도 直譯語가 없는 것은 아니지만 특히, 國義字語彙에 있어서는 그것이 일반적 경향이 아닌가 생각된다.

去姓·去皮·口味·口訣·麥嶺·歲底·心法·違言·村氣·後庭·鼻水·眼水·耳部[36]·沈菜 ……

이는 한자어 造語法의 一端을 엿볼 수 있는 것으로, 일반 漢字語의 경우도 마찬가지지만, 固有漢字語에 있어서도 二字로 된 漢字語가 絶對 多數를 차지하고 있다.

---

35) 申昌淳(1969), 「漢字語小攷」, 『국어국문학』 42·43, 국어국문학회.

36) '鼻水·眼水·耳部'는 宮中語이다. 宮中語에 대하여는 졸고(「宮中語攷」, 『국어국문학』 42·43, 국어국문학회, 1969)를 참조하기 바란다.

二字 漢字語란 원래 漢字語 형성의 가장 基礎的 현상으로, 三字 漢字語·四字 漢字語는 모두가 이를 기초하여 이루어진 것이다. 따라서 二字 漢字語의 어휘수가 다수를 차지하고 있는 것도 바로 여기에 기인한다 하겠다. 二字 漢字語의 語構成 현상을 살펴보면, 대체적으로 다음과 같은 몇 가지를 들 수 있다.

1. 主述關係 : 天動·道立·人造·日沒·月出·家貧·天成·私製
2. 修飾關係 : 小國·落花·遠景·流水·東風·客愁·大器·人形
3. 竝立關係
   ① 同種 : 家屋·善良·優秀·人民·土地·推敲·河川
   ② 異種 : 高低·長短·大小·氷炭·善惡·上下·多少
4. 補足關係 : 降雪·歸家·讀書·點火·轉學
5. 認定關係 : 可用·不良·非常·無關

漢字語의 이러한 語構成은 결국 풍부한 造語力이라는 특성을 갖게 된 것이다. 그리하여 우리말의 過半數 이상을 차지하게 된 것이다.

前述한 바 있지만, 일반 漢字語에서 轉義되어 형성된 固有漢字語가 있다. 이를 앞에서 轉義된 固有漢字語라 하였거니와 眞正한 의미에 있어서의 固有漢字語란 이렇게 轉義된 漢字語를 지칭한다 하겠다. 轉義란 意味變動을 뜻하는 것으로, 허다한 漢字語가 原典의 本義와는 달리, 그 意味機能이 달라진 것들이다. 固有漢字語에는 이러한 意味變動 어휘가 허다하다. 轉義로써 이루어진 固有漢字語는 일종의 文化的 機能語로서 우리 문화의

一端을 엿볼 수 있는 특성을 가진 어휘들이다.

필자는 이러한 語彙를 1,200餘個를 蒐集, 分析 발표한 바 있다.[37] 참고로 一部分만을 소개하면 다음과 같다.

家家禮 價文 伽倻琴 嘉俳節 嘉俳日 嘉優日 嘉優節 加資帖 角壯 角巾 閣氏 簡壯紙 簡紙 勘罪 勘葬 甘紅露 講米 降神 開川 開化砲 客軍 客主 去姓 去滓 擧風 擧動 去皮 乞郡 乞粒 格軍 格談 格例 警門 京調 鷄子黃 界面調 季氏 古風 古佛 古風債 膏飮 苦主 曲頭扇 曲屛 曲蔘 曲子 過冬柴 官鬼 官帶 管轄 館主人 館閑良 觀光 光復節 廣木 交食儀 交子床 校宮 校生 校任 口味 口訣 口錢 口號 驅儺 驅儺曲 驅迫 舊代人 舊山 龜船 宮道令 宮合 厥女 厥者 几下 歸計 歸斷 歸魂日 根穀 根耕 根脈 根炭 根太 勤勞 金牌 韜匠 奇別 技正 技佐 亂場 亂杖 亂廛 難上 納吉 納主 內殿 內閣 內白虎 內衙 內賜 內行 內下 內人 內侄 冷埃 露積 露蜂房 怒蹴岩 綠塞風 弄編 腦後 能當 累名 多幸 多士麻 丹骨 短碣 短杖 短竹 團束 淡婆姑 踏橋 唐木 堂上 待變中 待令 大緞 大監 大古風 大科 大君 大金 大帶 大猛船 大母 大木 大方 大便 大報壇 大師 大輪圖 大院君 大院位 大院王 大一數 大殿 大口 德分 德大 德談 塗彩匠 塗褙 塗壙紙 都局 都給 都堂 都大體 都沙工 都次知 都下記 道令 道袍 賭地 徒刑 韜藉 犢鼻褌 獨橋 洞頭民 洞契 動動舞 動動 凍太 凍簾 東軒 東盟 東床禮 東上房 東床廛 東夾門 頭巾 斗落 頭目 得談 得達 得男禮 等狀 磨勘 萬人傘 萬人契 萬黃氏 末杯 末藥 末分 末班 末尾 末勘 網橐 網巾 每文 每場 麥嶺 猛船 綿襪 免冊 免醜 免鰥 免賤 免喪 免無識 免窮 名節 某樣 謀甫 木聲 武氣 武家 武宰 武將家 無酌定 無非

37) 졸고(1969), 「'固有漢字語의 語彙論的 考察」, 『省谷論叢』 第10輯, 省谷財團.

無邊錢 無端 無頉 無下記 撫棗 舞天 文魚 文王鼎 文套 聞所聞 物故 物主 物目 迷息 迷豚 未正 未濟卦 未初 未刷 未捧 未末 尾扇 尾蔘 民弊 民娶 民訴 民狀 民堡 薄勘 班家 班名 班祔 班常 頒鄕 飯工 飯臿 半分 伴倘 返虞 方笠 房勞 房變 傍點 倍達 防築 白笠 白柹 白失 白徵 白花春 白丁 白頉 百年客 百中 伐草 犯房 犯葬 凡節 邊吏 邊利 別建花 別曲 別紋席 別陪 別白紙 別備 別星 別銀 別進上 別早食 兵營 步兵木 步從 步衫 步行錢 步行軍 保內人 保布 福德房 復科 復膳 復衣 復屬 復戶 復戶結 腹上死 本生家 本錢 夫老馬 夫馬 夫日 扶餘神 俯察 分衿 分揀 吩咐 粉奩 粉貼 婢將 妃嬪 嬪宮 氷砂菓 氷廉 氷丈 氷板 聘宅 聘母 聘問 査家 査宅 査頓 査案 査丈 沙格 沙工 沙飯床 沙鉢 沙汰 士官 私都目 私禮 私錢 私主人 私混 舍廊 四塊紙 四色 山禍 山神堂 山打令 山行 三公兄 三門 三物幕 三色保 三手糧 三牌 三神 三銓 三政丞 三宰 三疊紙 三亥酒 上監 上米麈 上白是 上殤 上試 上食 上典 上佐 上直婆 上廳 常人 相避 色驪 色骨 色落 色論 色租 色酒家 色次知 生色 生旺方 生員 西草 書房 石魚 石魚醢 席帽 石物 石戰 先文 船卜 先邊 雪馬 舌盒 省禮 歲熬 歲問 歲儀 歲底 歲饌 歲弊 消息 素交椅 素帳 素然床 素香卓 燒紙 松契 松鶻 松津 松房 松餠 松蔘 松筍酒 收單 手書 修粧 修粧板 淑人 熟庫紗 脣前 膝甲 升降 繩技 繩鞋 陞卿圖 陞總 僧佳妓 僧梳 食補 式暇 身手 愼節 申末 申初 申正 新畓 新行 信物 信防 信箭 實栢子 心法 心術 衙婢 衙奴 衙前 牙婆 牙輪 安對 安置 安宅 雁夫 案山 案息 案前 暗毒 暗留 藥菓 藥契 藥令 藥夫 洋襪 洋擾 兩班 御史 御押 御諱 御書閣 於音 於中間 業儒 餘在 驛丞 役刑 煙軍 軟柹 硏子磨 燃燈 鴽鳥 閱入軍 鹽飯 染病 令監 令票 靈鬼接 迎鼓 午人 五囊 五樑閣 誤入 緩囊 外道 外甥 外上 外資 澆奠床 腰鼓田 腰折 容身 龍鬚鐵 龍簪 牛角莎 雨備 元結 元料 元別仕 元田 元

會 元隻 元會付 圓頭 圓頭幕 違言 遺腹子 油裩 油芚 油木靴 油蜜菓 油衫 油鞋 遊魂日 流頭 肉談 肉德 肉糜 肉補 肉醬 肉虛飢 肉厚 律官 隱格 隱君子 恩重符 乙番 音節 依幕 矣身 耳部 耳掩 吏讀 二寺狗 二嚴 二黑 引鋸匠 因山 日收 一角門 一天 入居木 入對 入排 入番 入廉 入丈 入鼎米 入齋 任滿 慈宮 慈侍下 慈殿 慈旨 自鳴疏 自鳴鐘 自辟 自辟窠 自不 自引疏 自行車 自現 自劃 斫刀 煮鹽 殘民 殘風 雜歌 雜方 雜像 雜色軍 雜湯 雜膾 長斫 長利 長丞 暫佛馬 丈家 丈席 長亭 杖直 杖板 張燈 在文 鵈鳩 摘發 傳喝 節次 正供 正軍 正宮 正兩 正田 井間紙 井華水 造果 造蔘 造清 助幇 祖上 祖行 漕倉 照會 卒更 卒業 從宦 從氏 從良 從政圖 從行間 坐杖 坐牌 坐向 罪己詔 罪蟄 朱雀 主壁 主山 主龍 周鉢 中腹 中丁 中正 中村 證左 只花里 支機 知家 紙榜 地家書 地煞 地師 直戚 眞書 進士 次宗 震天雷 執事 借力 借啣 茶禮 倉役價 冊禮 處分 擲柶 擲錢 倩工 倩草 撤几筵 青馬 淸白吏 淸語 淸料理 淸學 帖紙 促聲 燭膿 聽氣 村生員 村濁 最長房 丑坐 縮錢 縮酒 縮胎 出六 出班奏 炊湯 置塚 致富 勅行 親查 親山 親盡 親庭 沈菜 沈柿 枕屛 打作 打令 濁甫 脫網 脫喪 脫胎 蕩滅 蕩浦 胎占 土班 土在官 通內外 通帶子 通符 通房 通引 通八道 退燈 退膳 鬪錢 特磬 特鐘 破笠 破僻 破日 破腫 破字 派房 派收 片紙 編飛乃 平時調 布網 布笠 布木 布扇 布襪 脯肉 脯醢 脯燭 砲手 標信 風眼 風人 皮封 下米廛 下庭拜 下廳 下玄宮 閑良 汗蒸 漢冲香 解酲 行列 行錢 行次 行下 行悖 杏子板 杏炮 鄕校 鄕班 鄕琵琶 鄕射 鄕先生 鄕試 享官 享帖 香油 懸房 脅鉋 衡圈 虎鬚 胡鹽 胡麵 胡女 湖堂 紅蛤 紅馬木 火茸 火廉 火石 火砲箭 花利 花煎 花債 花草 花郞 還甲 還封 還安 還紙 還下送 換秘封 回婚 後軍 後分 後産 後庭 訓長 徽音 徽號 徽旨 欠節 凶煞 欠縮

주로 二字熟語만을 소개하였다. 이제 필자가 수집한 1,200餘個의 語彙內容을 소개하면 다음과 같다.[38)]

語彙內容	古制歷史	民俗	飮食	衣類	布木	器具	穀類	農業	工業	商業	法律	音樂
語彙數	158	109	41	25	9	21	5	19	4	11	7	11

詩歌	建築	疾病	韓醫學	紙類	動物	鳥類	魚類	軍事	四字熟語	俗談	一般語	計
6	10	3	12	11	2	3	7	15	69	181	363	1,102

이것이 固有漢字語의 全貌는 아니다. 하나의 기초적 현상에 지나지 않을 줄 믿는다. 특히 위의 語彙內容을 살펴보면, '一般語'가 절대 다수를 차지하고 있다. 여기에서 말하는 '一般語'란 위의 諸項目에 속하지 않은, 말하자면 專門性이 배제된 어휘를 가리키는 것이다.

一般語를 品詞別로 분류하면 다음과 같다.

一般語	品詞	名詞	動詞	形容詞	副詞	代名詞	計
	語彙數	278	71	8	4	2	363

이는 주로 二字로 된 漢字熟語로, 이미 固有漢字의 形成內容에서 밝힌 바와 같이, 그 形成上의 특징 등으로 인하여 많은 比例의 語彙數를 차지하고 있다.

38) 拙稿(1969), 「固有漢字語의 語彙論的 考察」, 『省谷論叢』 第10輯, 省谷財團.

固有漢字語에 있어서는 이러한 二字熟語와는 달리, 종래 우리 고유의 俗談을 漢字熟語化한 것이 또한 특징이라 하겠다.

<旬五志>, <青莊館全書>, <東言解>, <東韓譯語> 등에는 四字·五字·六字 形式으로 된 熟語가 허다하다.

　稧酒生面 鷄卵有骨 鯨戰蝦死 結者解之 西瓜皮舐 烏飛梨落 眼高手卑 架樹結項 急飯哽喉 狗飯橡實 燈下不明 我田引水 我歌查唱 入山忌虎 牛耳誦經 貸來麥袋 盲子孝道 亡子計齒 生巫殺人 走馬加鞭 雀學鶴步 借廳借閨 瘡頭聚虱 失馬治廐 信木生熊 宿虎衝本 松餅刎頸 皮匠花草 烹頭耳熟 花田衝火 火家呼火 兩手執餅

　隨友適江南 僧之婆羅經 神祀後鳴缶 圓餅沒表裏 冬至豆粥饐 煙生不炊堗 失斧得斧同 如狗食藥菓 治家無食刀 我刀入他鞘 騸牛不識力 懲湯吹冷水 捉頭僅捉尾 太守代記官 老馬不辭豆 惡狗無完鼻 俎魚不怕刀 兒語越耳聽 負兒三面覓 青褓裏狗失 齒亡脣亦支 生白丁殺人 豊乞最可憐 懶儒飜冊張

　聞則疾不聞藥 無虎洞狸作虎 言甘家醫不甘 兒在負三年搜 餅臥喫豆屑落 三尺髯食令監 耳懸鈴鼻懸鈴 陰地轉陽地變 三歲志八十至 十斫木無不顚 偶然去刑房處 侏儒參轎子擔 雖乞食厭拜謁 小小食放細矢 積功之塔不隳 鍼子偸賊大牛 惜一瓦屋樑挫 吾鼻涕垂三尺 測水深昧人心 捉山猪失家猪 稿鞋頭菊花毬

이상 대체적으로 四字·五字·六字로 된 漢字熟語를 살펴보았는데, 이는 우리 고유의 俗談(格言)을 漢字熟語化했다는 것은 앞에서 밝힌 바다. 그런데 이러한 俗談의 漢字熟語化는 심지어 七

字·八字의 것도 있다. '我刀入他鞘亦難'(내 칼도 남의 칼집에 들어가면 어렵다)이라든가 '晝語鳥聽夜語鼠聽'(낮말은 새가 듣고 밤말은 쥐가 듣는다)이 바로 그것이다. 이것은 熟語라기보다는 엄격히 말하면 文章이다. 특히 그 語順을 살펴보면 國語와 일치하고 있다. 語順이 국어와 일치하는 것은, 이미 예거한 四字·五字·六字 등의 漢字熟語에 허다하다. 이것이 중국 漢字熟語와 다른 하나의 특징이라고도 하겠다. 참고로 그 몇 가지만 들어보면 다음과 같다.

鯨戰蝦死 結者解之 狗飯橡實 貸來麥袋 僧之婆羅經 馬行處牛亦去 聞則疾不聞藥 兩手執餠 烏飛梨落 我歌查唱 西瓜皮舐 餠臥喫豆屑落 三歲志八十至

또한 같은 俗談의 熟語가 四字·五字·六字 熟語로 二重 표현된 경우도 있다. '吾鼻三尺 : 吾鼻涕垂三尺', '兒三面覔 : 兒在負三年搜', '針盜盜牛 : 鍼子偸賊大牛', '我刀入他鞘 : 我刀入他鞘亦難', '獨掌不鳴 : 隻掌難鳴', '忙食噎喉 : 急飯哽喉', '喫泡落洒 : 豆腐喫齒或落' 등등이다.

그런데 俗談의 漢字熟語化 어휘와는 달리 우리나라를 배경으로 한 故事成語나 漢字熟語는 아주 열세라 하겠다.

過恭非禮 臘前三白 能小能大 大無之年 咫尺千里 賊反荷杖 自初至終 自手成家 武斷鄕曲 邊上加邊 斑斑可考 村鷄官廳 平地落傷 破瓜之年 後來先杯 三令五申 三造對質 事無閒身 査頓八寸 還歸本宗 紅不甘醬 兄亡弟及 下石上臺 歲時甑 弱馬卜重 一場風波 應口輒對 咸興差使 脾胃難定

이미 앞에서 밝힌 바 있지만, 固有漢字語는 우리의 전통문화에 기초하여 형성된 것들이다. 비록 중국의 故事成語나 漢字熟語로 인하여 劣勢에 놓여 있지만, 아직도 古文獻에는 허다히 산재되어 있다. 우리의 故事成語·熟語·俗談 등을 발굴 수집하여야만이 될 것이다. 朴燕岩은 그의 小說에서 즐겨 우리의 俗談·熟語 등을 사용하였던 것이다. 중국의 고사나 熟語를 몰라서가 아니다. 傳統文化에 대한 애착이었을 것이다.

이상 固有漢字語의 形成內容에 대하여 그 대체적인 것만을 살펴보았다. 무엇보다도 固有漢字(國字·國音字·國義字)를 중심으로 하여 형성된 固有漢字語와 漢字의 音訓借用表記에서 형성된 吏讀語·取音語 등이 그 歷史性을 배경으로 하여 語彙化한 固有漢字語와 二字·四字로 된 漢字熟語와 특히, 우리 固有의 俗談을 四字·五字·六字로 漢字熟語化한, 轉義로서 이루어진 固有漢字語들을 들 수 있다 하겠다.

2. 語彙內容上의 特徵

固有漢字語를 國字語彙·國音字語彙·國義字語彙로 분류, 주로 그 形成內容에 대하여 살펴보았다. 특히 一般 漢字語에서 轉義된 固有漢字語를 1,200餘個 수집, 이를 분석 고찰하였다.

전술한 바 있지만, 國字語彙는 고유어를 표기하기 위하여 國字를 造字하였으니 말하자면, '표고(蔈膏)·걸면상(乬麵床)·다짐(侤

音)·왕골(王乫)·골(乫)·고삐(高非)·굴개(乭介)·누비(縷緋)·산자(橵子)·솔(乺)·조(粟)·줄사령(乼使令)·엇시조(旕時調)·탱자(樘子)·편(䭏) 등이다. 또한 一般 漢字語의 意味를 具體化하기 위하여 國字로 표기한 것도 있다. 居刀(艍舠)·龜木(櫷木)·衣對(衣襨)·代地(垈地)·麻魚(䲋魚)·療飢(饒飢)·衣藏(衣欌) 등이 그것이다. 이러한 현상은 결국 固有文化의 獨自的 특성을 나타낸 것이라 하겠다.

國音字語彙는 國音字를 構成要素로 하여 형성된 것이 일반적이라 하겠으나 특히. 吏讀文에서 허다히 쓰이는 漢字語式 특수용어인 吏讀語彙가 특징적이라 하겠다. 國音字로 형성된 吏讀語彙라면 '這這·牌旨·召史·不喩·卜馱·上下·帖子·下處·無頉·處干' 등을 들 수 있다. 또한 <이두사전>(장지영·장세경)에 수록된 吏讀語彙를 소개하면 다음과 같다.

• **漢字語**

告目 的實 等狀 物故 辭緣 眼同 曖昧 節次 之次 斟酌 行次

• **特殊用語**

監考 開坐 告課 關子 勸農 根脚 根地 到付條 羅將 磨鍊 文移 分付 私通 上下 相考 色吏 色掌 所志 仰官 約定 有旨 移關 移文 節該 重記 遲晚 帖子 行移 行狀 行下 還上

이는 모두가 行政·司法·制度上의 명칭이지만, 이는 結合의 정도가 좀 낮아서 直譯語와 같은 성격을 지니고 있는 어휘들이다. 그러나 固有漢字語의 眞面目은 一般漢字語에서 轉義된 것으로, 固有漢字語에는 國字語彙나 國音字語彙보다도 이러한 轉義로 형성된 固有漢字語가 많은 것이다. 이미 앞에서 1,000餘個 어휘를 분석한 바 있지만, 이들은 모두가 文化的 機能語인 것이다. 새삼스럽게 말할 필요도 없지만, '言語는 文化的 機能이다'라는 말이 있다.[39] 이는 言語가 文化的 所産임을 뜻하는 말일 것이다. 사실 언어는 自然(nature)이 아니라, 人爲(nurture)로서 文化의 일부인 것이다. 따라서 固有漢字語는 우리 문화 곧 傳統文化의 소산이라 하겠다. 固有漢字語의 語彙內容을 살펴보면, 이러한 文化的 側面에서 이루어진 어휘가 허다하다.

하나하나 枚擧할 수 없고, 그 特徵的인 몇 가지 어휘만을 소개하기로 한다.

• **喪祭禮語**

勘葬 降神 改莎草 乬麵床 納主 免喪 班祔 返虞 復衣 三物幕 上食 素交椅 素帳 素祭床 素香卓 澆尊床 五囊 脣前 牛角莎 入齋 罪蟄 中丁 紙榜 撤几筵 縮酒 置塚 脫喪 布網 脯燭 還安

• **婚禮語**

宮合 納吉 東床禮 撫棗 雁夫

39) E. Sapir, Language-an Introduction to the Study of Speech, New York, 1921(金鍾塤 譯(1961), 『言語學槪論』, 一宇社).

• 食品語

甘紅露 白花春 三亥酒 松荀酒 松節酒 村濁 解酲 松餠 沈菜 炊湯 肉糜 僧佳妓

• 服飾語

油裱 油木靴 油衫 油鞋 角巾 犢鼻褌 網巾 綿襪 洋襪 繩鞋 衣襨 布笠 白笠 方笠 布襪 布扇

• 布木

步兵木 保布 三色保 熟庫紗 入居木 白木

• 器具

交子床 沙飯床 沙鉢 硏子磨 支機 火茸 火石 鐥子

• 農業語

根耕 露積 斗落只 腰鼓田 元田 田畓 田結 正田 打作 花利(禾利)

• 商業語

亂廛 東床廛 上米廛 松房 牙婆 橇廛 下米廛 懸房

• 法律語

勘罪 根脚 徒刑 亂杖 役刑 元隻 律官

• 樂曲 및 樂器

界面調 弄編 雜歌 打令 伽倻琴 大金 特磬 特鍾 鄕琵琶 胡笛

• 建築

欌子 修粧板 信防 五樑閣 一角門 雜像 杏子板

• 漢醫藥

曲蔘 露蜂房 大方 末藥 尾蔘 松蔘 藥夫 藥令 藥契 雜方 造蔘 干三召二

• 魚類

大口 魟魚 文魚 石魚(石首魚) 魺魚 鱵魚 鮰魚

• 鳥類

松鶻 鴐鳥 鴡鳩

• 紙類

角壯 簡壯紙 簡周紙 簡紙 塗壙紙 別白紙 四塊紙 三疊紙 油芚 井間紙 還紙

• 軍事

開化砲 龜船 猛船 民堡 兵營 信箭 二嚴 正兩 虎鬚 火砲箭 後軍

이상 대체적으로 固有漢字語의 語彙內容에 주로 특징 있는 어휘만을, 그 專門 分野別로 소개하였다. 儒教가 累百年동안 이 땅에 君臨하면서 如上과 같은 喪祭禮語와 婚禮語 등을 생성시켰고, 나아가선 服飾·食品 분야에까지 우리 固有의 語彙를 형성시켰다는 것은 비단 言語史的인 面에서만 아니라, 文化史的인 面에서도 의의있는 일이라 하겠다. 따라서 固有漢字語의 연구를 위해서는 무엇보다도 특징 있는 많은 어휘를 發掘 蒐集하여 이를 言語史的·文化史的 측면에서 分析 考究하여야 할 것이다.

한 가지 附記할 것은 '歷史·古制'에 관한 어휘이다. 慕華思想으로 인하여 중국의 文物制度를 무조건 模倣 引受한 우리로서는 대부분의 '歷史·古制'에 관한 어휘가 중국과 같은 점이라 하겠다. 그 예로서 중국의 行政官府는 唐 이후, 吏部·戶部·禮部·刑部·兵部·工部의 六部인데, 이것은 周時代의 天官·地官·春官·夏官·秋官·冬官을 본뜬 것이고, 우리나라에서는 그 名稱까지 그대로 踏襲하였던 것이다. 그러므로 '歷史·古制'에 대하여는 무엇보다도 중국의 古制와 比較研究함으로써, 우리의 固有性이 더욱 밝혀질 줄 믿는다.

또 한 가지는 日本 漢字語와의 관계이다. 근래 歐美의 諸文化는 대부분 일본을 거쳐 수입되었다는 것은 주지의 사실이다. 그리하여 우리 固有의 漢字語가 日本 漢字語로 代替되어 사용되는 예가 허다하다. 그 實例로 '自轉車', '齒車'는 초기 우리나라에서는 '自行車', '牙輪'이라 하였는데, 이것이 일본에서 들어온 '自轉車', '齒車'로 바뀌어 쓰이게 된 것이다. 그뿐만 아니라, '映畵'는

'活動寫眞', '演劇'은 '新派(劇)', '蓄音器'는 '留聲器'라 하는 것이 모두 다 이런 類라 하겠다. 이러한 관점에서 固有漢字語의 硏究는 비단 中國 漢字語뿐만이 아니라, 日本 漢字語와의 비교도 뒤따라야만 될 줄 믿는다.

六. 結論

統一新羅 이후부터 本格化된 漢字·漢文의 사용이 高麗·朝鮮의 累百年을 거치는 동안 固有漢字·固有漢字語라는 오직 우리 생활에만 필요한 漢字·漢字語를 생성하게 된 것이다.

그것은 풍부한 漢字의 文化語彙도 결국 構文이 다르고 音韻組織이 다를 뿐만 아니라, 文化樣相이 다른 우리로서는 당연한 일이라 아니할 수 없다. 그리하여 固有漢字는 오직 固有語의 漢字化를 위하여 制字되었다고 하겠다. 즉 人名·地名·官職名 표기를 비롯하여, 吏讀表記에서 찾아볼 수 있는 國音字들, 나아가선 固有漢字語에서 찾아볼 수 있는 固有漢字가 모두 그러하다.

固有漢字의 명칭으로는 종래 '朝鮮俗字'라 하였으나, 이는 一般漢字의 俗字와 混同하기 쉬우며, '韓國漢字'라 하는 경우도 있으나, 筆者는 이를 固有漢字라 하여, 筆者의 研究論題에서 1972년 이래 사용하여 왔다. 따라서 固有漢字의 形成內容은 漢字의 六書와 같이 會意(畓·夻·榆·迲 ……)와 形聲(襨·鐥·欌·榌 ……), 假借(巭(乥)·乭·乽·乫·乤·乧·耆·乶·乼 ……)로 형성된 固有漢字(國字)를 비롯하여 國音字·國義字로 이루어졌다.

固有漢字의 國語表記 현상을 살펴보면, 人名表記·地名表

記·官職名表記의 固有名詞表記를 비롯하여 漢字音訓借用表記에서 형성된 吏讀表記를 들 수 있다.

먼저 人名表記에 대하여 살펴보면, 다음과 같은 몇 가지 특징을 찾아볼 수 있다.

① 人名表記에 쓰인 固有漢字는 주로 固有語人名을 표기하였다.

② 韓國漢字音에 없는 새로운 終聲表記를 考案해 낸 것으로, 가장 代表的인 것이 '乙'(ㄹ)과 '叱'(ㅅ)表記라 하겠다.

③ 人名表記에서 찾아볼 수 있는 國字는 모두 10字, 國音字는 5字이다. 특히 國語의 終聲表記에서 형성된 國字는 70字로 그 頻度는 다음과 같다.

終聲	~ㄱ	~ㄴ	~ㄹ	~ㅁ	~ㅂ	~ㅅ	~ㅇ	合計
頻度	叱 5	隱 1	乙 37	音 3	邑 2	叱 21	應 1	70

④ 韓國 固有語人名의 字類上의 傳統性은 '乭'과 '釗'에 있고, '乭'은 新羅系, '釗'는 高句麗系 人名이라 하겠다.

⑤ 固有語人名에서 찾아볼 수 있는 奴婢名 作名의 部類上 基準은 '動植物類·容貌 性格類·時間 場所類·器具 巖石類' 등이

주류를 이루고 있다.

地名表記에 있어서는 그 字類上의 특징이나 地名의 변천에서 다음과 같은 몇 가지 사실을 整理할 수 있다.

- 固有語地名으로서의 특징을 內包하고 있다.
- 字義未詳의 固有漢字가 많다.
- 固有漢字 地名의 地域的 특징을 具體化하였다.
- 國音字 형성을 地名變遷에서 찾아볼 수 있다.
- 人名表記와 地名表記에 공통으로 쓰인 固有漢字가 많다.

또한 地名表記에 쓰인 固有漢字와 人名表記에 쓰인 固有漢字를 비교하면 다음과 같은 몇 가지 사실을 찾아볼 수 있다.

① 地名表記나 人名表記에 쓰인 固有漢字는 대부분 音義未詳이 많다. 단지 이를 形聲과 類推에 의하여 音義를 推定한 것이 많다.

② 人名表記의 경우는 대체적으로 7終聲의 固有漢字를 고루 갖추고 있으나, 地名表記에 있어서는 주로 '乙·叱' 終聲表記의 固有漢字뿐이다.

③ 國語의 終聲表記에서 형성된 固有漢字로 이루어진 人名이나 地名은, 주로 固有語表記라는데 일치하고 있다. 따라서 일상의 平易한 한자에 終聲表記하여 造字하였다.

④地名과 人名은 固有名詞라는 점에서는 같으나, 語彙의 範疇面에서는 다르다. 따라서 兩者는 固有語表記體系를 온전하게 後代에 傳承하지는 못했다.

官職名表記에 있어서는 新羅時代의 官職名을 略書體化한 固有漢字가 특징적이라 하겠으며, 吏讀表記에 있어서는 무엇보다도 허다한 國音字를 형성시켰다는 것이 특징이다. 또한 吏讀語彙라는 漢字語式 特殊用語가 行政·司法·制度上에서 형성되었다.

固有漢字語는 그 形成內容을 몇 가지로 나누어 볼 수 있다. 첫째 國字語彙를 들 수 있으니, 이는 일찍이 新羅時代부터 近世의 吏讀表記 등에서 形成된 語彙들로서, 國有語를 固有漢字化한 것이다. 이는 語構成이 반드시 國字를 接頭·接尾하여 형성한 것이다.

둘째, 國音字語彙이다. 이는 吏讀表記에서 찾아볼 수 있는 語彙가 많고, 또한 吏讀表記에서 허다한 國音字가 형성되었다는 점에서 이를 吏讀語彙라 하였다.

셋째, 國義字語彙이다. 國義字語彙는 國義字를 語構成 要素로 하여 형성된 國義字語彙와 轉義된 漢字熟語와 俗談을 들 수 있다. 轉義로서 이루어진 漢字熟語는 일종의 文化的 機能語로서, 우리 文化의 一端을 엿볼 수 있는 특징을 지니고 있다. 이러한 語彙를 필자는 1,200餘語를 수집, 이를 그 語彙內容에 따라 분석하였고 또한 주로 특징 있는 語彙만을 分野別로 분류하였다.

俗談은 三字·四字·五字·六字 등으로 이루어져 있는데, 이는

多音節(文章)의 우리나라 俗談을 漢字熟語化한 것이다. 주로 四字·五字·六字로 된 俗談이 많고, 심지어 八字로 된 俗談도 있는데, 熟語라기보다도 하나의 文章이라 하겠다. 熟語의 形成內容上의 특징이라면, 語順이 國語와 一致하는 점이라 하겠다. 이는 字數가 많은 五字·六字·八字의 경우에 그 例가 많다.

國有漢字語의 語彙內容上의 특징은 특히, 累百年동안 이 땅에 君臨하면서 생성시킨 喪禮·祭禮·婚禮 등을 비롯하여, 服飾·食品·醫藥 등의 文化語彙라 하겠다. 이는 비단 言語史的인 면에서뿐만 아니라, 文化史的인 면에서도 의의있는 일이라 아니할 수 없다. 따라서 앞으로 固有漢字語에 대한 課題라면, 무엇보다도 固有漢字語의 많은 發掘 蒐集을 통하여 이를 言語史的·文化史的인 側面에서 分析 考究하여야 할 것이다.

A Study on the Chinese Characters of Korean Origin

The Chinese language, which began to be introduced into Korea after Sila unified the greater part of the Korean peninsula, was used on a fuller scale by the Korean for hundreds of years from Koryo to the Lee Dynasty. During those years, the Koreans' need to express what was concerned exclusively with Korean life led to coinage of Chinese characters as well as to the invention of Chinese words. The Koreans had to have recourse to the Chinese characters of their own coinage and to the Chinese words of their own invention because of the disparity between the syntactical structures and the phonemic systems of the languages. So they formed Chinese language itself as the means to represent their vernacular words. Chinese names of persons, places, and offices, Chinese words that represent Korean phonemes according to the Ido(吏讀), and Chinese characters which constitute the Chinese words of the Koreans' peculiar usage were all formed in that way.

Scholars have called the Chinese characters of Korean origin "the Koreans' vulgar Chinese characters" or "the Koreans' Chi-nese characters," but I have employed the designation "the

Chinese characters of Korean origin" since 1972. The Chinese characters of the Koreans' coinage, which were formed according to three of the six calligraphic styles of Chinese characters(六書), namely, according to Hoeyu(會意：畓·夻·椧·奈……), Hyungsung(形聲：襨·鐥·欌·榌……), and Kocha(假·借: 㐘·乭·㐎·斜·亐·耆·㐔·乶·詁……), Chinese characters which represent Korean phonemes, and Chinese characters as the ideographic symbols of Korean thoughts belong to the Chinese characters of Korean origin.

There are several methods of representing the vernacular language by the Chinese characters of Korean origin：the method of representing persons' names, the method of representing names of places, the method of representing names of offices, and the Ido method of representing Korean phonemes.

The followings are characteristic of the method of representing persons' names :

(1) The Chinese characters which the Koreans coined to signify person's names are concerned mainly with human names.

(2) The Chinese characters such as 叱(ㅅ) were invented to represent the new final phonemes which the Sino-Korean characters did not signify.

(3) The number of the Chinese characters which were coined

for the sake of persons' names is 70, and the number of the characters that were formed to signify the final phonemes is 70. The latter's frequency is as follows :

-ㄱ	-ㄴ	-ㄹ	-ㅁ	-ㅂ	-ㅅ	-ㅇ
叱 5	隱 1	乙 37	音 3	邑 2	叱 21	應 1

(4) '乭' and '釗', which are representative of the Chinese characters that were coined to represent the Koreans' vernacular names, belong respectively to Sila and to Koryo.

(5) The Chinese characters which were coined in Korea to represent slaves' names are concerned with the names of beasts and plants, of looks and personalities, of time and place, of receptacles and clothes, etc. concerning the method of representing names of places as their changed names :

- The method keeps the distinctive features of the vernacular names alive.
- The method employs the Chinese characters whose meanings are not definite.
- The names of places which were represented by the Chinese characters of the Koreans' coinage are concerned with the regional features of the places
- The changed names of places indicate the formation of characters which represent Korean phonemes.

- The Chinese characters of Korean origin, which were used to represent both person, names and names of places, are numerous.

Further, the comparison between names of persons and names of places reveals the following truths :

(1) Most of the Chinese characters of Korean origin that were used to represent names of persons and places have little to do with their meanings.

(2) Persons' names are represented by the Chinese characters of Korean origin whose final phonemes are seven. In contrast, the final phonemes of place names lie only in '乙·叱'.

(3) Most of the Chinese characters that were coined to represent the final sounds of Korean words are the characters of Korean origin.

(4) The lexical categories of the names of persons and those of the place names are different, so that either of them did not help the system of she Chinese representations of Korean language to be transmitted from generation to generation.

The Chinese characters that represent names of offices consist in the simplified forms of the Chinese names of offices which were used in Sila. The Ido method of representing Korean phonemes by Chinese characters led to the formation of the special Chinese characters, which I call "the Ido characters," in the fields of the administration, the judicature, and institutions.

We can examine the formation of the Chinese characters of Korean origin in these several aspects :

(1) The Chinese words, which were invented by the Koreans according to the Ido method from Sila to the recent times, consist of the Chinese characters of Korean origin that re-present the vernacular Words.

(2) A number of Chinese are represented by the Chinese characters as the symbols of Korean phonemes. I will call these words "the Ido words."

(3) We have the Chinese words which were made of the Chinese characters as the ideographic symbols of Korean thoughts. The Chinese idioms and proverbs are also made of the ideographic Chinese characters of Korean thoughts whose meanings were transferred. The Chinese idioms which were made of the caracters whose meanings were transferred indicate a feature of this kind, and analyzed them in view of their meanings. I have also classified the distinctive ones into their categories.

Chinese proverbs which consist of three, four, five, or six characters were formed by way of translating multi-syllabled Korean proverbs into Sino-Korean idioms. Most of these proverbs consist of four, five, and six characters, but some of them consist of eight characters. The proverbs of eight characters are not so must idioms as sentences. It is characteristic of formation of Sino-Korean idioms that the order of characters in identical to the order of Korean letters. The case is more frequent in case of idioms which consist of many characters, i. e. of fice, six, and eight characters.

The Chinese words of Korean invention are related to funeral services, nuptials, and ancestral rites, all of which were established under the historical influence of Confusianism. Those words are also related to clothes or robes, foods, and the medicine.

The study of these words is therefore a significant contribution to the comprehension of the history of Korea culture as well as of the history of the Korean language. So it will be of great importance to find out as many Chinese words of Korean invention as possible and to examine them in view of the history of the Korean language as well as of the history of the Korean culture.

參考文獻

姜信沆(1975), 『雞林類事高麗方言語釋』, 成均館大.

______(1975), 「雞林類事와 宋代音資料」, 『東洋學』 5, 檀國大.

金根洙(1961), 「吏讀研究」, 『亞細亞問題研究』 通卷7卷, 高麗大.

金敏洙(1972), 『새字典』, 成文閣.

______(1980), 『國語學史』, 一潮閣.

______(1980), 「奈麻薛聰의 吏讀文에 대하여」, 『延岩玄平孝博士 回甲記念論叢』.

金完鎭(1980), 『鄕歌解讀法研究』, 서울대.

金鍾塤(1969), 「宮中語攷」, 『국어국문학』 42·43, 국어국문학회.

______(1971), 「固有漢字攷(1)」, 『국어국문학』 55~57, 국어국문학회.

______(1973), 「固有漢字攷(2)」, 『논문집』 제18집, 중앙대.

______(1975), 「固有漢字攷(3)」, 『語文研究』 9, 한국어문연구회.

______(1975), 「六堂의 『新字典』에 관한 研究」, 『아카데미논총』 제3집, 세계평화교수아카데미.

______(1979), 「固有漢字語의 語彙論的 考察」, 『省谷論叢』 제10집, 省谷財團.

______(1979), 「鮎貝房之進의 『俗字攷』에 대한 分析考察」, 『논문집』 제23집, 중앙대.

______(1980), 「鮎貝房之進의 『俗字攷』>에 대한 分析考察」, 『蘭汀 南廣祐博士華甲記念論叢』, 一潮閣.

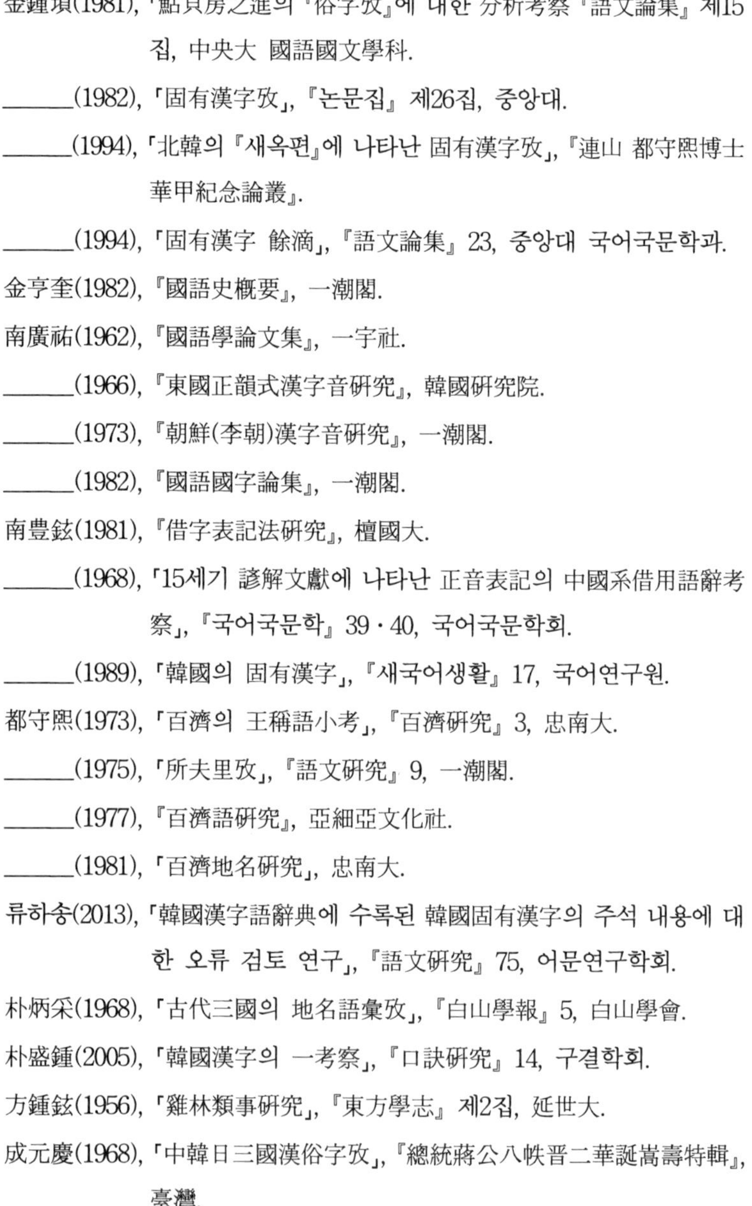

金鍾塤(1981), 「鮎貝房之進의 『俗字攷』에 대한 分析考察 『語文論集』 제15집, 中央大 國語國文學科.

______(1982), 「固有漢字攷」, 『논문집』 제26집, 중앙대.

______(1994), 「北韓의 『새옥편』에 나타난 固有漢字攷」, 『連山 都守熙博士華甲紀念論叢』.

______(1994), 「固有漢字 餘滴」, 『語文論集』 23, 중앙대 국어국문학과.

金亨奎(1982), 『國語史槪要』, 一潮閣.

南廣祐(1962), 『國語學論文集』, 一宇社.

______(1966), 『東國正韻式漢字音硏究』, 韓國硏究院.

______(1973), 『朝鮮(李朝)漢字音硏究』, 一潮閣.

______(1982), 『國語國字論集』, 一潮閣.

南豊鉉(1981), 『借字表記法硏究』, 檀國大.

______(1968), 「15세기 諺解文獻에 나타난 正音表記의 中國系借用語辭考察」, 『국어국문학』 39·40, 국어국문학회.

______(1989), 「韓國의 固有漢字」, 『새국어생활』 17, 국어연구원.

都守熙(1973), 「百濟의 王稱語小考」, 『百濟硏究』 3, 忠南大.

______(1975), 「所夫里攷」, 『語文硏究』 9, 一潮閣.

______(1977), 『百濟語硏究』, 亞細亞文化社.

______(1981), 「百濟地名硏究」, 忠南大.

류하송(2013), 「韓國漢字語辭典에 수록된 韓國固有漢字의 주석 내용에 대한 오류 검토 연구」, 『語文硏究』 75, 어문연구학회.

朴炳采(1968), 「古代三國의 地名語彙攷」, 『白山學報』 5, 白山學會.

朴盛鍾(2005), 「韓國漢字의 一考察」, 『口訣硏究』 14, 구결학회.

方鍾鉉(1956), 「雞林類事硏究」, 『東方學志』 제2집, 延世大.

成元慶(1968), 「中韓日三國漢俗字攷」, 『總統蔣公八帙晋二華誕嵩壽特輯』, 臺灣.

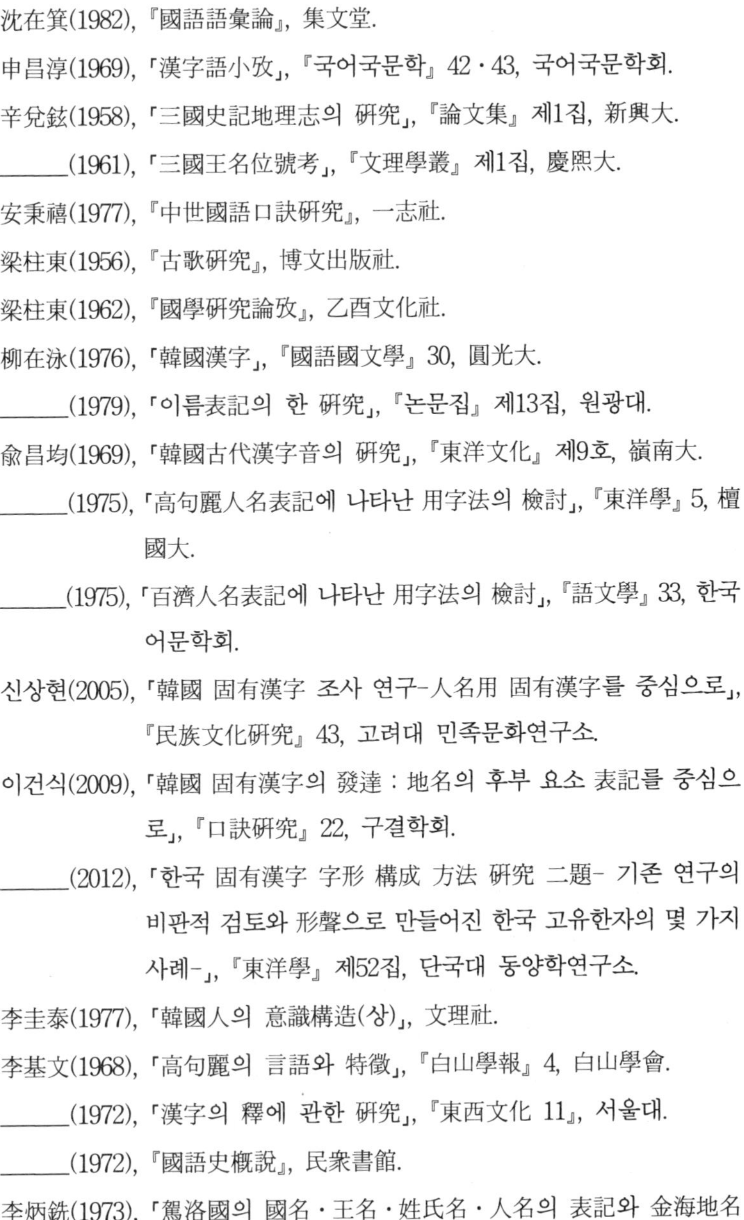

沈在箕(1982),『國語語彙論』, 集文堂.

申昌淳(1969),「漢字語小攷」,『국어국문학』42·43, 국어국문학회.

辛兌鉉(1958),「三國史記地理志의 硏究」,『論文集』제1집, 新興大.

______(1961),「三國王名位號考」,『文理學叢』제1집, 慶熙大.

安秉禧(1977),『中世國語口訣硏究』, 一志社.

梁柱東(1956),『古歌硏究』, 博文出版社.

梁柱東(1962),『國學硏究論攷』, 乙酉文化社.

柳在泳(1976),「韓國漢字」,『國語國文學』30, 圓光大.

______(1979),「이름表記의 한 硏究」,『논문집』제13집, 원광대.

兪昌均(1969),「韓國古代漢字音의 硏究」,『東洋文化』제9호, 嶺南大.

______(1975),「高句麗人名表記에 나타난 用字法의 檢討」,『東洋學』5, 檀國大.

______(1975),「百濟人名表記에 나타난 用字法의 檢討」,『語文學』33, 한국어문학회.

신상현(2005),「韓國 固有漢字 조사 연구-人名用 固有漢字를 중심으로」,『民族文化硏究』43, 고려대 민족문화연구소.

이건식(2009),「韓國 固有漢字의 發達 : 地名의 후부 요소 表記를 중심으로」,『口訣硏究』22, 구결학회.

______(2012),「한국 固有漢字 字形 構成 方法 硏究 二題- 기존 연구의 비판적 검토와 形聲으로 만들어진 한국 고유한자의 몇 가지 사례-」,『東洋學』제52집, 단국대 동양학연구소.

李圭泰(1977),「韓國人의 意識構造(상)」, 文理社.

李基文(1968),「高句麗의 言語와 特徵」,『白山學報』4, 白山學會.

______(1972),「漢字의 釋에 관한 硏究」,『東西文化 11』, 서울대.

______(1972),『國語史槪說』, 民衆書館.

李炳銑(1973),「駕洛國의 國名·王名·姓氏名·人名의 表記와 金海地名

攷」, 『논문집』 제16집, 釜山大.

李崇寧(1978), 『新羅時代의 表記體系 試論』, 塔出版社.

李潤魯(1981), 「口訣借字에 관한 硏究」, 仁荷大 大學院.

李喆洙(1980), 「養蠶經驗撮要의 漢借文의 譯語構造」, 『蘭汀南廣祐博士華甲記念論叢』, 一潮閣.

張三植(1964), 『大漢韓辭典』, 省文社.

池憲英(1962), 「居西干・次次雄・尼師今에 대하여」, 『語文學』 8, 한국어문학회.

______(1971), 「善陵에 대하여」, 『東方學志』 제12집, 延世大.

陳 榴(2012), 『韓國 漢字語 硏究』, 영남대 출판부.

千素英(1990), 『古代國語의 語彙硏究』, 高麗大學校 出版部.

崔範勳(1976), 『韓國語學論攷』, 通文館.

______(1977), 『漢字音訓借用表記體系硏究』, 東國大.

______(1981), 『中世韓國語文法論』, 二友出版社.

崔南善(1955), 『三國遺事』, 民衆書館.

______(1943), 『古事通』, 三古堂.

______(1973), 『新字典』, 玄岩社.

崔泰榮(1975), 「姓名音素論」, 『言語文字』 13, 韓國言語文學硏究會.

河永三(1999), 「韓國 固有漢字의 比較的 硏究」, 『중국어문학』 제33집, 중국어문학회.

東洋學硏究所(1992-1996), 『韓國漢字語辭典』, 檀國大.

洪淳鐸(1974), 『吏讀硏究』, 光文出版社.

______(1969), 「全南島嶼地方의 地名」, 『語文學論叢』 5, 全南大.

黃希榮(1978), 「한국관용어연구」, 『省谷論叢』 제9집, 省谷財團.

鮎貝房之進(1931), 『雜攷』, 東京 圖書刊行會.

金澤庄三郎(1929), 『地名의 硏究』, 創元社.

小倉進平(1929),『郷歌及吏讀の硏究』, 京城 帝大.

河野六郎(1943),『朝鮮漢字音の硏究』, 日本 天理大.

山中襄太(1976),「人名・地名의 語源」, 大修館.

朝鮮總督府(1934),「朝鮮의 姓名氏族에 關한 硏究調査」, 朝鮮總督府.

本間信治(1975),「日本古代地名의 謎」, 新物人往來社.

佐伯有淸(1974),「新撰姓氏錄의 硏究」, 吉川弘文館.

陳新雄(1973),「六十年來之聲韻學」, 臺灣文史哲出版社.

諸橋轍次(1956),『大漢和辭典』, 大修館書店.

エッコ・ライマン(1990),『日本人の作った漢字』, 東京 南雲堂.

索引

ㄱ

ㄹ

ㅊ

김종훈(金鍾塤)

전북 정읍 출생. 아호 玄山

중앙대학교 문과대학 국어국문학과 졸업

동 대학원 수료 문학석사

충남대학교 대학원 수료 문학박사

중앙대학교 문과대학 국어국문학과 교수(1967-1994)

그리스도 신학대학·상명대학·경기대학·한성대학 강사 역임

중앙대학교 제1캠퍼스 학생처장, 교육대학원장 역임

현 중앙대학교 명예교수, 韓國語文敎育研究會 理事

『言語學槪論』(1961, 일우사)

『어린이말 연구』(1975, 개문사)

『韓國固有漢字硏究』(1983, 집문당)

『國語敬語法硏究』(1984, 집문당)

『隱語·卑俗語·職業語(1985 초판, 2005 개정증보, 집문당)

『國語學史論攷』(1986, 집문당)

『중학교 한문』(검인정 교과서 1988, 금성사)

『고등학교 한문』(검인정 교과서 1989, 금성사)

『國語學史』(1993, 와이제이 물산)

『國語語彙論硏究』(1994, 한글터)

『어린이 言語發達과 말하기 指導』(1995, 집문당)

『韓國語의 歷史』(1998, 대한교과서 주식회사, 2007 개정증보, 집문당)

『改訂增補版 韓國固有漢字硏究』(2014, 보고사)

그 외 論文 多數.

개정증보판

韓國固有漢字硏究

2014년 10월 15일 초판 1쇄 펴냄
2021년 12월 24일 초판 2쇄 펴냄

지은이 김종훈
펴낸이 김흥국
펴낸곳 도서출판 보고사

책임편집 이유나
표지디자인 이준기

등록 1990년 12월 13일 제6-0429호
주소 경기도 파주시 회동길 337-15 보고사
전화 031-955-9797(대표), 02-922-5120~1(편집), 02-922-2246(영업)
팩스 02-922-6990
메일 kanapub3@naver.com / bogosabooks@naver.com
http://www.bogosabooks.co.kr

ISBN 979-11-5516-306-1 93710

정가 25,000원